U0083395

# 古代歷史文化研究輯刊

二五編

王明蓀 主編

第**4**冊

# 魏晉南北朝「廟學」制度及其思想史意義（上）

吳秉勳 著

國家圖書館出版品預行編目資料

魏晉南北朝「廟學」制度及其思想史意義（上）／吳秉勳 著
-- 初版 -- 新北市：花木蘭文化事業有限公司，2021〔民110〕
目 4+184 面；19×26 公分
（古代歷史文化研究輯刊 二五編；第 4 冊）
ISBN 978-986-518-306-6（精裝）
1. 儒家 2. 儒學 3. 魏晉南北朝哲學
618                                110000148

ISBN-978-986-518-306-6

9 789865 183066

古代歷史文化研究輯刊
二五編 第四冊                ISBN：978-986-518-306-6

## 魏晉南北朝「廟學」制度及其思想史意義（上）

作　　者　吳秉勳
主　　編　王明蓀
總 編 輯　杜潔祥
副總編輯　楊嘉樂
編　　輯　許郁翎、張雅淋　美術編輯　陳逸婷
出　　版　花木蘭文化事業有限公司
發 行 人　高小娟
聯絡地址　235 新北市中和區中安街七二號十三樓
　　　　　電話：02-2923-1455／傳真：02-2923-1452
網　　址　http://www.huamulan.tw 信箱 service@huamulans.com
印　　刷　普羅文化出版廣告事業
初　　版　2021 年 3 月
全書字數　333486 字
定　　價　二五編 15 冊（精裝）台幣 45,000 元
版權所有・請勿翻印

# 魏晉南北朝「廟學」制度及其思想史意義（上）

吳秉勳　著

## 作者簡介

吳秉勳，新竹人，東海大學文學博士，現職廈門大學嘉庚學院人文與傳播學院副教授，主要從事中國文學和思想方面的研究，並參與高等院校通識教育核心課程教材《大學寫作基礎教程》（蘇新春主編，北京：清華大學出版社，2019 年）的撰寫工作，也曾參與城邦出版集團商周出版社的古文新創寫作，以及前台中縣大肚鄉公所鄉誌／發展史、台中市龍井區公所鄉誌／發展史的撰寫工作。

## 提　　要

　　本文針對魏晉以來所形成的「廟學」制度，進行專門性和系統性的考察研究，並探討這種教育模式的起源、發展與演變等歷程，除了論述其與官學體系、儒學文化、儒家教育事業等方面的聯繫程度，具體呈現「廟學／官學／儒學」的緊密關係，更希冀利用這方面的相關探討，考察其對於中國文教機構、學術文化等層面的實質影響，以及日後學制、禮制、祭祀活動與建築佈局等方面，對於此種制度的各種承繼概況。

　　關於「廟學」方面的相關研究，是近幾十年來逐漸被學界的許多領域所關注之一項新課題，而文史領域對於中國「廟學」制度及其相關研究，更是近十年開始時興，不過文史領域對於「廟學」制度及其相關研究，總體成果仍稍嫌薄弱，尚有太多值得繼續深拓的空間，以及留待解決的學術問題。本文認為「廟學」是依附於文教事業之下的一種教學制度，是一種落實儒學的傳播方式，更是中國古代教育體制底下的一種特殊建置，它始終緊扣中國古代的學術史、教育史、文化史等面向；必然牽涉中國文學、思想、歷史學、建築學等領域；更是在探討官學與儒學等議題時，不容忽略的重要概念。尤其「廟學」的建置與其制度、儀式等的相關規劃，亦足以作為一個時代對於儒學思想之重視程度的一個側寫，因此本文也試圖藉由論述魏晉南北朝「廟學」教育制度的建置概況，作為當時儒家學術並未間斷發展的一項旁證。

# 目

# 次

# 第壹章　緒　論

## 第一節　研究動機與目的

### 一、研究動機與問題意識

　　關於「廟學」方面的相關研究，是近幾十年來逐漸被學術界的許多領域所關注的新課題，而文史領域對於中國「廟學」制度及其相關研究，更是近十年才開始正式時興，並且絕大多數僅是以某個單一歷史時期，或者地域性、區域性的考察方式作為研究視角；又或者「廟學」誠非該論文的最主要研究範疇，僅是作者在論述過程中必須涉及「廟學」，因而利用補充說明的形式作為呈現，特別對此概念或制度，進行概論性的提點。這即是說，文史領域對於「廟學」制度及其相關研究，總體成果仍稍嫌薄弱，目前仍然有太多值得繼續探討的空間、尚有太多留待解決的學術問題。

　　所謂「廟學」，係指在學校等教育機構中建置孔子廟，並於學校園地的孔子廟內舉行「學禮」等祭祀活動；亦即在學校體制之中，既有教學空間，也有祭祀場所。換句話說，若是單純從字面意義作解釋，則所謂「廟」者，係指或能被稱為文廟、聖廟的孔子廟；所謂「學」者，概指學校等教育機構，或者可以專指中國古代的官方文教事業——「官學」體制、甚或可以包含古代民間私學與傳統書院等教學組織。更甚者，今日已有學者直接用「學校」來界定「廟學」：「廟學是依附於孔廟、傳授儒家理論為宗旨的學校。」〔註1〕

---

〔註1〕胡務：《元代廟學：無法割捨的儒學教育鏈》（成都：巴蜀書社，2005年），頁164。

考察辭典中對於「廟學」條的解釋，也可以得見「設於廟內之學校」一語〔註2〕，不過這一句看似簡單而易懂的描述語，背後卻隱含了極為深刻的歷史意義與漫長的歷史進程，其不僅牽涉了複雜的政治環境、學術氛圍、教育制度、宗教祭祀、傳統儀禮與文化傳承等諸多因素，在不同的時空背景下也肇生不同的變化，更深深地影響了中國乃至於東亞諸國的傳統文教事業。

「廟學」制度的基本概念，是在一個空間場域中，同時立「學」以教、興「廟」以祀，其在兼具「教學」與「祭祀」的二個面向底下，一方面透過學校教育來傳授儒家學術與思想；一方面奉祀孔子等儒家聖賢，表達對其學說內容、道德信仰等方面的尊崇與敬仰。由此可見，「廟學」的教育模式，是依附於文教事業之下的一種教學制度，是一種落實儒學的傳播方式，更可謂中國古代教育體制底下的一種特殊建置。此外，「廟學」還可以放置在中國文學史、教育史、學校體制發展史、歷史地理學、甚或東亞傳統教育與東亞文化圈等處作探討；其相關碑文，可以放置在考古、藝術等領域上作研究；其建築格局、體式與規模，可以放置在建築、美學等領域加以考察。

可惜，至少在中國文史、學術思想等方面，目前學術界的相關研究及其成果甚少，即便偶有涉及，也誠如今日學者所謂：「（廟學制）常為學者所忽略」〔註3〕、「過去的中國教育史研究，或者說東亞教育史研究，一般只注意到『學』的部分，甚少包括含『廟』在內的『廟學』教育研究，少了『廟』的部分，等於說明一部教育史研究，實際只作了一半而已。」〔註4〕更甚者，是諸多學者先進雖然有針對「廟學」而稍加論述，但多僅是以單篇論文形式作為呈現；或者僅是利用較少的篇幅，在論文或著作裡進行簡略、概論性的補充或介紹，鮮少得見特別針對「廟學」來進行專門性、系統性的研究成果。

本文認為，中國古代以孔子廟作為文教事業中心而規劃出來的「廟學」教育制度，其自魏晉以來的初具雛形，並且隨著歷史時代的進展而逐步趨於成熟之後，至少不晚於唐代中期，誠已確實依附於官學體制，更是傳統中國乃至於東亞政治與文化環境中，在推行學校教育事業時的重要事務之一，此

---

〔註2〕林尹、高明主編：《中文大辭典》第三冊（臺北：華岡出版部，1973年，第一次修訂版），頁1323。

〔註3〕周愚文：《中國教育史綱》（臺北：正中書局，2001年），頁21。

〔註4〕高明士：《東亞傳統教育與法文化》（臺北：國立臺灣大學出版中心，2007年），頁43。

正是今日學者所謂：「傳統中國官學的主要特徵是表現在『廟學制』上。」〔註5〕、「廟學制度始終貫穿了中國封建社會中後期的歷史」〔註6〕言下之意，中國古代的教育史、官學史，即是一部「廟學」發展史。另外，晚清新政的教育體制全面改革，是中國「廟學」制度解體的很重要主因，蓋中國自晚清以來，亦即西元 1901 年乃至 1906 年的一連串改革，諸如：廢除科舉考試制度、設立新式學堂、引進新式教育等，導致中國延續了千餘年的各種傳統學制從此宣告結束，而自魏晉以降逐漸成型的「廟學」教育制度也在此時退居次要地位，甚至有逐漸解體的傾向。職是，傳統「廟學」制度自東晉太元十年（385）的初具雛形，乃至於清光緒二十七年（1901）的變法改革，一共歷時而且影響了中國教育學制將近 1500 多年。換句話說，雖然傳統「廟學」制度因為近現代中國的實行「西化」教育事業而退出一般的學校體制，然而其確實影響中國古代的傳統教育甚深，已在中國延續了一千餘年的歷史，而且至今仍有不少餘波遺緒，仍然存在於現今社會。

另一方面，「廟學」制度的最基本概念，是「在學校園地內建置孔子廟」，但是此項建置，實際上也伴隨著因為建設廟宇而建立的日趨龐大、複雜之祭祀制度。更甚者，是誠如今日學者所謂：「在傳統時代，教育與宗教、政治常無法分割，只是在宗教與政治的糾葛下，教育仍有追求自主性的一面，是治教育史者常予忽略者。」〔註7〕由此可見「廟學」制度的建立，不僅充實了古代的文教事業，也落實了儒學的傳播、滿足了官學宣揚儒術等目的，更拓展和擴大了傳統儒家學術文化、倫常道德、禮教風俗在社會上的影響力，是傳統文教事業中，絕對無法割捨的儒學教育鏈〔註8〕。

湯一介認為研究中國儒學時，最主要有三大不同的考察角度，分別是「政統的儒學」、「道統的儒學」與「學統的儒學」〔註9〕，本文論述的「廟學」，其所涉及的相關儒學課題包含了湯一介所述的三大部分，更重要的是「廟學」處於傳統中國自漢代以來、教育總淪為政治附庸的時空背景裡，實

---

〔註5〕周愚文：《中國教育史綱》，頁21。
〔註6〕胡務：《元代廟學：無法割捨的儒學教育鏈》，頁164。
〔註7〕高明士：《東亞傳統教育與法文化》，頁43～44。
〔註8〕此語援引自胡務（胡務：《元代廟學：無法割捨的儒學教育鏈》）的書名。
〔註9〕這是湯一介為李中華《中國儒學史・魏晉南北朝卷》所撰之〈總序〉時，所陳述的觀點。參李中華：《中國儒學史・魏晉南北朝卷》的〈總序〉（北京：北京大學出版社，2011年），頁7。

際上卻又標幟著教育追求自主性、擬欲擺脫政治壓力的一種重要的具體成果，而筆者於論文的寫作過程中，嘗試論證的主要課題是「廟學／官學／儒學」的三位一體，不過上述此論，則又清楚說明了「廟學／官學／儒學」之間的內部拉扯，這當然也可以視為儒學本身於「政統」、「道統」與「學統」之間的擺盪，此實是一饒富趣味的學術現象。

由此可見，即使扣除掉「廟學」制度在文學、考古、藝術等領域的研究層面，乃至於建築學科方面的格局、體制、美學等領域的專門性探討，其放在中國學術文化史、思想觀念史與教育發展史等面向上，仍然有許多值得深入考察與探究的課題，此不僅是「廟學」制度的價值所在，也自是筆者擬欲對其制度下諸多足以研究之相關或延伸的課題，作一系統性、專門性的考察與整理。

## 二、本文的四大研究課題

首先，或謂「廟學」的結合學校與祭祀二大空間、兼具教育與宗教的雙重功能，使之猶似於回教寺院、西藏佛寺一般，既是宗教集會所，也有類同於學校功能的場合；又或者頗似歐洲教會學校一般，在學校園地中設有用以禮拜的教堂。不過，此等被稱為「廟學合一」、「廟學相依」、「依廟立學」或「依學立廟」等說法的教育模式，是利用實質性的教學內容、配合精神性的勸誘與薰染，作為教學的最主要目的，其教育意義顯然更加大於宗教意義。換言之，「廟學」之所在，便是學術教育之所在。另一方面，「廟學」所奉祀的最主要對象，是孔子乃至於孔子以降的諸位儒家聖賢，皆是非常具體的歷史人物而非抽象性、先驗型的神祇，而且祭祀的目的在於對這些人物的學術、品格等方面的尊崇與景仰，亦即側重在對於學問知識的尊重與道德觀念的追尋，是今日學者所謂「（廟學）世俗意味甚濃」、而且「不似外國有濃厚的宗教色彩」〔註10〕，這和其他宗教類別所崇拜的對象及其祭祀意義，具有極為顯著的區別，此也正是「廟學」與上述的寺院、教會的最大差異之處。這即是說，中國古代「廟」與「學」合一的方式或現象，雖非古今中外的唯一特例，不過其被設置之最主要目的，乃是傳授儒家的學術思想、倫常道德與風俗禮教等方面，並非利用誠心的祝禱默念與頂禮膜拜來祈求個人福祉，此等在「兼具教育與宗教性質」的前提下，又讓「教育意義高於宗教目的」的情

---

〔註10〕周愚文：《中國教育史綱》，頁23。

狀，確實值得探究，這是筆者所擬欲探討的課題之一。

再者，根據筆者的考察，關於「廟學」的建置，其形成的契機或遠因，乃源自於周、漢二世以來的古代官學祭祀；其粗略的樣貌，發端於曹魏政權對孔子廟的重視，尤其是魏文帝曹丕的修繕曲阜孔子廟、在孔子廟周邊「廣為室屋」；其能初具規模雛形，肇始於東晉孝武帝的建置孔子廟於中央官學——太學；其逐漸落實於地方各級學校，始於北齊政權，以及襲仿北齊與北周學制的隋代；其正式的制度化與普遍化並且全面落實於中國全境各級學校，則必須歸功於唐代統治者。由是觀之，以「廟學」制度的發展進程而論，中國的中古時期、特別是魏晉南北朝當世，誠然是相當重要的一個歷史時期，惟魏晉南北朝正是被學界普遍認定為政治社會極度動盪紛亂、禮教制度崩壞、學術文化衰退的黑暗時代，故「廟學」制度之始於魏晉並發展於南北朝當代，必然具備一些時空環境與歷史條件，這是筆者在研究魏晉南北朝「廟學」教育制度時，必須涉及且不可避免的課題。

復次，根據筆者的論述，中國「廟學」教育制度在東晉孝武帝以後初具雛形，後來即逐漸依附於官方文教事業、亦即官學體系，成為其傳播與發揚儒家學術和禮教等方面的一種重要工具。蓋儒學自漢代之後，一直以來總是居於中國政治、社會上的主流地位，甚至能直以「統治地位」稱之[註11]，歷代有志建立穩固政權的國君，也總是欲藉由官學的設置，一方面表達國家政權對於儒學、儒教的重視；一方面表明統治者自身以儒術為治國方針的態度；一方面甚或希冀利用上述這些觀念，藉以收攬民心、招攬支持者，以及穩定社會秩序，這正是湯一介所謂：「中國在歷史上自漢以來一直是『皇權專制』，它把儒學政治化用來對社會進行『教化』以維持其統治。」[註12]不論國家政權對於官學的設置，是否帶有權謀、治術等功利目的[註13]，至少呈現出來的「官學體制」與「儒家學術」緊密聯繫之客觀現象，自是不容置喙的事實，迨至魏晉以降「廟學」制度的日漸發展，中國官方文教事業亦自此

[註11] 如：張豈之認為，在漢代占有統治地位者，是儒學的獨斷主義，且此種政治、學術的整體氛圍，甚至嚴重阻礙了當代自然科學的發展。參氏著：《中國儒學思想史》（臺北：水牛圖書公司，1992年），頁249。

[註12] 這是湯一介為李中華《中國儒學史·魏晉南北朝卷》所撰之〈總序〉時，所陳述的觀點。參李中華：《中國儒學史·魏晉南北朝卷》的〈總序〉，頁29。

[註13] 如：張豈之認為，漢代統治者的「獨尊儒術」，其實是在「飾以儒術」。參氏著：《中國儒學思想史》，頁250。

形成一種「廟學／官學／儒學」彼此依附以相得益彰的運作機制。由是，筆者在探討「廟學」制度時，也必須連帶涉及當世官學的發展概況，以及此等官方教育事業與儒學之間的連繫，此亦自是本文的研究課題之一。

最後，根據筆者的研究，「廟學」教育制度對於中國文教事業等方面的影響，誠然甚為深廣，舉凡隋唐以降的學制；祭祀活動、祭祀對象、甚或從祀制度，皆因為「廟學」制度的形成而有相當程度的開展，更甚者，是「廟／學」的建築配置等方面亦復如是，這些方面的影響程度，實已牽涉到兩宋以後所時興的書院之內部佈局方式。因此本文除了探討「廟學」制度的祭祀、從祀制度，以及入祀對象的條件等層面，也進一步地考察「廟」與「學」的建築配置方式，並藉此以考察傳統書院對於「廟學」制度的承繼問題。

綜合上述，則本文的四大研究課題，得以依此而展開：第一，是「廟學」制度本身在魏晉以降之後的發展歷程。第二，是關於魏晉南北朝官方文教事業的探討，以及其與儒家學術、「廟學」制度等方面的連繫。第三，是與「廟學」教育制度的相關祭祀活動與祭祀事務，以及其對日後官學與書院祭祀的影響。第四，是考察「廟／學」的建築配置，以及其對傳統書院等教育機構的影響。

## 三、「廟學」制度下所延伸的五大論述主軸

中國「廟學」制度的解體，晚清新政的教育體制全面改革是很重要的主因。蓋晚清以來透過日本而向西方學習、引進的新式學校教育和體制，從此取代了「廟學」制、科舉考試與傳統官學等文教事業，時至今日猶然如此。

不過，雖然傳統「廟學」制度因為近現代中國的實行「西化」教育事業而退出一般的學校體制，然而其確實浸染於中國古代的傳統教育甚深，影響的層面亦誠屬廣泛，故筆者也能依此在探討魏晉南北朝「廟學」制度的研究視角之下，從本文的四大研究課題之中，繼而延伸出五大論述主軸：第一，是魏晉南北朝官方文教事業的發展概況。第二，是「廟學」制度與魏晉南北朝官方文教事業在聯繫上的具體方式與內容。第三，是魏晉南北朝的「廟學」制度對往後歷朝各代學制等方面的影響。第四，是兩宋書院對於「廟學」制度的承繼。第五，是藉由「廟學」制度的研究視角，考察兩宋以後的元、明、

清諸朝書院對於宋代書院的承繼。此五大論述主軸與上述的四大研究課題，是支撐本論文的最主要架構。

## 第二節　研究範圍、方法與材料

### 一、研究範疇與研究限制

　　本論文撰著之大旨，係在對於「廟學」制度的起源、發展、演變等歷程，進行系統性的考察與研究，並論述此種制度與官學體系、儒學文化、儒家教育事業等方面的聯繫程度，以及「廟學／官學／儒學」的緊密相繫之後，對於日後學制、禮制與建築形制等方面的影響。所以本論文勢必緊扣於中國學術史、教育史、文化史的歷史脈絡；必然牽涉了中國文學思想、歷史學、建築學等領域；官學體系與儒學、儒教等，更是本文屢屢涉及的重要課題。

　　其次，正因為「廟學」制度的發展史，緊扣於古代中國的歷史進程，故筆者在論述的過程中，主要以大量的史書記載內容作為理論的支撐，而古代文人學者的思想性、文學性等作品，也時常涉及這方面的敘述，蓋史書所載的一時一世之某些事件，若能配合彼時當世一些學者之言論，則歷史事件之始末，本能更加清晰和具體，更方便了筆者於理論推展時的相互參照與比對。職是，中國的史傳典籍的文獻資料、學人之文集與論著的隻字片語，自是本文大量援引的最佳材料。

　　另一方面，若是利用宏觀的視角來加以考察，則關於孔廟的祭祀活動、儒學的思想與文化等，其影響誠然已遍佈整個東亞文化圈，故除了臺灣與中國，舉凡日本、越南、琉球與朝鮮等處，每每皆能因為不同的地域，而在政治上、文化上等方面產生一些共通、或者不同的的象徵。不過本文的研究領域，目前僅能針對魏晉南北朝當世，亦即僅止於探討傳統中國的部分，並不代表東亞諸國無法納入「廟學」的研究範疇。此外，中國的官學體系，雖主要以傳授儒家經術為大旨，但也並不代表中國的傳統官學裡，沒有包含其他類型的教育內容，是舉凡：史學、文學、醫學、算學、律學、武學、道學、書學、畫學與習射等，也每每皆因歷朝各代的重視程度之不同，或有先後增入與刪減於當世官學的教育體制裡〔註14〕。惟本文以「廟學」作為最主要的研究視角，旨在針對儒學、儒教的傳播與弘揚等方面，蓋筆者認為，中國古

〔註14〕周愚文：《中國教育史綱》，頁16～18、79～90。

代的教育史、官學史，不僅是一部「廟學」史，若是從一另種面向加以思考，則「廟學」的發展史，是考察中國儒學發展的一個重要指標。職是之故，除了儒學之外，傳統官學裡的書畫、算術、律令、曆學、醫學、天文、漏刻、卜筮等教育內容，實與「廟學」較不相涉，尤其傳統官學一直以來，不論各種的其他教育或有增列與刪減，儒學始終仍是其主體。因此本文所論之官學教育，也概以儒家的學術與文化為主要內容，餘下各式、各類型的官學其他教育內容，暫且不予以討論。

## 二、研究取徑與研究方法

臺灣地區對於「廟學」制度的研究，首推高明士學者，高氏已在個人的多部學術著作中特開專章，對「廟學」制度加以探論，其不僅對中國中古時期的「廟學」制度發展歷程，作了系統性的研究，並長久以來持續撰文以闡明此種制度。其後，復有周愚文、黃進興等學者，也在考察中國教育史、宗教史等相關課題時，在高氏之研究基礎上，注意到「廟學」制度的問題〔註15〕。此外，今日學界對於「廟學」制度的討論，往往僅止於概論性的介紹；僅是其研究論著之中的若干些微篇幅，誠然未見專門針對此論而詳加探討者。

不過，另一方面，也正因為「廟學」尚有許多值得探論的空間，以及仍待繼續深拓的課題，故筆者能在承繼高明士、周愚文、黃進興等學者的研究基礎之上，更深入地對於「廟學」進行考察與論述。高、周、黃諸氏的研究成果，自是筆者最為重視者，而本文的論述主軸，亦是以這三位學者的觀點為本，繼而進一步地作出更多元的開拓與發展。此外，本文尚有一些陳述個人意見、推論一己思維觀點之處，必須藉由諸多研究方法，讓筆者擬欲論述的主題得以清楚呈現，故特別陳列幾項最主要的研究方法，茲說明如下。

### （一）史學材料與文學材料的相互驗證

本文除了擬欲考察「廟學」制度的發展史，也兼有涉及儒學與儒教，以及官學、書院等體制在中國歷史上的發展概況，讓是類與「廟學」緊密聯繫者，其發展歷程與若干的重要時期或階段，亦皆能清楚呈現，故筆者於論述

---

〔註15〕周愚文：《中國教育史綱》，頁 21～23。黃進興：〈解開孔廟祭典的符碼——兼論其宗教性〉，《文化與歷史的追索——余英時教授八秩壽慶論文集》（臺北：聯經出版事業公司，2009 年 12 月），頁 535～558。

過程中，必須時常搜集、並條列文獻與史料，以相互佐證、相互勾勒，藉此形構出魏晉南北朝「廟學」制度的發展過程。職是，歷代官修或私修的史書內容，遂成為筆者論述時最重要的驗證材料。

不過，為了避免史學線索過於枯燥和僵化，也有鑑於一些官修性質的史書之記載內容，或有過於偏狹或失之客觀，難免有無法觀照更多面向的缺憾；至於單純考察文學或哲學思想等方面的材料，又或有因內容的思維理路較為靈活、廣泛而略顯空疏無物、碩大卻於小處不足的弊端。職是之故，為了更加還原當世歷史的真實面貌，則援引與當代同一時期的文學作品、思想學術論著，作為民間甚或其他視角之不同或相同的說法，藉由此種對照研究法、比較研究法，讓文學、思想等作品，得以和正統的史料互相參照，或者補述史書的不足之處；或者提供史書以外的不同觀點。

另外，本文在論述時，除了主要以史書的記載作為支撐、以文學和思想等方面的作品為補充之外，歷代學者在文集中所撰之廟學記、乃至於通志、府志、地方志等志書與文史資料，也皆極具有參考價值，自是筆者在研究與考察時，必然擬欲充分利用的可貴材料。這即是說，筆者希冀透過史書、文學作品、思想學術論著，與志書類文獻的相互探討、彼此補充，從不同角度切入「廟學」及其有關課題，促使本文的品質與研究視野，更趨於廣闊、完善與全面。

### （二）宏觀視野與微觀實證的相互結合

本文在研究「廟學」及其相關課題時，必須在一定程度上，利用宏觀視野來審視「廟學」的發展及其影響層面，惟研究過程之中，或有觸及當世值得探討的偶發之歷史事件、或者必須陳述的因果關係，藉此推論若干具有創見或學術價值的議題。若依此論，則宏觀視野與微觀實證的相互結合；提出假設、質疑並精細的查驗與辯證，自是本文甚為注重的研究方式。

換言之，筆者擬欲利用具有「事後回溯」、「解釋觀察」等功能的因果比較研究法，將文獻資料置於歷史脈絡中以進行考察，並利用歸納法、演繹法等研究方法與步驟，對研究對象進行分析、審查，為擬欲研究的課題或論述主軸，奠定信而可徵的理論基礎。本文亟欲利用這一類具有系統條理性質、邏輯推理性質的實證探究方法，一方面避免客觀史實於發生當下，時人在理解或認知上的一些侷限性；另一方面更有助於筆者釐清歷史故實、還原事件始末，進而客觀地看待各種研究對象於歷史時期的空間組合概況。

### （三）定性描述與定量分析的交互運用

誠如上述，本文在援引資料與論述的過程中，大量採用因果分析法、功能分析法，與比較分析法等定性研究方式，並配合層次分析法等手段以進行更深入的研究。另外，為了方便展現具體成果，讓關於「廟學」的概念性說解更加充實與完整；「廟學」的發展、影響層面或演變歷程的鏡像更為具象化，故筆者於描敘抽象概念、論述重要觀點時，擬額外再繪製圖表、製作表格，以彌補本文於定性描述與定量分析時之不足，更加強了個人理論在驗證上的效果，而筆者的若干推論、陳述與個人觀點，亦依此能夠獲得更精密、更多元的整合。

### （四）多重視角與跨學科領域的研究方式

總的來說，學術史（儒學）、教育史（官學）與傳統文化史（祭祀）的三方交叉考察，再配合歷史事件與一些建築知識作為論述的旁證，可謂完全貫通於本文各處的最重要研究手段。敝帚自珍，竊以為這種利用多重視角、跨領域、跨學科的綜合研究方式，應當可以為「廟學」建構更深、更廣的概念體系；對「廟學」進行較多面向的考察視野；更盼能為「廟學」及其相關概念，開展出更新、更多元的研究視角與研究課題。希冀筆者的研究方式與成果，能對於「廟學」的這項課題，提供更多的佐證資料與考察結果；更盼本文所論，能更加充實、並豐富「廟學」以及與其相涉之官學和儒學等領域的學術成績。

## 第三節　概念界定與文獻回顧

### 一、概念界定

本文最主要的研究視角，係魏晉南北朝「廟學」制度的起源、發展和演變，以及其對於往後歷朝各代在學制規劃、祭祀事務、教育活動、思維觀念和建築配置等方面的影響。今日學者認為：「古今教育之判，固以教之合於禮之實際與否為斷而樂之關繫尤鉅。」〔註16〕古代官方文教機構的設置，其目的除了幫助統治者培養人才，對於儒家的學術文化、禮教風俗、倫常道德等方面的落實，也具有相當程度的效果。而「廟學」的兼具祭祀與教育二項功能，本

---

〔註16〕柳詒徵：〈中國禮俗史發凡〉，收於柳曾符、柳定生選編：《柳詒徵史學論文續集》（上海：上海古籍出版社，1991年），頁635。

是其制度本身的最大特色，故「廟學」制度自魏晉以降的持續發展，實已成為依附於官學體系底下、又有效幫助了官學在傳授儒家學術、宣揚儒家教化的落實。在此種考察方向之下，本具有「教」、「禮」、「樂」等多項內容的「廟學」制度，則必然會與官學體制、儒家的學術文化與儒學教育等方面產生關聯，自是本文論述「廟學」制度時，不可避免的課題。故筆者擬欲針對與「廟學」緊密相繫的「官學」與「儒教」等詞彙與概念，作一大致上的界定。

## （一）與「廟學」相涉的若干詞彙與概念釋義

### 1. 官學

所謂「官學」是官辦教育的通稱，係由政府訂定一套統一的教育制度，並任命學官以專司教職，以作育國家所需的吏才。由政府來主辦，透過官立學校、用「正式的教育」承認學子「受教的資格」〔註17〕。職是，今日學者或以「官辦的正規教育」（formal education）界定中國傳統「官學」，藉此與民間私人所興辦的教育機構、亦即俗稱的「私學」作為區分〔註18〕；或有利用「由政府創辦並管理的學校。在這樣的學校，管理者由政府委派，經費由政府提供，教育內容由政府規定，教育目的服從政府的需要，學校被列在國家統一的學制系之中。」以界定官學〔註19〕，此種論述基本上已十分詳盡地定義官學的設置目的及其特色。

### 2. 儒教

所謂「儒教」，概指以孔子學說會作為中心的儒家思想，包括國家的統治原則與社會倫理，國家統治原則的指導方針，以及社會生活的行為準則。其有形的指標，便是儒家經典與官方教育機構，以及依附於官學體系下的聖廟、孔子廟——廟學制度。換言之，官學教育、儒家經典以及廟學制度，是儒教得以具體落實於政治社會的主要方式。

從近世乃至今日的學者，或有利用「儒教」稱呼儒學，甚至直以「宗教」定位儒家思想，如：徐珂（1869～1928）《清稗類鈔》收有明代弘治二年（1489）〈重建清真寺〉一文：

> 惟三教各有殿守，尊崇其主。在儒則有大成殿，尊崇孔子。在釋則有聖容殿，尊崇牟尼。在道則有玉皇殿，尊崇三清。在清真則有一

〔註17〕陳東原：《中國教育史》（臺北：臺灣商務印書館，1980年），頁1。

〔註18〕周愚文：《中國教育史綱》，頁9。

〔註19〕徐梓：《元代書院研究》（北京：社會科學文獻出版社，2000年），頁54。

> 賜樂業殿，尊崇皇天。其儒教與本教同，雖大同小異，然其立心制
> 行，亦不過敬天道，尊祖宗，重君臣，孝父母，和妻子，序尊卑，
> 交朋友，而不外於五倫矣。〔註20〕

上述資料所提及的「大成殿」是祭祀孔子的場所，通常是官方對於孔廟祭祀活動的主殿之稱呼，此可以得見明代時人將奉祀孔子一事，視為與佛教、道教與猶太教等宗教信仰一般，孔廟即是「儒教」的「聖域」（holy ground）。

　　此或許正是自晚清康有為以降乃至於今日諸多學者，會視「儒教」為一種宗教信仰而加以論述，本文就「廟學」制度的研究視角而論，孔子廟確實也已成為傳統中國學校園地的儒教聖域，不過它又有別於一般寺廟的祈求私人福祉、異於一般宗教性質的祭祀與祝禱，它在「政教合一」、甚或「祭政教合一」底下，又扮演著兼具統治地位、教育功能與祭祀事務的多樣性角色。這即是說，在「廟學」制度的研究視角之下，儒學確實具有「宗教化」的傾向，惟直以「宗教」界定「儒教」，卻又容易導致筆者所擬欲論述的儒家教育事業失焦，故筆者在論證過程時，偶有利用「儒教」一詞，藉以表達或者為了方便陳述儒家學術、教育底下的社會風氣或整體氛圍，惟本文各處所提及之「儒教」，仍以「儒家教化」的概念為主。

## （二）「廟學」一詞本身的發展概況

　　筆者認為，中國古代傳統官學的祭祀活動，是日後「廟學」制度得以形成的契機，而「廟學」制度的粗略樣貌，肇發於魏代，並在東晉孝武帝時期始初具雛形，且逐漸成為往後歷朝各代文教事業的重要規制、學制，深刻地影響了清末以前、中國各類教育機構的教學活動、祭祀活動與禮儀活動。

　　本文所謂「廟」者，係專指孔子廟，中國歷代或有稱作宣尼廟、宣父廟、宣聖廟、先聖廟、先師廟、聖廟、文廟等，是魏晉南北朝之後，官學、書院乃至於各類私人教育機構內部的祭祀場所。這些文教組織設立孔子廟之大旨，在希望透過頂禮膜拜等祭祀過程，一方面表達尊師重道等觀念；一方面更欲激發士子見賢思齊之志，為肄業的生徒學子在品格、學術乃至於治學態度上，有一足以依循的精神範式。

　　本文所謂「學」者，概指學校等教育機構，或者專門指涉中國古代的官方文教事業——「官學」體制，甚或可以包含古代民間私學與傳統書院等教

---

〔註20〕詳參（清）徐珂：《清稗類鈔》（上海：商務印書館，1917年）第十五冊〈宗教類〉，頁40。

學組織。更甚者，是可以直接係指「講堂」，蓋魏晉之後，諸多學校等教育機構普遍皆設有講堂，而講堂在宋代之後，更是官學乃至於書院等教學組織裡學人士子肄業之處的通稱。「講堂」透過講經、論學等教學方式，授以道德、學識等教育內容，可謂官學等教育機構的最主要教學環境。換言之，「學」可以概指學校等教育機構、可以專指官學，甚至可以將視域更為縮小，把「學」與是學官教授學問、實施教學活動的最首要場所——「講堂」直接劃上等號，就廣義的角度來看待，亦無不可。

　　至於「廟」、「學」二字的正式連用，大抵約當起於唐代，韓愈（768～824）〈處州孔子廟碑〉一文，當是今日目前可徵之文獻資料中最早出現「廟學」二字連用者，其為了讚頌處州刺史鄡侯李繁的建立孔子廟一事而賦詩：「惟此廟學，鄡侯所作」〔註21〕，惟此處所論，僅描述了李繁在當地興修孔子廟、並於廟內實施教學活動的故實，尚未完全合乎於後世對於「廟學」概念的真正涵義；又皮日休（約834～883）也曾撰有〈襄州孔子廟學記〉一文，觀其內容所述，皮氏當指襄州當地孔子廟之學記，當屬於「廟記」而非「廟學記」，並非日後以及筆者此處所謂「廟學」制度的概念〔註22〕，不過也確實開起了「廟學」一詞連用之例。「廟學」成為一種概念並具有深刻意義者，最早始自宋代，王安石（1021～1086）的詩作〈潭州新學〉有詩序：「治平元年，天章閣待制興國吳公治潭州之明年。正月，改築廟學於城東南。」〔註23〕此處所謂「廟學」，係指設於學校園地內的孔子廟、又或設於孔子廟內的學校；又宋代哲宗元祐二年（1087），許安石擔任縣令而首修廟學，告成之後，許氏合僚屬與諸生告於宣聖、行三獻禮，時人田矩（生卒年不詳）撰有〈新建深澤縣廟學記〉記之〔註24〕；韓琦（1008～1075）〈韓魏公定州儒學記〉則記載當地

〔註21〕韓愈：〈處州孔子廟碑〉，收於（唐）韓愈撰，（清）馬其昶校注、馬茂元整理：《韓昌黎文集校注》（上海：上海古籍出版社，1986年）第七卷，頁491～492。

〔註22〕（唐）皮日休：〈襄州孔子廟學記〉，收於（清）董誥：《欽定全唐文》（臺北：文友書店，1974年）第十七冊，卷797，頁10541。

〔註23〕王安石：〈潭州新學詩並序〉，收於（宋）王安石：《臨川先生文集》（上海：中華書局，1959年）第三十八卷，頁404。

〔註24〕河北省《深澤縣志》與河北省《定州志》中，皆收錄有田矩〈新建深澤縣廟學記〉一文。參（宋）田矩：〈新建廟學記〉，收於（清）王肇晉修輯：《（河北省）深澤縣志》（臺北：成文書局據清咸豐十一年刊本影印，1976年）卷九〈藝文志〉，頁301。（宋）田矩：〈新建深澤縣廟學記〉，收於（清）寶琳等纂修：《（河北省）定州志》（臺北：成文書局據清道光二十九年刊本影印，1969年）第三冊，卷二十一〈藝文志〉，頁1847～1849。

的地方官學於仲秋的上旬丁日「釋奠於夫子之廟」,其後復有官員「徙以新廟」、「即廟建學」〔註25〕。換言之,「廟學」制度雖始於魏晉、普及於唐宋,惟宋代以前之學者,似乎尚未習慣將「廟」、「學」二字連用並賦予專門的辭彙概念,而中央乃至於地方官學,雖然在唐代之後已幾乎普設了孔子廟於內,不過又被稱為文廟、聖廟、宣尼廟、先聖廟、宣聖廟、甚或大成殿等的孔子廟,即使在文獻資料中被提及、或者與官學體制並舉時,仍如漢魏兩晉一般,或者直稱其固有廟名;或者僅以「廟堂」或「廟屋」等辭彙,稱述孔子廟及其周邊學舍,甚至當世作為官學體系以外的孔子廟,也不一定設有學校功能的教育機構。直言之,在宋代以前,世人似乎尚未意識到,「廟學」制度可以是一個專有名詞、可以成為一種特殊概念。

「廟學」一詞及其正式通行的概念,在元代之後被廣泛的使用,甚至是各級儒學的通稱,是各地以儒學教學為主的文教事業之重要活動與內容,可謂通行於世人日常生活的普遍思維,根據申萬里的考察,元人文集以及各地金石碑傳中「廟學」二字出現的數量,高達 72 處之多〔註26〕,此足以得見「廟學」在元代之後,實成為一具有固定概念與完整意義的詞語,幾乎可以用來指涉當世的一切儒學。至於明清二代的情況亦復如是,故迨至清代乾隆年間,有學者秦蕙田(1702~1764)在撰著《五禮通考》一書時,曾提及中國於京師設置孔子廟,當在北魏孝文帝元宏時期,並且首次將「廟學」制度作為一種研究方向而加以探論〔註27〕,雖然秦蕙田對於「廟學」制度的一些觀點,已被今日學者所推翻,不過秦氏所論,可謂中國學者首次有意識地將「廟學」制度作為研究視角。

## 二、研究成果評述

「廟學」制度能被作為一種研究視角並成為一種研究方向來加以考察,當始自清代秦蕙田。不過,誠如筆者於上文所述,正因為關於「廟學」方面

〔註25〕 (宋)韓琦〈韓魏公定州儒學記〉,收於(清)寶琳等纂修:《(河北省)定州志》第三冊,卷二十一〈藝文志〉,頁 1810~1813。

〔註26〕 申萬里:〈元代廟學考辨〉,《內蒙古大學學報(人文社會科學版)》第 34 卷第 2 期(2002 年 3 月),頁 22~23。

〔註27〕 秦蕙田《五禮通考》於《北史·魏本紀》所載之「太和十三年七月立孔子廟」一語下注云:「蕙田案:此京師立孔廟之始。」詳參(清)秦蕙田:《五禮通考》(臺北:新興書局,1970 年)第十冊,卷一百二十一〈吉禮·祀孔子〉,頁 7349。

的諸多相關研究面向，往往被學者所忽略，尤其在文史領域的範疇中，今日學者先進雖然或有以「廟學」為題、為關鍵詞；或者針對「廟學」制度而稍加論述者，但多僅是單篇論文形式；或者僅是論文或著作裡的些微篇幅，即便偶有涉及，也甚少專以「廟學」為研究課題，作一較為專門性、系統性的研究與探論。直言之，今日學界利用孔子廟作為歷史考證或地理區域性研究的論著數量頗豐，對於「廟學」方面的研究，在建築、藝術、美學等領域的相關研究，成果也日漸豐碩，惟其在中國文史、學術思想等方面，反而不如上述是類領域那般充實，對於「廟學」制度的起源、演變或影響等方面，亦僅如弱水三千、只取一瓢飲似地點到即止，未能作出更進一步地深入研究。

　　臺灣學者高明士，以及大陸學者胡務、日本學者牧野修二等人，可謂較早投入關於「廟學」制度等方面的研究者。如：胡務與牧野修二等學者，針對元代的「廟學」、官學與書院等處，作專門性的探論與考察，如：牧野修二有〈元代廟學和書院的規模〉一文〔註28〕，胡務將早期的個人單篇論文集結成冊，在 2000 年於香港中文大學歷史學部發表博士論文《元代廟學：無法割捨的儒學教育鏈》，胡氏此部著作又在 2005 年經由成都的巴蜀書社「儒道釋博士論文叢書」系列出版而成為一部專書〔註29〕，而高明士則是長期投入「廟學」制度在教育史、文化史與觀念史方面的研究，並多次撰文以呈現個人在這些相關課題上的研究成果。筆者已在上文述及，「廟學」一詞及其正式通行的概念，在元代之後被廣泛的使用，可謂通行於當代世人日常生活的一種普遍思維，故胡務與牧野修二等學者，依此針對元代「廟學」的制度建置、建築規模，以及其與當世書院的相關聯繫等方面；而高明士則是系統性的論述漢魏乃至晚清一世的「廟學」發展概況，並且闡明諸多與「廟學」相關、且極富創見的課題。惟這些學者的研究成果，多以單篇論文的形式呈現；或者將集結發表之後的論文、放置在個人論著或各式的史論專輯裡，此著實導致「廟學」制度的相關研究，只能散見於其著作之各處篇章，不過這些學者的研究成果，仍誠然具有相當高度的學術價值，使得筆者能利用這些學者的研究課題作為基礎，進而發展與擴大「廟學」制度的研究面向。

---

〔註28〕牧野修二著、趙剛譯：〈元代廟學和書院的規模〉，《齊齊哈爾師院學報》，1988
　　　　年第 4 期，頁 74～79。
〔註29〕胡務：《元代廟學：無法割捨的儒學教育鏈》，成都：巴蜀書社，2005 年。

　　此外，今日也有許多涉及「廟學」等相關課題的研究成果，確實值得作為筆者在撰文時的參考方向，本文概分為三項主題以分別論述：

## （一）文史領域專門針對「廟學」制度作為研究者

　　這一類的學術研究成果，是與筆者的論著最為密切相關、卻也是目前學界發表數量最為缺少者。至今在臺灣方面，未能得見文史領域專門針對「廟學」制度作為研究視角的專書，僅有利用單篇論文形式，作為學術成果發表者，為數也誠然不多，如：高明士於 1982 年首先發表的〈隋唐廟學制度的成立與道統的關係〉〔註 30〕，其後復有〈廟學與祭孔，講經禮儀的作用——被誤解的一項傳統根源〉一文〔註 31〕，而高氏此類的研究成果與觀點，也大抵收錄在高氏的《中國教育制度史論》、《唐代東亞教育圈的形成：東亞世界形成史的一側面》、《中國中古的教育與學禮》與《東亞傳統教育與法文化》等個人的專書論著裡〔註 32〕。又如：胡文怡於 2000 年發表〈清代臺灣廟學初探〉〔註 33〕；大陸學者胡務，則是在 2003 年臺灣發表了〈宋元明三代廟學的建築結構和祭祀〉〔註 34〕。捨此而外，目前臺灣的文史領域學界，尚未出現其他專門針對「廟學」而加以研究與考察的學術成果。

　　大陸方面的情況亦復如是，以「廟學」制度作為專門論著者，僅有胡務《元代廟學：無法割捨的儒學教育鏈》〔註 35〕，以及近年來發表的二篇博士論文：田增志《文化傳承中的教育空間與教育儀式——中國廟學教育之文化闡釋與概念拓展》〔註 36〕與田志馥《宋代福建廟學的歷史地理學分析》〔註 37〕。

---

〔註 30〕高明士：〈隋唐廟學制度的成立與道統的關係〉，《國立臺灣大學歷史學系學報》第 9 期（1982 年 12 月），頁 93～122。

〔註 31〕高明士：〈廟學與祭孔，講經禮儀的作用——被誤解的一項傳統根源〉，《空大學訊》第 40 期（1989 年 4 月），頁 34～35。

〔註 32〕詳參氏著：《中國教育制度史論》（臺北：聯經出版事業公司，1999 年）、《唐代東亞教育圈的形成：東亞世界形成史的一側面》（臺北：國立編譯館中華叢書編審委員會，1984 年）、《中國中古的教育與學禮》（臺北：國立臺灣大學出版中心，2005 年）與《東亞傳統教育與法文化》（臺北：國立臺灣大學出版中心，2007 年）。

〔註 33〕胡文怡：〈清代臺灣廟學初探〉，《臺灣教育史研究會通訊》第 7 期（2000 年 1 月），頁 9～21。

〔註 34〕胡務：〈宋元明三代廟學的建築結構和祭祀〉，《中國文化研究所學報》第 12 卷第 43 期（2003 年），頁 157～181。

〔註 35〕胡務：《元代廟學：無法割捨的儒學教育鏈》，成都：巴蜀書社，2005 年。

〔註 36〕田增志：《文化傳承中的教育空間與教育儀式——中國廟學教育之文化闡釋與

至於大陸方面利用單篇論文以論述「廟學」制度者，目前學界的研究成果較為豐碩，如：張鳴岐〈金元之際的廟學考論〉、胡仁〈元代廟學的發展過程〉、周聰〈孔廟與「廟學合一」〉、林英儀〈「廟學結合」與治潮良吏興學芻議〉〔註38〕，這四位學者是早期即注意到「廟學」方面的課題之學者。2000 年之後，文史領域能關注於「廟學」方面的研究者日益增多，如：黃新憲有〈閩臺的廟學規制探略〉、〈福建廟學探討〉二文，申萬里有〈元代廟學考辨〉一文〔註39〕，此外，復有瞿大風〈蒙元時期山西地區的官辦廟學〉、陶然〈論金元之際廟學碑記文的文化內涵〉、王建域〈嘉靖大地震的重要史料——耀州文廟新發現明《重修廟學記并詩碑》〉、趙克生〈明代地方廟學中的鄉賢祠與名宦祠〉〔註40〕，以及臺灣學者高明士〈韓國朝鮮王朝的廟學與書院〉、李興盛〈元代集寧路文宣王廟學碑〉、廖華生〈官府、士紳與廟學的修建——明清時期婺源廟學的個案考察〉、涂冰〈從《廟學典禮・丁酉詔令》看戊戌選試〉、方愛龍〈元・杭州路重建廟學碑〉、于亞娟與田志馥的〈南宋福建廟學的空間分布及影響因素〉、田增志〈中國廟學教育實踐及其啟示〉、王科社〈靜寧州廟學建修述略〉等文〔註41〕。2010 年之後的學術成果數量更豐，諸如：周保

概念拓展》，中央民族大學中國少數民族教育，博士論文，2010 年。

〔註37〕田志馥：《宋代福建廟學的歷史地理學分析》，福建師範大學歷史地理學，博士論文，2013 年。

〔註38〕張鳴岐〈金元之際的廟學考論〉，《北京師範大學學報》1990 年 06 期。胡仁：〈元代廟學的發展過程〉，《文史雜志》1994 年 05 期。周聰：〈孔廟與「廟學合一」〉，《文史雜志》1999 年 02 期。林英儀：〈「廟學結合」與治潮良吏興學芻議〉，《韓山師範學院學報》1999 年 03 期。

〔註39〕黃新憲：〈閩臺的廟學規制探略〉，《教育評論》2000 年 02 期。黃新憲：〈福建廟學探討〉，《福州大學學報（哲學社會科學版）》2009 年 05 期。申萬里：〈元代廟學考辨〉，《內蒙古大學學報（人文社會科學版）》2002 年 02 期。

〔註40〕瞿大風：〈蒙元時期山西地區的官辦廟學〉，《蒙古學信息》2004 年 04 期。陶然：〈論金元之際廟學碑記文的文化內涵〉，《浙江大學學報（人文社會科學版）》2004 年 05 期。王建域：〈嘉靖大地震的重要史料——耀州文廟新發現明《重修廟學記并詩碑》〉，《碑林集刊》2005 年 00 期（2005.12.31）。趙克生：〈明代地方廟學中的鄉賢祠與名宦祠〉，《中國社會科學院研究生院學報》2005 年 01 期。

〔註41〕高明士：〈韓國朝鮮王朝的廟學與書院〉，《湖南大學學報（社會科學版）》2006 年 06 期。李興盛：〈元代集寧路文宣王廟學碑〉，《內蒙古文物考古》2007 年 02 期。廖華生：〈官府、士紳與廟學的修建——明清時期婺源廟學的個案考察〉，《中國社會經濟史研究》2008 年 02 期。涂冰：〈從《廟學典禮・丁酉詔令》看戊戌選試〉，《圖書館研究與工作》2008 年 02 期。方愛龍：〈元・杭州

平〈書院的布局及釋奠、釋菜之禮——以河南書院廟學為視閾〉、趙永翔〈試論文昌信仰祔祀明清廟學的社會場景〉、劉興超〈皮日休《襄州孔子廟學記》辨偽〉、陳建萍〈淺談萬全右衛廟學與書院〉、盧國龍〈唐代廟學與文化共相〉、葛仁考〈元代「鉅鹿縣廟學碑」考釋〉〔註42〕；于亞娟與田志馥先後發表或共同發表了〈宋代福建廟學的時空分布〉、〈南宋福建廟學的空間分布及影響因素〉、〈宋代福建孔廟選址及建築佈局〉等文〔註43〕；再如：王美華〈廟學體制的構建、推行與唐宋地方的釋奠禮儀〉、舒大剛〈「廟學合一」：成都漢文翁石室「周公禮殿」考〉、楊志剛〈中國的孔廟與儒家文化——以「廟學合一」為重點的歷史考察〉、張宏斌〈「建國重道，莫先於學」——安史亂后學校的墮敗與地方廟學的興起〉、洪江〈清代雲南廟學建設及儒學發展對釋奠禮樂的影響〉、趙莉等人共同發表〈元代山西地方廟學規模及孔廟釋奠考——以《山右石刻叢編》為中心〉一文、劉輝〈金代的孔廟與廟學述略〉〔註44〕，以及蔡春娟於近三年來先後發表了〈順州廟學碑所見元代順州儒學

路重建廟學碑〉，《杭州師範大學學報（社會科學版）》2008 年 06 期。于亞娟；田志馥：〈南宋福建廟學的空間分布及影響因素〉，《內蒙古民族大學學報（社會科學版）》2009 年 05 期。田增志：〈中國廟學教育實踐及其啟示〉，《內蒙古民族大學學報（社會科學版）》2009 年 05 期。王科社：〈靜寧州廟學建修述略〉，《絲綢之路》2009 年 12 期。

〔註42〕周保平：〈書院的布局及釋奠、釋菜之禮——以河南書院廟學為視閾〉，《首都師範大學學報（社會科學版）》2011 年 03 期。趙永翔：〈試論文昌信仰祔祀明清廟學的社會場景〉，《內蒙古農業大學學報（社會科學版）》2011 年 05 期。劉興超：〈皮日休《襄州孔子廟學記》辨偽〉，《欽州學院學報》2011 年 05 期。陳建萍：〈淺談萬全右衛廟學與書院〉，《河北北方學院學報（社會科學版）》2012 年 06 期。盧國龍：〈唐代廟學與文化共相〉，《世界宗教研究》2013 年 03 期。葛仁考：〈元代「鉅鹿縣廟學碑」考釋〉，《蘭臺世界》2013 年 12 期。

〔註43〕于亞娟；田志馥：〈北宋福建廟學的時空分布〉，《福建師範大學學報（哲學社會科學版）》2013 年 02 期。于亞娟：〈南宋福建廟學的空間分布及影響因素〉，《地域研究與開發》2014 年 01 期。于亞娟：〈宋代福建孔廟選址及建築佈局〉，《集美大學學報（哲學社會科學版）》2014 年 01 期。

〔註44〕王美華：〈廟學體制的構建、推行與唐宋地方的釋奠禮儀〉，《社會科學》2014 年 04 期。舒大剛：〈「廟學合一」：成都漢文翁石室「周公禮殿」考〉，《四川大學學報（哲學社會科學版）》2014 年 05 期。楊志剛：〈中國的孔廟與儒家文化——以「廟學合一」為重點的歷史考察〉，《澳門理工學報（人文社會科學版）》第 4 期（2014 年 10 月，總第 56 期），頁 5～21、199。張宏斌：〈「建國重道，莫先於學」——安史亂后學校的墮敗與地方廟學的興起〉，《世界宗教研究》2015 年 06 期。洪江：〈清代雲南廟學建設及儒學發展對釋奠禮樂的影響〉，《民族藝術研究》2015 年 03 期。趙莉等人：〈元代山西地方廟學規模及

教育〉與〈元大德五年《涿州新建廟學記碑》的問題〉二文〔註 45〕。另外，尚有一些發表於研討會會議、學術輯刊等處之論文者，如：高明士於 1995 年在《韓國研究論叢》發表〈廟學教育制度在朝鮮地區的發展——中國文化圈存在的歷史見證〉；舒健、王光乾等人，於 2014 年在《元史及民族與邊疆研究集刊》發表〈碑刻材料中的元代嘉定廟學〉；田建平於 2014 年在《宋史研究論叢》發表〈《安平縣廟學記》碑考釋〉〔註 46〕。

　　上述是近十年來所發表的研究論文，此足見大陸方面近幾年來對於這項課題的逐漸關注與重視程度，並多以某個單一朝代，或者地域性、區域性的考察方式作為研究視角；或者利用中國的地方性、乃至於世界各處的孔子廟作為考察視野，這對於「廟學」制度及其相關研究，確實具有相當程度的貢獻。

### （二）文史領域涉及「廟學」制度者

　　關於文史領域有涉及「廟學」制度者，臺灣方面除了上文所援引高明士的諸部著作，另有周愚文的博士論文《宋代的州縣學——設置、經費、師資之探討》與金洪仲的碩士論文《唐代學制與經學之關係研究》〔註 47〕，以及周愚文《中國教育史綱》等著作。此外，復有黃麗生於 2012 年出版《東亞客家文化圈中的儒學與教育》一書，黃氏利用東亞作為研究視域，藉以考察不同時期、不同地區的客家族系與儒家和教育之關聯，其論述過程中也包

孔廟釋奠考——以《山右石刻叢編》為中心〉，《晉城職業技術學院學報》2015 年 05 期。劉輝：〈金代的孔廟與廟學述略〉，《社會科學戰線》2015 年 12 期。

〔註45〕蔡春娟：〈順州廟學碑所見元代順州儒學教育〉，《西北師大學報（社會科學版）》2014 年 06 期。蔡春娟：〈元大德五年《涿州新建廟學記碑》的問題〉，《北方文物》2016 年 02 期。

〔註46〕高明士：〈廟學教育制度在朝鮮地區的發展——中國文化圈存在的歷史見證〉，收入復旦大學韓國研究中心主編：《韓國研究論叢》第一輯（上海：上海人民出版社，1995 年 3 月），頁 182～196。舒健、王光乾等人：〈碑刻材料中的元代嘉定廟學〉，收於劉迎勝主編：《元史及民族與邊疆研究集刊》第二十八輯（上海：上海古籍出版社，2014 年 12 月），頁 66～73。田建平：〈《安平縣廟學記》碑考釋〉收於姜錫東、李華瑞主編：《宋史研究論叢》第十五輯（保定：河北大學出版社，2014 年 10 月），頁 535～555。

〔註47〕周愚文：《宋代的州縣學——設置、經費、師資之探討》，國立臺灣師範大學教育研究所，博士論文，1990 年。金洪仲：《唐代學制與經學之關係研究》，中國文化大學中國文學研究所，碩士論文，1990 年。周愚文的博士論文日後已於 1996 年出版成專書《宋代的州縣學》，臺北：國立編譯館，1996 年。

含了對於「廟學」等相關課題的探討。這些在個人專著中涉及「廟學」的數量頗多，或者是關於教育史等方面；或者是研究各地孔子廟的發展史；或者是研究傳統書院方面；又或者是探討宗教、甚或以儒教作為宗教等著作，這些學者往往能特開專章或專篇，對「廟學」作一概論性的介紹，至於單篇論文部分，僅有高明士〈傳統中國教育的發展與特質──兼論與通識教育的關係〉、方誠峰〈統會之地──縣學與宋末元初嘉定地方社會的秩序〉、林至庸〈由臺南孔廟廟會學論清代臺灣的儒教化〉、黃進興〈解開孔廟祭典的符碼──兼論其宗教性〉，與吳正龍〈明鄭時期陳永華興學設教事蹟初探〉諸篇。〔註48〕

　　大陸方面能涉及「廟學」制度者，亦一如專門針對「廟學」制度作為研究的情況，是學界於近十年來日漸關注的課題，諸如：2010 之前，有簡虎《宋元之際江南書院社會教化的研究》、范春玥《由「學記」看北宋地方官學》、蓋金偉《漢唐官學學禮研究》、柳雯《中國文廟文化遺產價值及利用研究》、朱茹《宋代江西孔廟研究》、張麗晶《宋代平民女子教育研究》、屈軍衛《明清時期名宦與名宦祠研究》等學術論文〔註49〕；2010 年之後，有任冰心《元代醫學教育及醫藥管理研究》、霍嫣然《宋麗官學教育制度的發展及其比較》、王正哲《明清懷遠縣城的時空特徵研究》、王靜《明清北京成賢街考略》、單曉娜《理念與行止》、張蒙《河南省部分孔廟調查報告》、齊月鳳《河

〔註48〕高明士：〈傳統中國教育的發展與特質──兼論與通識教育的關係〉，《國立臺灣大學文史哲學報》第 43 期（1995 年 12 月），頁 1～36。方誠峰：〈統會之地──縣學與宋末元初嘉定地方社會的秩序〉，《新史學》第 16 卷第 3 期（2005 年 9 月），頁 1～22。林至庸：〈由臺南孔廟廟會學論清代臺灣的儒教化〉，《成大宗教與文化學報》第 12 期（2009 年 6 月），頁 11～26。黃進興：〈解開孔廟祭典的符碼──兼論其宗教性〉，《文化與歷史的追索──余英時教授八秩壽慶論文集》（臺北：聯經出版事業公司，2009 年 12 月），頁 535～558。吳正龍：〈明鄭時期陳永華興學設教事蹟初探〉，《教育資料與研究》第 104 期（2012 年 2 月），頁 125～148。

〔註49〕簡虎：《宋元之際江南書院社會教化的研究》，江西師範大學教育學原理，碩士論文，2004 年。范春玥：《由「學記」看北宋地方官學》，首都師範大學學科教育，碩士論文，2005 年。蓋金偉：《漢唐官學學禮研究》，華東師範大學中國古代史，博士論文，2007 年。柳雯：《中國文廟文化遺產價值及利用研究》，山東大學專門史，博士論文，2008 年。朱茹：《宋代江西孔廟研究》，江西師範大學中國古典文獻學，碩士論文，2008 年。張麗晶：《宋代平民女子教育研究》，東北師範大學教育史，碩士論文，2008 年。屈軍衛：《明清時期名宦與名宦祠研究》，河南大學中國古代史，碩士論文，2009 年。

南文廟遺產保護和利用研究》、蕭維《論大學教育與信仰關照》、梅花《清至民國時期土默特旗教育研究》、張會會《明代的鄉賢祭祀與鄉賢書寫》，與王耀祖《社會變遷中的元代徽州社會教化研究》等諸部學術論文〔註50〕。

　　大陸方面能涉及「廟學」制度的單篇論文，如：牧野修二〈元代的儒學教育──以教育課程為中心〉、呼明虎〈元代的儒戶與地方官學〉、干樹德〈古代各地孔廟發展概要〉、吳霓〈元代教學實踐述論〉、曲英杰〈曲阜歷代孔廟考述〉、王立平〈元代地方學官〉與〈元代地方官學體系的發展概況〉二文、朱非〈古代漢中地區的教育設置〉、方慧〈論元、明、清時期西南地區的文化〉、曲英杰〈歷代京都及地方孔廟考述〉、孫長纓〈中國歷史上私學若干特點探析〉、張敏杰〈著力發掘利用孔廟的教育功能，使之服務於當代〉、張振玉〈福州古代重教與育人傳統述論〉、黨樂群〈雲南古代的學校〉、徐梓〈朱學與元代書院〉與〈遍布全國的孔廟〉二文，以及陳顯遠〈漢中府文廟的沿革〉等〔註51〕，上述是較為早期所發表的學術成果。2000 年之後，能涉及

〔註50〕任冰心：《元代醫學教育及醫藥管理研究》，南京大學中國古代史，博士論文，2011 年。霍嫣然：《宋麗官學教育制度的發展及其比較》，延邊大學專門史，碩士論文，2012 年。王正哲：《明清懷遠縣城的時空特徵研究》，安徽大學歷史地理，碩士論文，2012 年。王靜：《明清北京成賢街考略》，首都師範大學歷史學，碩士論文，2011 年。單曉娜：《理念與行止》，華中師範大學歷史文獻學，博士論文，2012 年。張蒙：《河南省部分孔廟調查報告》，復旦大學文物與博物館學（專業學位），碩士論文，2013 年。齊月鳳：《河南文廟遺產保護和利用研究》，河南大學考古學及博物館學，碩士論文，2013 年。蕭維：《論大學教育與信仰關照》，湖南師範大學高等教育學，博士論文，2014 年。梅花：《清至民國時期土默特旗教育研究》，內蒙古大學中國少數民族史，博士論文，2015 年。張會會：《明代的鄉賢祭祀與鄉賢書寫》，東北師範大學中國古代史，博士論文，2015 年。王耀祖：《社會變遷中的元代徽州社會教化研究》，華東師範大學教育史，博士論文，2016 年。

〔註51〕牧野修二：〈元代的儒學教育──以教育課程為中心〉，《松遼學刊（社會科學版）》1987 年 03 期。呼明虎：〈元代的儒戶與地方官學〉，《華東師範大學學報（教育科學版）》1989 年 01 期。干樹德：〈古代各地孔廟發展概要〉，《四川文物》1990 年 05 期。吳霓：〈元代教學實踐述論〉，《民族教育研究》1991 年 01 期。曲英杰：〈曲阜歷代孔廟考述〉，《孔子研究》1993 年 03 期。王立平：〈元代地方學官〉，《固原師專學報》1994 年 02 期。王立平：〈元代地方官學體系的發展概況〉，《固原師專學報》1995 年 02 期。朱非：〈古代漢中地區的教育設置〉，《漢中師範學院學報（社會科學）》1995 年 01 期。方慧：〈論元、明、清時期西南地區的文化〉，《雲南民族學院學報（哲學社會科學版）》1996 年 02 期。曲英杰：〈歷代京都及地方孔廟考述〉，《孔子研究》1996 年 03 期。孫長纓：〈中國歷史上私學若干特點探析〉，《河南大學學報（社科版）》1997 年

「廟學」制度的單篇論文日益增加，截至 2016 年的學術成果，實已不下數十餘篇，故筆者不再逐一列舉，蓋 2000 年之後，許多學者在研究孔子廟、儒學、官學、祭祀、科舉、古代文教事業、學校教育等議題時，大抵皆能注意到其與「廟學」之間的連繫，故總能有意識地對於「廟學」及其相關概念，提出一些論述。

### （三）其他領域探討「廟學」制度者

除了文史領域，今日學界或有將「廟學」置於建築、藝術、觀光旅遊等方面作為探討者，此類學術研究成果在近幾年來亦頗為豐碩。臺灣方面，如：邱建維《台中孔廟建築空間的情緒體驗及空間認知之研究》與杜美芬《祀孔人文暨禮儀空間之研究——以臺北孔廟為例》等建築與設計相關領域的學術論文〔註 52〕；如：陳靜琪有〈臺南市一級古蹟碑刻書法美感初探——以孔子廟〈重脩臺灣府孔子廟學碑記〉為例〉與〈臺南市孔子廟〈臥碑〉書法析論〉二文，是以書法藝術等美學領域，對「廟學」的相關碑文作出探論者〔註 53〕。

大陸方面，如：李軼夫《韓城文廟建築研究》、葛天任《環列府州，綱維布置》、白昭薰《明朝與朝鮮王朝地方城市及建築規制比較研究》等學術論文〔註 54〕，是將「廟學」置於建築領域；如：劉紅娟《中原地區文廟大成殿空間探析》、宋堯《明清時期江南文廟室內裝飾藝術研究》、張婉婷《貴州安順

---

03 期。張敏杰：〈著力發掘利用孔廟的教育功能，使之服務於當代〉，《黑龍江教育學院學報》1998 年 03 期。張振玉：〈福州古代重教與育人傳統述論〉，《福州師專學報》1998 年 03 期。黨樂群：〈雲南古代的學校〉，《雲南教育學院學報》1998 年 06 期。徐梓：〈朱學與元代書院〉，《文史知識》1998 年 09 期。徐梓：〈遍布全國的孔廟〉，《文史知識》1999 年 09 期。陳顯遠：〈漢中府文廟的沿革〉，《漢中師範學院學報（社會科學）》1999 年 05 期。

〔註 52〕 邱建維：《台中孔廟建築空間的情緒體驗及空間認知之研究》，朝陽科技大學建築及都市設計研究所，碩士論文，2001 年。杜美芬：《祀孔人文暨禮儀空間之研究——以臺北孔廟為例》，中原大學建築研究所，碩士論文，2002 年。

〔註 53〕 陳靜琪：〈臺南市一級古蹟碑刻書法美感初探——以孔子廟〈重脩臺灣府孔子廟學碑記〉為例〉，《藝術研究期刊》第 6 期（2010 年 12 月），頁 1～21。陳靜琪：〈臺南市孔子廟〈臥碑〉書法析論〉，《高雄師大學報·人文與藝術類》第 33 期（2012 年 12 月），頁 105～130。

〔註 54〕 李軼夫：《韓城文廟建築研究》，西安建築科技大學建築歷史及其理論，碩士論文，2004 年。葛天任：《環列府州，綱維布置》，清華大學建築學，碩士論文，2010 年。白昭薰：《明朝與朝鮮王朝地方城市及建築規制比較研究》，清華大學建築學，博士論文，2013 年。

文廟的雕刻藝術研究》等學術論文〔註 55〕，是將「廟學」置於空間設計與工藝美術等領域；如：李娜《上海城隍廟與南京夫子廟遊憩空間比較研究》、吉麗娜《山西文廟旅遊資源開發利用研究》等學術論文〔註 56〕，是將「廟學」置於觀光旅遊管理。至於單篇論文部份，則數量更多，筆者無法一一列舉，不過總的來說，這些論文大抵皆是利用傳統中國「廟學」制度及其概念，藉以方便界定、梳理、論證或釐清其各自專門領域中所觸及的議題，這些學者或許只是援引「廟學」的最基本觀念，藉以輔助自身所擬欲論述的主題，不過也誠然充實了學界在「廟學」制度上的研究成果。

由是觀之，近十年來學術界的許多領域，已能逐漸關注到「廟學」及其相關課題、意識到「廟學」制度可以作為該項研究領域的一種新的考察視角。此外，不僅文史領域能涉及「廟學」及其相關課題，尚有許多足以繼續深拓之處；文史領域在專門針對「廟學」加以考察的這一塊研究領域，學術成果更稍嫌薄弱，故即便這些研究專著與論文，皆是筆者在探討魏晉南北朝「廟學」制度時，可以作為借鑑之用或者啟迪之源。不過，由於今日學界能系統性、專門性的全盤考察「廟學」的發展及其影響者，確實略顯不足，希冀筆者的研究，能對於「廟學」的這項課題，提供更多的佐證資料與考察結果；更盼本文所論，能更充實、並豐富「廟學」以及與其相涉之官學和儒學等領域上的學術成績。

## 第四節　論文架構與章節概述

### 一、論文章節安排與思考進路

本文的第一項研究課題，是魏晉南北朝「廟學」制度與當世官學體系、儒學教育的關聯性。筆者認為，魏晉以降持續發展的「廟學」制度，與漢魏之後日趨成熟的官學體系，具有截然不可區分的緊密關係，而「廟學」與官

---

〔註 55〕劉紅娟：《中原地區文廟大成殿空間探析》，河南大學設計藝術學，碩士論文，2013 年。宋堯：《明清時期江南文廟室內裝飾藝術研究》，安徽工程大學設計藝術學，碩士論文，2014 年。張婉婷：《貴州安順文廟的雕刻藝術研究》，重慶大學設計學，碩士論文，2014 年。

〔註 56〕李娜：《上海城隍廟與南京夫子廟游憩空間比較研究》，華東師範大學旅遊管理，碩士論文，2010 年。吉麗娜：《山西文廟旅游資源開發利用研究》，山西大學旅游管理，碩士論文，2011 年。

學,更皆為儒學的傳播與發展,奠定極大的貢獻。因此,若欲論述「廟學」制度的起源、演變與發展,則必須連繫至當世的官方文教事業、與當世學校教育的發展合觀,則「廟學」制度的演化歷程,始有更清楚的發展軌跡與脈絡。故筆者在探討「廟學」制度之前,首先針對魏晉南北朝的官方文教事業,作一系統性的綜述,藉此鋪陳出當世的時空背景,與「廟學」制度之所以發展、進而趨於普遍與成熟的歷史條件。職是,筆者於第貳章與第參章部分,擬欲概述魏晉南北朝的官方教育事業,而此二章節的論述主軸,大抵以中央官學為主、地方官學與其他文教組織為輔,藉此透顯出「官學/儒學」的關聯性,進而推展出「廟學/官學/儒學」在魏晉之後的相互連繫關係。

本文的第二項研究課題,是魏晉南北朝「廟學」制度本身的發展與演變歷程。筆者擬欲在第肆章的部分,除了界定「廟學」制度的概念、論述「廟學」制度的主要內容,也當更進一步地探究「廟學」制度形成的契機或遠因,以及此項制度自漢末魏晉乃至於南北朝時期的整體發展狀況。另外,由於「廟學」制度發展至北朝時期,已經有逐漸落實於地方官學的趨勢,所以本文也試圖在此章之末節,概述魏晉南北朝的地方教育,除了可以作為第貳章與第參章在探討當代官方教育事業的補充說明外,也希冀藉由此種補述方式,推論「廟學」制度得以在動盪紛擾的南北朝時期進一步拓展至地方官學的原因。

本文的第三項研究課題,是魏晉南北朝「廟學」制度對於往後歷朝各代的影響,根據筆者的考察,此種制度除了影響隋唐以降、乃至於宋明諸朝的學制;影響了宋代書院與元代儒學,也誠然影響了往後傳統中國在祭祀方面的制度、對象、活動等事務,以及建築方面的規模、配置、佈局等面向。職是,筆者首先在第伍章部分,考察「廟學」制度在隋唐以降的落實概況,以及「廟學」制度在唐代中期之後,由於制度本身的趨於成熟和全面普及化,故自此日漸成為中國傳統官方文教事業下的一項固定且通行學制。若依此論,則唐代的一些統治者,必然在一定程度上,具有開創之功;其所下達的若干政治措施或行政命令,也必然對於「廟學」制度的推廣與落實,造成決定性的影響,故筆者於第伍章部分,擬欲對唐代諸帝王宣揚儒學、推崇孔子、發展教育、推廣「廟學」制度等措施進行探論,藉以清楚呈現「廟學」制度在魏晉南北朝之後的發展脈絡。最後,是「廟學」制度在晚清走上解體的命運,由於晚清的一些改革新政,促使中國傳統的官方文教事業,逐漸走向西

化、又或謂現代化的歷程，而此時依附於傳統官方、甚或民間文教事業甚深的「廟學」制度，也必然隨著教育等方面的變革而遭遇重大的打擊。不過在另一方面，即便「廟學」制度在表面上面臨解體的命運，然而相信此項制度的餘波遺韻，仍在一定程度上繼續影響中國的文教事業。更甚者，是鄰近於中國的越南、朝鮮、日本等周邊地區，自古即深受中國傳統文化的影響，相信東亞的這些鄰國地區，也在一定程度上承繼了「廟學」傳統。可惜礙於本文篇幅、受限於筆者個人筆力，無法進一步對於「廟學」制度在東亞文化、傳統教育上的影響，作更深入的考察與分析，是本文僅就「廟學」制度在中國方面的發展與影響層面作討論，甚至無法包括臺灣的孔子廟、書院等方面，確實頗為可惜，尚待日後有餘力、有機會能夠繼續深拓。

　　另外，「廟學」制度下的「釋奠」等祭祀活動，也誠是不容忽視的重要研究課題，故本文的第陸章部分，是關於魏晉乃至於隋唐之世，「廟學」制度下的「釋奠」等祭祀活動的探討。筆者擬欲在此一章節，論述「廟學」制度的祭祀事務與相關活動內容，具體呈現「釋奠」等祭祀活動在舉行時的概況，諸如：祭祀的時機與確切日期、祭祀的服飾和參與成員、祭祀的牲禮等祭獻品，以及祭祀時所使用的音樂和舞蹈等。藉由這些相關事務在歷史進程下的發展與演變，以及彼時的祭祀活動當下，必須注意的細節與事項等諸多面向的探討，藉此建構出「釋奠」等祭祀活動在舉行時的大致圖像。

　　本文的第四項研究課題，是魏晉南北朝的「廟學」制度，對於兩宋以降時興的書院體系之影響。「廟學」制度對於傳統書院的影響，主要表現在祭祀與建築二大面向上，更精確地說，是宋代書院對於「廟學」制度的承繼，大致包括：建築佈局配置與祭祀、從祀制度，惟宋代以降時興的書院，雖然絕大多數不隸屬於官學系統，卻深受官學系統的影響，這在傳統書院的祭祀事務與建築配置上，更尤為鮮明與深刻。所以筆者於第柒章部分，首先論述宋代「廟學」的發展概況，利用宋代官學中對於此項制度的承繼，藉此聯繫至書院體制。其次，是詳細考察兩宋書院的祭祀制度，諸如：祭祀對象、祭祀規模、入祀條件、祭祀場合與時間，以及祭祀所透顯的實質意義等方面，進而概論性的介紹兩宋之後傳統書院持續發展的大致情況，促使兩宋以降的書院對於「廟學」制度的承繼這項課題，可以因此而清楚、具體的呈現。再次，是關於兩宋書院對於「廟學」制度的建築方面的承繼問題，本文分別利用代表教學場合的講堂、代表祭祀場合的孔子廟，並兼有涉及書院內部奉祀其他

儒家聖賢的祠堂，再配合著名書院的平面圖為實例，藉以論證兩宋之後的傳統書院，其在「廟」與「學」二部分的建築佈局與配置方式，希冀此種研究方式，不僅能讓「廟學」制度的傳統建築配置模式，可以獲得更清楚的輪廓，更期望筆者所論之傳統書院與「廟學」制度的相互承繼關係，具有更充分的實際證據。

## 二、論文各章節要義與預期成果

誠如上述，在本文的魏晉南北朝「廟學」制度之研究視角底下，具有四項最主要的研究課題，也可以依此延伸出五大論述主軸，而筆者也自能在此種思考進路的過程中，堆砌出論文的整體架構，進而開展出本文的各個章節。因此除了作為緒論的第壹章與作為結論的第捌章以外，餘下各章節之要義和預期成果，茲陳列並敘述如下：

第貳章〈魏晉至南朝文教事業綜述〉旨在刻劃出魏晉乃至於南朝的官方文教事業之發展脈絡。考察今日各類現存文獻資料，足以得見中國自有漢一代，由政府所興辦的官學，即已然分為「中央官學」與「地方官學」兩大類，此種由官方所設置的「官學」體制，即本文探討中國教育事業的最主要範疇。若是再進一步探究當世中央官學的部分，主要是或稱作「大學」、或簡稱「學」的「太學」；地方官學則始自景帝末年，但由於一些制度性質、以及政策過於彈性，最終幾乎徒留虛名而已。因此，本文於此處論述的漢代學校教育，概以「太學」為主，並希冀通過這樣的研究與探論，說明漢、魏之際雖然動盪紛擾，所幸三國各政權仍力圖振興學校教育，故若與中國其他時期的歷朝各代相比，或許內容較為空疏；或許較無成效可言；或許幾經喪亂而幾近凋零廢弛；甚或官學系統又時興時廢、較為混雜無章，不過彼時的一些執政階層，仍能持續地維繫與發揚，並未全然中斷。

另外，魏代初期的統治者，亦能在百廢待舉之際力圖興學，且魏代自開國以來，諸帝王即主張推廣尊孔與崇儒等風尚，並極欲恢復儒學教育，益之以魏晉乃至南北朝一代，諸多帝王本身本是好學、博學之輩，是即便到了國家、社會趨於動亂的東晉、南朝，中國官方教育事業仍能在一定程度上，在時有興廢的狀況下，勉強維持尚稱穩定的發展。

第參章〈北朝文教事業綜述〉旨在陳述五胡十六國時期乃至北魏、北齊與北周諸朝的官方文教事業之發展脈絡。首先，本文通過史傳等文獻資料的

考察，可以得見連年交兵、政權交錯的五胡十六國時期，北方部族諸國尊崇儒學及倡導漢化教育的實際情形，此等尊學、尚儒之情狀，即便如：石勒、石虎（石季龍）等出身奴隸、文盲；性格暴虐、擅長在戰馬上奪取天下者，也多孺慕中原文化、性好儒術，故雖然善武略而未嘗學問，但兵馬倥傯之際，也仍力圖興學並且推崇儒家教育。由於北方部族統治者的諸項措施，一方面促使北方學術的儒風大振；另一方面更誠然證實了中原的儒學文化，並未因北方諸族的入侵而告中絕。其次，是對於儒學的保存與發展而論，則北朝政權更是做出相當程度的貢獻。透過筆者的考察，或有如：北魏孝文帝的真心推廣儒家教育與文化者；或有如：北魏太武帝、北周武帝的刻意利用儒學以打擊佛教者，這些因素無論出發點為何，總皆是促成北朝之文教事業發展繁榮、儒家學術位居極高地位的重要原因。職是，通過本文的論述，確實足見十六國時期與北朝諸君的積極興辦學校、尊崇儒術、推展儒教等措施，促使北方的文教事業，或者仍能勉強維持一定程度的設置；或者促成某一時期的國家大治、文化建設復甦、學人士子雲集之榮景，此誠非虛妄之談。另外，更足以得見十六國時期乃至於北朝一世，其官方文教事業確實普遍較南朝更為興盛，益之以諸政權的領導者，泰半久慕中原文化，促使北朝諸政權比南朝更加重視對儒學傳統觀念的學習、繼承與發揚，並積極地推崇儒術、重用儒士與禮遇漢人士族、振興學校事業，在這種情況之下，儒家的學術文化、禮教風俗等，著實成為君主治國所孜孜遵循的基本原則，亦是社會民間所樂於追尋的普遍風尚，更由於社會風氣習染儒家禮教頗深，其風教之嚴、學術之盛，確實是東晉政權所無法比擬者。

　　本文於第貳章與第參章所欲呈現者，正是此種「官學」與「儒學」的緊密聯繫，故希冀通過魏晉南北朝的學校教育及特色等方面的論述，說明學校教育對儒學的發展與提倡息息相關。這一方面可以作為「廟學」制度依附於「官學」之後，「廟學／官學／儒學」三位一體的理論基礎，一方面也能配合第肆章在研究魏晉南北朝建立「廟學」教育制度時，論證「廟學」教育制度之始於「禮教制度崩壞」的魏晉南北朝，其在東晉孝武帝初具雛形、在北齊一代已有逐漸推廣至地方官學的趨勢，而「廟學」教育制度的發展，始終與傳統以儒家為主的教育事業緊密聯繫；肇生於魏晉的「廟學」制度，必須藉助當世的儒家文教事業，而儒家學術事業並未完全中斷之歷史事實，「廟學／官學／儒學」的密不可分，即是一強力的佐證，筆者所論也因此而得以

成立。

　　第肆章〈魏晉南北朝建立「廟學」雛形〉旨在論述「廟學」教育制度從漢末乃至於魏晉南北朝的發展脈絡。筆者除了說明「廟學」教育制度在魏晉初具雛型，並且在隋代之前已逐漸從中央拓展至地方官學，也特開專篇來說明魏晉南北朝的地方教育事業。蓋「廟學」制度能普及到古代的全國各地，成為國家在落實地方教育、亦即地方官學時，必然建置的一種固定學制，則北齊政權是一個重要關鍵，而唐代統治者更是不容忽視的主要推手。因此，論述隋唐以後的「廟學」教育制度，必須無可避免地連帶述及到中國的地方教育事業，為了方便下文在陳述時的順暢性，故筆者擬在此章的最末一節，簡述魏晉南北朝以前，地方官學的發展概況，並藉由當世地方官學的發展概況，論證北朝能將「廟學」逐漸推廣至地方的主因，更藉此連結唐代以後「廟學」制度在地方教育事業上普遍落實的情形。

　　第伍章〈魏晉南北朝「廟學」對於後代學制等方面的演變與影響〉旨在論述「廟學」教育制度自魏晉逐漸發展以來，迨至唐代中期以降，開始正式的全面普及，更在宋代之後成為一種完全成熟的學制。所以截至清末西學傳入中國、朝廷當局改革各級學校體制之前，這種教育制度始終歷久不輟，甚至成為東亞諸國建置學制的藍本，可謂中國教育史、甚或東亞教育史的一大特質。換言之，本文的論述主軸雖然界定在魏晉南北朝，不過有唐一代對於「廟學」教育制度的繼續推廣，進而促使「廟學」得以普遍化和制度化，誠然也是「廟學」教育制度的一段重要歷史發展進程，尤其唐代在執政初期即能有效推廣「廟學」制度於地方官學，此實與統治者極力提高孔子的社會地位、熱心推廣文化教育事業、大舉興辦各級學校等主張具有密切關係。所以若是要全面性地勾勒出此種教育制度的完整脈絡，則隋唐諸朝對於前代「廟學」建置上的承繼與發展；一些政權統治者所實施的政令與決策，就必須加以考察和探論，始能讓「廟學」教育制度的相關研究，得到更清楚的呈現。另一方面，今日學者普遍認為，隋代的政治制度、教士、取士之法，皆有甚大改革，並為日後的唐室所本；甚或有學者認為，隋代因為國祚短促，故大體上並無重大情事可言，史傳自也無法記載甚多或甚為重要之歷史故實與內容，故無法與之討論與深究。不過，在本文「廟學」的研究視角之下，則依然可以歸結出一些不同以往的觀點，蓋筆者通過「廟學」的視角來考察隋唐二世，則隋代統治者對於國家各項制度的建設與推行，仍卓有成就，也對後

世產生一定程度的歷史影響；而唐代學制的淵源，在通過「廟學」的研究視角加以考察之下，則其學制、禮制等，本當可以追溯自更早的北周、北齊二政權，並非利用源於隋室一朝的論述即足以全然概括。上述諸項學術課題，皆是筆者於此章節所亟欲論述與辯證者。

第陸章〈魏晉隋唐「廟學」的祭祀事務與相關活動內容〉旨在藉由「廟學」祭祀的服飾和參與成員、牲禮等祭獻品，以及祭祀時所使用的音樂和舞蹈等各方面的研究，最後概述「廟學」祭祀的大致活動流程，藉此來具體呈現彼時「廟學」祭祀的實際狀況，盼能將此等活動的真實樣貌，通過本文的論述而得以重現。故筆者在此一章節，首先論證「廟學」的「釋奠」等祭祀活動，誠屬古代「五禮」中的「吉禮」範疇，藉以說明官方、甚或是執政者本身對於此等祭祀活動的關注程度。其次，是分別敘述「釋奠」的祭祀時機與確切日期、必須實際參與祭祀的成員，以及這些成員，包括：帝王、太子、陪祭官員、助祭官員、現場的主祭者，與規定要一同參加的助教與官學學生等的服裝飾式。此外，也連帶考察了上述眾位官員、甚至是學生的品級與職等，使這些參與祭祀的相關人物之面貌，更加生動、立體化。復次，是考察「廟學」的「釋奠」等祭祀活動的祭物、甚至是盛裝祭品的禮器，以及「釋奠」時所使用的音樂與舞蹈。其中「釋奠」的樂舞制度在漢魏乃至於隋唐的歷史時期裡，隨著時空的持續演進，已經發生若干的細微變化，這也是筆者擬欲關注的研究課題。最後，是關於「廟學」的「釋奠」等祭祀的最重要活動流程——「三獻禮」。「三獻禮」是「釋奠」活動的最核心部分，係「釋奠」時與樂、舞等活動幾乎同時進行者，更是整體祭祀的活動中，官方最為慎重處理者。因此關於「三獻禮」的發展與演變，以及此等祭祀項目在「釋奠」進行的流程與負責人士，也是本文極為關注的研究課題。總的來說，筆者希冀藉由上述各方面的綜合性研究，盼能更加鮮活、動態地重現彼時「釋奠」等祭祀活動的真實情景。

第柒章〈魏晉隋唐「廟學」對於兩宋書院的影響〉旨在藉由「祭祀」與「建築」二大研究面向，說明兩宋書院與「廟學」制度的承繼關係。通過本文的考察，「廟學」制度發展至宋代，由於書院的勃興，促使「廟學」制度有了更進一步地開展，除了祭祀活動中，增加了祭祀鄉賢名宦的內容，從而促使祭祀規模益加擴大之外，也因為書院在組織體制、經營模式、建築配置等處的仿效官學，遂讓書院從此帶有濃厚的「廟學」制度之色彩。「廟學」制度

對於宋代書院的影響，除了祭祀活動及其相關事務外，關於建築的佈局與配置方面，也是一項明證，此自是筆者在考察宋代書院對「廟學」制度的承繼時，必須深入探討的重要課題。

總的來說，本論文的第肆章到第柒章，是論述「廟學」制度的起源、發展、演變乃至於影響的最主要部分。通過筆者的考察與論述，足見「廟學」教育制度的發展歷程，最早肇發於魏代的文帝時期，蓋魏文帝在孔子廟周邊「廣為室屋」來容納學者，不僅擴大了前代的環境規模，也開啟了中國「依廟而立學」的先例；其後，復有東晉孝武帝在建康首度於國子學建立孔子廟，其利用原來的太學舊址以「增造廟屋」，創建了初具雛形的「廟學」制度、並且促使孔子廟與學校合而為一的體制與格局，逐步成為後代官學的基礎建置。這即是說，中國「廟學」教育制度的建置，當始於東晉孝武帝執政期間，而北魏孝文帝在原稱國子學的中書學內建置孔子廟；南梁武帝亦在國子學建置孔子廟，更促使中央官學設置孔子廟，逐漸成為一項普遍而通行的制度。

至於北齊、隋朝二代，則有逐步將「廟學」制度拓展至地方官學的趨勢。北齊文宣帝詔令各地郡學設置孔顏廟，這是地方官學實施「廟學」之始，其後又有隋代政權的因襲此種制度，促使「廟學」得以持續地逐漸普及。時至唐代，由於太宗、高宗、玄宗諸帝有意識地推廣，「廟學」制度始成功推廣並且全面性的普遍落實到地方官學，尤其當世關於孔子廟的祭祀活動及其相關事務，誠已著於政令，此著實賦予「廟學」制度以制度化；「廟學」亦自此成為全國定制，而孔子廟與中央、地方官學結合為一體的建築配置與佈局，也自然成為當時絕大多數府、州、縣學的固定模式。

換言之，中國「廟學」教育制度始自魏晉南北朝，迨至唐代太宗貞觀年間之後，「廟學」教育制度已經普遍落實於中國各地的各級學校，甚至連帶影響了日後時興的書院之祭祀、建築等面向，此足見「廟學」制度歷經魏晉乃至於宋代以來的發展，已經極為完備和普及，往後歷朝各代亦沿襲這種教育體制而沒有太大的變動，所以截至清末因西方文化的衝擊而改革教育體制之前，「廟學」始終是東晉以降、依附於泰半文教事業底下的一種重要教育制度，其通過儒學教育、奉祀儒家聖賢，有效地傳承與弘揚儒家思想，可謂魏晉之後傳播儒學與儒教的一種重要媒介工具。另外，本論文認為，中國古代「廟學」的建置與其制度、儀式等的相關規劃，亦足以作為一個時代對於儒學思

想之重視程度的一個側寫，故筆者藉由論述魏晉南北朝「廟學」教育制度的建置概況，作為當時儒家學術並未間斷發展的一項旁證。最後，也正因為「廟學」制度自唐代中期以後，總是與官方的文教事業相互牽繫，是伴隨著官學體制而持續發展的一種教育制度，遂讓孔子廟與官學，甚至書院或者民間私學等教育機構，亦依此成為緊密聯結而不可分割的整體，此正是筆者所謂「官學」、「廟學」與「儒學」三者，至少在清末進行全面改革之前，始終是文教事業中無法任意割捨的一體三面之故。

# 第貳章　魏晉至南朝文教事業綜述

## 第一節　未嘗中斷的儒家學術事業

### 一、漢代的主要官方教育事業──太學

　　本文認為，若是以廣義的角度來看待古代學校體制，則殷商之際似已出現了偏向於軍事目的為主的教學、訓練機構〔註1〕，從今日現存的殷墟卜辭中，可以發現一些關於商代學校體制的一些記載〔註2〕；周代也確實存在以文事、禮樂、甚或文武兼備等教育為主的教學機構〔註3〕。又《孟子·滕文公上》：「設為庠、序、學、校以教之；庠者，養也；校者，教也，序者，射也。夏曰校，殷曰序，周曰庠。學則三代共之，皆所以明人倫也。」〔註4〕《禮

〔註1〕　如：朱啟新、黃建中、楊寬等今日學者，根據甲骨文的記載，論述殷商時代的學校教育。參朱啟新：〈從甲骨文字看殷商時期的教育〉，《教育研究》（1982年第11期），頁89～92。黃建中：〈殷周教育制度及其社會背景〉，《大陸雜誌》特刊第一輯下冊（1952年7月）。楊寬：〈我國古代大學的特點及其起源〉，收入氏著：《古史新探》（北京：中華書局，1965年），頁197。

〔註2〕　今日學者認為，殷墟卜辭中所留下來的商代學校體制的一些相關文獻，其所記載者，當是商代的大學。參周愚文：《中國教育史綱》，頁10。徐宗林、周愚文：《教育史》（臺北：五南圖書公司，1997年），頁24。

〔註3〕　此概是《論語·憲問》記載孔子所謂「文之以禮樂」者。關於周代的學校教育，可參陳東原：《中國教育史》，頁1。陳東原：《中國古代教育》（上海：商務印書館，1934年），頁26。而周代實施禮樂的「文武兼備」教育，是余英時的觀點，參余英時：《中國知識階層史論（古代篇）》（臺北：聯經出版公司，1980年），頁26～27。

〔註4〕　（清）阮元校勘：《十三經注疏》（臺北：藝文印書館，2001年）第八冊《孟子注疏》卷五上〈滕文公章句上〉，頁91下。

記‧王制》亦記載：「夏后氏養國老於東序，養庶老於西序。殷人養國老於右學，養庶老於左學。周人養國老於東膠，養庶老於虞庠。」〔註5〕孟子所稱「校」者，係施教場所；所稱「序」者，乃習射場所；所稱「庠」者，乃養老之地，而鄭玄則認為《禮記‧王制》所謂「東序」、「右學」、「東膠」，係指「大學」，是《大戴禮記‧保傅》載有「北為上庠，南為成均，東為東序，西為瞽宗，中為辟雍」，其所謂「上庠」等五處，普遍被後世學者界定作當世周代的五所大學〔註6〕。此足見夏、商、周三代，中央當設有國學、或稱大學，而殷、周二代學校體制的最大特色，便是政教合一、官師不分〔註7〕，此也自是今日學界的普遍共識。迨至秦代統一天下，依《史記》所載，秦代政權禁止私學、且未見有學校之設置，其僅實施「以吏為師」的法令教育〔註8〕，藉此培養專制王朝底下能夠全心全意地忠於獨裁政權的吏才。真正利用官辦教育、以學校機構培養官員人才，當始自漢武帝的興太學、設置博士弟子員。直言之，若是以狹義的角度看待古代學校體制，則傳統中國的官學教育，當始自漢代。

　　漢代政權崇尚儒術、重視學校教育，其在繼承前代的傳統與基礎上，有更為完善的教學教育體系，並且試圖從中央到地方，建立較完備的教育制度，可謂中國古代教育的一次發展時期。蓋戰國之世，各國已多設置有博士之官，如：魏國有博士賈怯、魯國有博士公儀休、齊國除了有博士淳于髡，更有稷下學士「數百千人」〔註9〕，時至秦代，依《漢書‧百官公卿表》所載，亦設有多至數十人的博士〔註10〕。而中國自漢代以降由政府興辦的官學，即分為

〔註5〕 （清）阮元校勘：《十三經注疏》（臺北：藝文印書館，2001年）第五冊《禮記注疏》卷十三〈王制〉第五，頁265下。

〔註6〕 周愚文：《中國教育史綱》，頁10。

〔註7〕 黃建中：〈殷周教育制度及其社會背景〉，《大陸雜誌》特刊第一輯下冊（1952年7月），頁356。任時先：《中國教育思想史》（臺北：商務印書館，1968年），頁37。

〔註8〕 《史記‧秦始皇本紀》。參（漢）司馬遷撰，（宋）裴駰集解，（唐）司馬貞索引，（唐）張守節正義：《史記三家注》（臺北：七略出版社據清乾隆武英殿刊本影印，1991年）上冊，卷六〈秦始皇本紀〉第六，頁125下。

〔註9〕 《史記‧田敬仲完世家》。參《史記三家注》下冊，卷四十六〈田敬仲完世家〉第十六，頁755上。

〔註10〕 《漢書‧百官公卿表》。參（漢）班固撰（唐）顏師古注：《漢書》（臺北：明倫出版社，臺南：平平出版社發行，1975年）卷十九上〈百官公卿表〉第七上，頁726。

「中央官學」與「地方官學」兩大類，此種由官方所設置的「官學」體制，即是本文探討中國教育事業的最主要範疇。漢代的中央官學主要是「太學」；地方官學則始自景帝末年，但由於一些制度以及政策過於彈性，最終幾乎徒留虛名而已。至於私學在兩漢時期有很大的發展，雖然程度有的已相當於太學與地方官學，但較普遍的還是偏向於幼兒啟蒙教育的「蒙學」。因此本文於此處論述的漢代學校教育，概以太學為主。

太學亦作「大學」，簡稱「學」〔註11〕，一直以來總是作為中國古代中央官學的專稱，可謂古代教育體系中的最高學府，這種由政府主辦的教育事業，旨在培植吏才，是太學的興立，雖兼有「入仕」作為鼓勵性質的手段，但也確實能助長積極的向學風氣，更對儒學文化的傳播，形成重大的作用。

《禮記‧王制》：「天子命之教，然後為學。小學在公宮南之左，大學在郊，天子曰辟雍，諸侯曰頖宮。」〔註12〕相傳所謂「辟雍」即是西周之太學，而關於夏、商、周三代已設有學校；分為大學、小學二級，近世學者亦皆有論述〔註13〕，又依《大戴禮記‧保傅》所記載之「帝入太學，承師問道」〔註14〕，更足見周代已有「太學」之名，是當時中央政府在京師所設立的「上庠」、「東序」、「辟雍」等大學，培養貴族子弟學習禮儀、舞蹈、音樂、騎馬等內容〔註15〕，此亦是《周禮‧地官司徒‧保氏》所謂：

> 保氏：掌諫王惡，而養國子以道。乃教之六藝：一曰五禮，二曰六樂，三曰五射，四曰五馭，五曰六書，六曰九數。乃教之六儀：一曰祭祀之容，二曰賓客之容，三曰朝廷之容，四曰喪紀之容，五曰軍旅之容，六曰車馬之容。凡祭祀、賓客、會同、喪紀、軍旅，王

〔註11〕語見《孟子》、《禮記》等書。參（清）阮元校勘：《十三經注疏》第八冊《孟子注疏》卷五上〈滕文公章句上〉，頁91下。（清）阮元校勘：《十三經注疏》第五冊《禮記注疏》卷十二〈王制〉第五，頁236上。

〔註12〕（清）阮元校勘：《十三經注疏》第五冊《禮記注疏》卷十二〈王制〉第五，頁236上。

〔註13〕近世更有學者依甲骨文字而證明殷周時代即設有學校，詳參高明士《中國中古的教育與學禮》之整理，參氏著：《中國中古的教育與學禮》，頁13～14。

〔註14〕（漢）戴德撰，黃懷信主撰，孔德立、周海生參撰：《大戴禮記匯校集注》（西安：三秦出版社，2004年）上冊，頁342。

〔註15〕（漢）劉向《五經通義》：「天子立辟雍何？所以行禮樂，宣教化，教導天下之人，使為士君子，養三老，事五更，與諸侯行禮之處也。」收於（清）王謨輯：《漢魏遺書鈔》（臺北：藝文印書館，出版年不詳）第六冊，頁7。

　　舉則從；聽治亦如之。使其屬守王闈。〔註16〕

換言之，周代以前的「大學」教育，旨在培育貴族子弟，透過詩、書、禮、樂等為主的教育內容，使之能夠在未來成為領導方面的人才。

　　漢武帝設立的「太學」，首度開始招收平民子弟，班固於《漢書·武帝紀》文末的贊語有所謂「興太學」〔註17〕，當是指漢武帝接受董仲舒「養士之大者，莫大乎太學」、「太學者，賢士之所關也，教化之本原也」，所以必須「興太學，置明師，以養天下之士」的獻策〔註18〕，其於元朔五年（124 B.C.）在都城長安（今西安）創建太學，並確立儒學為正統學問，詔曰：「蓋聞導民以禮，風之以樂，今禮壞樂崩，朕甚閔焉。故詳延天下方聞之士，咸薦諸朝。其令禮官勸學，講議洽聞，舉遺興禮，以為天下先。太常其議予博士弟子，崇鄉黨之化，以屬賢材焉。」〔註19〕此外，武帝又採納時任丞相的公孫弘所擬議之辦學方案：

　　弘（公孫弘）為學官，悼道之鬱滯，乃請曰：「丞相、御史言：制曰『蓋聞導民以禮，風之以樂。婚姻者，居室之大倫也。今禮廢樂崩，朕甚愍焉，……，以屬賢材焉。』謹與太常臧、博士平等議，曰：……。故教化之行也，建首善自京師始，繇內及外。今陛下昭至德，開大明，配天地，本人倫，勸學興禮，崇化屬賢，以風四方，太平之原也。古者政教未洽，不備其禮，請因舊官而興焉。為博士官置弟子五十人，復其身。太常擇民年十八以上儀狀端正者，補博士弟子。郡國縣官有好文學，敬長上，肅政教，順鄉里，出入不悖，所聞，令、相、長、丞上屬所二千石。二千石謹察可者，常與計偕，詣太常，得受業如弟子。一歲皆輒課，能通一藝以上，補文學掌故缺；其高第可以為郎中，太常籍奏。即有秀才異等，輒以名聞。其不事學若下材，及不能通一藝，輒罷之，而請諸能稱者。臣謹案詔書律令下者，明天人分際，通古今之誼，文章爾雅，訓辭深厚，恩

---

〔註16〕參（清）阮元校勘：《十三經注疏》（臺北：藝文印書館，2001 年）第三冊《周禮注疏》卷十四〈地官司徒·保氏〉，頁 212 下～213 下。

〔註17〕《漢書·武帝紀》文末贊語。參《漢書》卷六〈武帝紀〉第六，頁 212。

〔註18〕上引諸語，詳參《漢書·董仲舒傳》。另外依史書此處所載，推測董仲舒之意，是欲把養士（教育）與選士相結合，其做法對於改善行政官員的質素，有一定程度的重要性。參《漢書》卷五十六〈董仲舒傳〉第二十六，頁 2512。

〔註19〕《漢書·武帝紀》。參《漢書》卷六〈武帝紀〉第六，頁 171～172。

施甚美。小吏淺聞，弗能究宣，亡以明布諭下。以治禮掌故以文學
禮義為官，遷留滯。請選擇其秩比二百石以上及吏百石通一藝以上
補左右內史、太行卒史，比百石以下補郡太守卒史，皆各二人，邊
郡一人。先用誦多者，不足，擇掌故以補中二千石屬，文學掌故補
郡屬，備員。請著功令。它如律令。〔註20〕

依上述，公孫弘向漢武帝提出了具體的方案，也獲得漢武帝的批准。近世學
者亦將此處史傳所載，統整出六項重點：第一，建立博士弟子員制度，確定
博士為朝廷教授弟子以完善政教的責任；第二，規定為博士官置弟子五十
人；第三，博士弟子得以免除徭役和賦稅；第四，博士弟子的選送，一是由
太常直接選補，二是由地方官選補；第五，太學管理，一年要進行一次考試；
第六，考試成績中上等的太學生可以任官，成績劣次，無法深造以及不能勤
奮學習者，令其退學。〔註21〕

公孫弘制訂的太學之制度與施行方案，其實頗為嚴格。首先，五經博士
置弟子員五十人，這些均是在各地選取的優秀人才，他們能進入太學隨博士
習五經一年。而這些得以進入太學者，稱為「博士弟子」，基本條件是年齡十
八歲以上、儀表端正之流。至於博士弟子學習的內容，主要是《詩》、《書》、
《易》、《禮》、《春秋》等儒家經典。其次，習經一年之後，期滿加以考核，
這是一種選拔性的考試，每年皆會舉辦一次，當考試能通「一藝」（一種儒家
經典）以上、成績優異者，便授以「郎官」，成為政府發派的官員，甚至考試
獲較高等級者，還能因此擔任「郎中」。倘若「一藝」也不通，則該名博士弟
子會被退學，而且當初的推選者，也會連帶被牽連而受罰。

漢武帝在採納董仲舒的建議而獨尊儒術、罷黜百家之後，設立《詩》、
《書》、《易》、《禮》、《春秋》五經博士，並接受公孫弘制訂的太學體制，是
史傳記載，自元朔五年的夏六月之後，漢代的太學正式設立，再經丞相公孫
弘「請為博士置弟子員」，使漢代之「學者益廣」〔註22〕。依此，由於漢武一
代的創設太學並且賦予基本的規模與體制標準，使太學從此成為中央在京師
所設大學的正式名稱，也是國家在培養人才、選拔官員的最高學府。日後，
中國的歷朝各代，也大多在沿襲此體制的基礎上而予以設置或擴充。

〔註20〕《漢書‧儒林傳》。《漢書》卷八十八〈儒林傳〉第五十八，頁 3593～3594。
〔註21〕張豈之主編：《中國歷史：秦漢魏晉南北朝卷》（北京：高等教育出版社，2001
　　　　年），頁 63。
〔註22〕《漢書‧武帝紀》。參《漢書》卷六〈武帝紀〉第六，頁 172。

　　值得一提者，是考察日後的魏晉南北朝時期之歷史故實，時常能得見帝王召集諸儒與皇子以談論學術、甚至親赴太學講經之例，而此制本始自漢代，《漢書・宣帝紀》：「（甘露三年三月）詔諸儒講《五經》同異，太子太傅蕭望之等平奏其議，上親稱制臨決焉。」〔註23〕又《後漢書・章帝紀》：「（建初四年十一月）……於是下太常，將、大夫、博士、議郎、郎官及諸生、諸儒會白虎觀，講議《五經》同異，使五官中郎將魏應承制問，侍中淳于恭奏，帝親稱制臨決，如孝宣甘露石渠故事，作《白虎議奏》。」〔註24〕由於西漢宣帝與東漢章帝諸君主，能主動開啟此等論經、講學之先例，是往後的魏、晉諸政權，舉凡：魏文帝曹丕、魏齊王曹芳、高貴鄉公曹髦、本是儒學世家的西晉武帝司馬炎與惠帝司馬衷的眾皇子，以及東晉元帝司馬睿、成帝司馬衍、穆帝司馬聃、孝武帝司馬曜等，乃至於劉宋的明帝劉彧、梁武帝蕭衍等國君，無不趨之若鶩地沿襲漢代以來之舊制，紛紛主動習經、講經；每每親赴太學或在朝堂上，講述與談論儒家經典，此種帝王、皇子親自講學之風潮，更幾乎成為晉代以後的普遍慣例。

　　統而言之，太學在漢武帝時代成立之初，招收的學子僅有數十人，其以五經為教育內容，並在接受太學教育的學生中選拔官員，故博士弟子經考試合格者，可補文學掌故缺，其高第可為郎中。往後由於課程（經）的門類增多〔註25〕，而且一種經類底下，即配有若干位博士，規模日益擴大，例如漢昭帝時即增至百人、漢宣帝時增至兩百人、漢元帝時增至千人。待西漢成帝即位、至王莽篡漢之前（33 B.C.～7 B.C.），博士弟子之名額已增至三千員。其中王莽在篡位的前幾年，也曾進一步擴建太學，為學者築造校舍「萬區」〔註26〕，而東漢以降的太學，更曾經多達三萬餘人，可謂太學規模之極盛時期。此足見漢代的學校教育體制，原來甚為發達並且逐漸走向制度化，尊崇儒學的氛圍亦昌盛不墜，其各項規制更大多為後世各代的官學所承襲。唯迨及東漢末年的黨錮之禍、黃巾之亂與董卓擅權，乃至於群雄割據等種種事件，

〔註23〕《漢書・宣帝紀》。參《漢書》卷八〈宣帝紀〉第八，頁272。
〔註24〕《後漢書・章帝紀》。參（晉）司馬彪撰，（唐）李賢等注，楊家駱主編：《後漢書》（臺北：鼎文書局，1975年）卷三〈肅宗孝章帝紀〉第三，頁138。
〔註25〕諸如：《公羊》、《左傳》、《爾雅》等。
〔註26〕王莽在初始元年（8 A.D.）接受禪讓之後稱帝，改國號為新，是為始建國元年（9 A.D.），其在西漢元始四年（4 A.D.）即曾經「奏起明堂、辟雍、靈臺，為學者築舍萬區」。事見《漢書・王莽傳》。參《漢書》卷九十九上〈王莽傳〉第六十九上，頁4069。

造成國家嚴重動盪、政治局勢紛擾紊亂，不僅崇儒之風日衰，各類文教事業更頹毀殆盡，漢代的學校教育才逐漸蕭條與廢弛。

## 二、禮教制度的崩壞與儒學教育的推廣

### （一）漢末西晉諸政權重振國家禮儀典章制度

今日考察史傳典籍的記載，早在漢末建安八年（203）「挾天子以令諸侯」的曹操，在確定穩固地把持了國家政權之後，即曾經藉由漢獻帝的名義而謂：「後生者不見仁義禮讓之風，吾甚傷之。」〔註27〕故下令郡國各置學官、聚生徒講授，其著手整頓文學、校官、選才，期以重振傳統儒家的仁義禮讓之風，此是《三國志・魏書》所謂：「其令郡國各脩文學，縣滿五百戶置校官，選其鄉之俊造而教學之，庶幾先王之道不廢，而有以益於天下。」〔註28〕而《晉書・儒林列傳》的序文亦記載，曹操為了修立學校而臨幸辟雍，日後也接受了時任魏國太子曹丕的舉薦，提拔出身寒微卻能專心鑽研經史、精通儒術的鄭沖，使其「以儒宗登保傅」，又拔擢了「博學洽聞」的荀顗、「學業優博」的張華等人，從而營造了魏晉初期「荀顗以制度贊惟新，鄭沖以儒宗登保傅，茂先以博物參朝政，子真以好禮居秩宗」〔註29〕的人才薈集、英才輩出之新氣象。

此外，史傳亦記載了大量的文獻資料，鮮明地呈現了曹魏政權在立國初期，即擬欲積極重振漢興以來的禮儀教化、典章制度、學術文化等儒家文教事業。《三國志・魏書》：「魏國既建，（王粲）拜侍中，博物多識，問無不對。時舊儀廢弛，興造制度，粲恆典之。」〔註30〕又：「魏國既建，（衛覬）拜侍中，與王粲並典制度。」〔註31〕王粲與衛覬，可謂曹魏政權初期的兩位重臣，

---

〔註27〕《三國志・魏書・武帝紀》。參（晉）陳壽撰，（宋）裴松之注，楊家駱主編：《三國志・魏書一》（臺北：鼎文書局，1977 年）卷一〈武帝紀〉第一，頁24。

〔註28〕《三國志・魏書・武帝紀》。參《三國志・魏書一》卷一〈武帝紀〉第一，頁24。

〔註29〕《晉書・儒林列傳序》。參（唐）房玄齡等撰，楊家駱主編：《晉書》（臺北：鼎文書局，1976 年）卷九十一〈列傳〉第六十一〈儒林〉，頁2346。

〔註30〕《三國志・魏書・王粲傳》。參《三國志・魏書二十一》卷二一〈王粲傳〉第二十一，頁598。

〔註31〕《三國志・魏書・衛覬傳》。參《三國志・魏書二十一》卷二一〈衛覬傳〉第二十一，頁611。

對於魏初的刑法律令，以及朝儀、典章等禮制之興造和釐定，貢獻著實不小，而曹魏政權亦能欣然採納建議：

> 明帝即位，（衛覬）進封閿鄉侯，三百戶。覬奏曰：「九章之律，自古所傳，斷定刑罪，其意微妙。百里長吏，皆宜知律。刑法者，國家之所貴重，而私議之所輕賤；獄吏者，百姓之所縣命，而選用者之所卑下。王政之弊，未必不由此也。請置律博士，轉相教授。」事遂施行。〔註32〕

由於曹魏統治者的積極重振，益之以王粲、衛覬等具有才學和遠見的官員，盡心盡力地顧命輔佐，促使魏代的各項朝綱、儀典、規制等政治事業，在建國不久即能迅速地步上正軌。

即便是曹魏政權末期的高貴鄉公曹髦（241～260），其身處魏、晉易代之際，幾乎淪為傀儡皇帝，然而性格仍堪稱積極與剛毅，故能在甫登皇位之初，對魏代的政治社會等方面投入一定程度的貢獻。今依史傳所載，高貴鄉公自小好學而且學業早成，《三國志‧魏書》直以「才慧夙成，好問尚辭」、「文帝之風流也」稱之〔註33〕，登帝即位之後，也曾下詔表明治理國家之決心，更依循周、漢舊制，舉行鄉飲之禮來宣揚尊賢養老之義，以及帝王親自對諸儒講經之舊例：

> 《三國志‧高貴鄉公紀》：（正元二年）九月庚子，講《尚書》業終，賜執經親授者司空鄭沖、侍中鄭小同等各有差。〔註34〕
>
> 《三國志‧高貴鄉公紀》注引《魏氏春秋》：（甘露元年）二月丙辰，帝宴羣臣於太極東堂，與侍中荀顗、尚書崔贊、袁亮、鍾毓、給事中中書令虞松等並講述禮典，……。〔註35〕
>
> 《三國志‧高貴鄉公紀》：（甘露元年夏四月）丙辰，帝幸太學，……。（太學博士淳于俊、庾峻、馬照等人）講《易》畢，復命講

---

〔註32〕《三國志‧魏書‧衛覬傳》。參《三國志‧魏書二十一》卷二一〈衛覬傳〉第二十一，頁611。

〔註33〕《三國志‧魏書‧三少帝紀》記載：「高貴鄉公諱髦，字彥士，文帝孫，東海定王霖子也。正始五年，封郯縣高貴鄉公。少好學，夙成。」又：「高貴公才慧夙成，好問尚辭，蓋亦文帝之風流也；然輕躁忿肆，自蹈大禍。」詳參《三國志‧魏書四》卷四〈三少帝紀〉第四〈高貴鄉公〉，頁131、154。

〔註34〕《三國志‧魏書四》卷四〈三少帝紀〉第四〈高貴鄉公〉，頁133。

〔註35〕裴松之在《三國志‧魏書四》卷四〈三少帝紀〉第四〈高貴鄉公〉注引《魏氏春秋》，頁134。

《尚書》。……於是復命講《禮記》。〔註36〕

《晉書・禮志》：魏高貴鄉公甘露二年，天子親帥羣司行養老之禮。於是王祥為三老，鄭小同為五更（叟）。其《儀注》不存，然漢禮猶在。〔註37〕

《晉書・王祥傳》：高貴鄉公即位，與定策功，……。天子幸太學，命祥為三老。祥南面几杖，以師道自居。天子北面乞言，祥陳明王聖帝君臣政化之要以訓之，聞者莫不砥礪。〔註38〕

《三國志・高貴鄉公紀》：（甘露三年秋八月）丙寅，詔曰：「夫養老興教，三代所以樹風化垂不朽也，必有三老、五更（叟）以崇至敬，乞言納誨，著在惇史，然後六合承流，下觀而化。宜妙簡德行，以充其選。關內侯王祥，履仁秉義，雅志淳固。關內侯鄭小同，溫恭孝友，帥禮不忒。其以祥為三老，小同為五更（叟）。」車駕親率羣司，躬行古禮焉。〔註39〕

綜合上文所援引的各項史料，足以得見高貴鄉公在正元二年至甘露三年（255～258）的三年之間，除了參與討論並考核群臣對於禮制方面的知識，也特意襲仿周、漢舊制，對鄉里間年高德劭的老者，行以宴飲之禮，藉此宣揚尊賢、養老之義；申明孝悌、揖讓之道，是諸如：東漢經學家鄭玄之孫鄭小同（約 193～258）、以「臥冰求鯉」軼事著稱於世的王祥（184～268）等品德高尚的當代耆老，皆備受高貴鄉公的讚譽和敬重。另外，高貴鄉公更多次臨幸太學，除了視察教學狀況、指示太學博士講述《周易》、《尚書》、《禮記》等經典，甚至親自考核太學博士的學識，其透過與淳于俊、庾峻、馬照等人的交相問難和往復論辯，指正諸儒在學識上的疏漏與不足，更依此提高了太學的研究風氣，高貴鄉公是類行誼，確實頗受後世所稱道，因此今日學者曾以「在曹魏政權中，是較突出的一個尊崇儒學的人物」評價高貴鄉公〔註40〕。

由是觀之，或許「輕躁忿肆，自蹈大禍」的高貴鄉公，因不甘淪為傀儡

---

〔註36〕《三國志・魏書四》卷四〈三少帝紀〉第四〈高貴鄉公〉，頁135～138。
〔註37〕《晉書・禮志》。參《晉書》卷二十一〈志〉第十一〈禮下〉，頁670。
〔註38〕《晉書・王祥傳》。參《晉書》卷三十三〈列傳〉第三〈王祥傳〉，頁988。
〔註39〕《三國志・魏書四》卷四〈三少帝紀〉第四〈高貴鄉公〉，頁142。
〔註40〕劉振東：《中國儒學史：魏晉南北朝卷》（廣州：廣東教育出版社，1998年），頁52。

而貿然躁進、以卵擊石，最終落得未達弱冠之年即慘遭司馬氏部眾殺害的命運，成為被世人口中不知韜光養晦的歷史著名的悲劇性人物，但是高貴鄉公在不滿二十年的短暫人生中，其對於曹魏政權的朝儀、禮樂等典章制度；教育、學術等文教事業等方面的推展，以及對於傳統儒家的尊賢達、守孝悌、尊卑秩序等倫常道德觀念之宣揚，的確頗有實質的建樹。

魏代政權的情況是如此，曹魏之外的蜀、吳二政權，也相繼在朝儀典章等禮制上，付出一定程度的心力，《三國會要》：

> 魏國初建，王粲、衛覬並典制度，創集朝儀。後至咸熙，荀顗定禮儀，裴秀議官制，皆咨鄭沖然後施行；蜀則孟光、許慈草建眾典。吳則丁孚拾遺漢事，鄭札、張昭、孫邵共訂朝儀，闞澤制行出入及見賓儀，大氐皆承漢舊而間有損益。今雖殘闕，綜覽羣書。因革之迹，猶可攷知。〔註41〕

綜合上文所援引的各項史料，足以得見除了才學廣博、熟捻儒家儀制禮典的建安「七子之冠冕」王粲之外，曹魏政權也啟用了上述的鄭沖、荀顗、張華等人，以及出身於儒學世家的衛覬、出身於當代著名「河東裴氏」大族的裴秀等學者。至於西蜀政權，則有博覽群書、精通漢室舊典的孟光，有熟習儒家典籍、精通鄭玄經學的許慈，一起為西蜀政權掌管國家禮制；東吳政權也有丁孚、鄭劄、張昭、孫邵、闞澤等朝臣，是輩在承襲舊時漢制的基礎上，「間有損益」地為吳國訂定禮儀典章制度。

綜觀上述，由於三國的曹魏、西蜀與東吳諸政權，能有意識地主動重振儒家傳統禮制，也大抵皆是在漢室舊制的基礎上，加以增損於各自政權的朝綱、朝儀等典章制度中，而這些三國諸政權的朝廷大員，日後也或有被代魏而立的西晉政權所繼續聘用，其他再如：東晉元帝的「尊儒勸學」；簡文帝主動「敦悅丘墳」、又「招集學徒，弘獎風烈」〔註42〕，此皆是魏晉政權在提倡儒家禮教、宣揚儒家學術之明例，更是漢末乃至於魏晉中期以前的朝儀典章、禮樂風俗、學術文化等儒家文教事業，能夠維持一定程度的穩定發展之主因。不過此種歷史情勢，卻在魏、晉易代之際，乃至於兩晉南北朝的階段，迅速地衰微以至於傾頹殆盡，而被後世論者普遍認定為「禮教」崩解的黑暗時代、

---

〔註41〕 （清）楊晨：《三國會要》（北京：中華書局，1998 年）卷十一〈禮上‧吉禮〉，頁 201。

〔註42〕 《晉書‧儒林列傳序》。參《晉書》卷九十一〈列傳〉第六十一〈儒林〉，頁 2346。

甚或淪為政治鬥爭的利用工具，究竟此等歷史評論是否公允客觀？又或者利用更為宏觀之視角，卻能得見誠非盡然如此的不同歷史面向、甚或總結出不同以往的考察成果，這確實是一值得深入探究的研究課題。

## （二）禮教崩壞是學術界的共識

由於政治社會的各種動盪紛亂〔註43〕，經過先秦兩漢的發展與倡導，日趨振興的禮教和完備的禮制，在魏晉南北朝遭到大舉的破壞，是柳詒徵稱此一時期為中國文化的「中衰期」〔註44〕，而陳登原更直以「文化史上的大風雨」稱述當世的混亂歷史情況〔註45〕。推究其因，則一方面是列國紛爭、干戈擾攘與政治社會的黑暗動亂等外部因素，至於統治階級的殘忍險惡與勢利，一方面標舉儒學倫常禮教的旗幟，利用它作為鞏固國家政權與社會秩序的工具；一方面又在實際行動上刻意誤用或踐踏儒家所倡導的原則，而士人或者趨炎附勢；或者談玄避世等，種種多方面的問題，也皆是導致魏晉南北朝的禮教和禮制，走向衰敗甚至分崩離析的態勢之內部因素。尤其是每一個時期最終呈現的歷史現象，往往是由各種因素環環相扣、相互聯繫之後，逐步推移所造成，是柳詒徵所謂：「蓋歷史現象，變化繁賾，有退化者，有進步者，有蟬嫣不絕者，有中斷或突興者，固不可一概論也。」〔註46〕歷史、文化等方面的演進，誠非一朝一夕瞬然轉變，是「固未必有一昭著之鴻溝」〔註47〕。依此，錢穆在論述魏晉南北朝的政治社會情況時亦云：「國家觀念之淡薄，逐次代之以家庭。君臣觀念之淡薄，逐次代之以朋友。此自東漢下半節已有此端倪，至三國而大盛。」〔註48〕錢氏甚至直以「思想界無之出路」、「文化中心之毀滅」等說法來總評魏晉南北朝的整體歷史概況，並在比較當世兩晉南北朝之諸政權時，不禁感慨地說：「『名教』極端鄙視下之君臣男女，無廉恥氣節，猶不如胡人略涉漢學，粗識大義。」〔註49〕此實足以作為後世學者

---

〔註43〕黃巾之亂、三國之爭、八王之亂、永嘉之禍，以致五胡亂華、南北分立。都是造成魏晉南北朝的禮教和禮制，走向衰敗、崩解的外在原因。

〔註44〕詳參柳詒徵：《中國文化史》（上海：上海古籍出版社，2001 年），頁 388～395。

〔註45〕詳參陳登原：《中國文化史》上冊（上海：上海書店據世界書局 1935 年、1937 年影印，1989 年），頁 297～302。

〔註46〕柳詒徵：《中國文化史》，頁 439。

〔註47〕語出陳登原，參陳登原：《中國文化史》上冊，頁 201。

〔註48〕錢穆：《國史大綱》上冊（北京：商務印書館，1996 年），頁 218。

〔註49〕錢穆以「思想界無之出路」、「文化中心之毀滅」作為論著的標題篇目，詳參錢穆：《國史大綱》上冊，頁 222、234 等處。

對於當代政治社會的一項鮮明註解。

近人周林根也分析了魏晉南北朝不足以盛興禮教的主因，大致有六：其一，漢末以降至南北朝的統治階層，為了奪取帝位而致使人心險惡，篡弒愈演愈烈，甚至不惜慘弒他人子孫。其二，帝王本身自私自利，家族宗室自相殘殺。其三，諸如：劉禪、孫皓、晉惠帝、石虎、苻生等人，乃至於南北朝時期各國統治者的荒淫無道、昏庸愚闇，嚴重荒廢朝政。其四，時運艱難之際，益之以黃巾、董卓、三國時期、五胡之亂、永嘉建興大亂等的兵燹匝地，導致人命草菅、生靈塗炭。其五，異族雜處、夷狄橫行、五胡凶酋等情況，動輒殺戮數十萬條人命。其六，上述諸多因素，造成士人對於傳統的學術思想充滿消沉、甚至產生反動，或者虛無浮沉、清談誤國；或者玄虛消沉、刻意放誕不羈，不惜作為名教的罪人，導致當時的學術思想界，從此無太大出路。〔註50〕周氏此論，基本上已將魏晉南北朝禮教和禮制的衰敗、崩解的情況，作了通盤的說解。

或謂禮教制度、學術文化的崩壞，在魏代初期實已出現端倪。史傳記載曹魏的開國元勳董昭（約156～236），於魏明帝太和六年（232）上疏奏陳末流之弊，奏疏提及：「竊見當今年少，不復以學問為本，專更以交游為業；國士不以孝悌清脩為首，乃以趨勢遊利為先。」〔註51〕時至魏末晉初的學者魚豢（生卒年不詳），其撰寫《魏略》亦云：「從初平之元，至建安之末，天下分崩，人懷苟且，綱紀既衰，儒道尤甚。」、「正始中，有詔議圜丘，普延學士。是時郎官及司徒領史二萬餘人，雖復分布，見在京師者尚且萬人，而應書與議者略無幾人。又是時朝堂公卿以下四百餘人，其能操筆者未有十人，多皆相從飽食而退。嗟夫！學業沉隕，乃至於此。」〔註52〕依《魏略》的記載，當世除了人心墮落苟且、綱紀衰亡敗壞，祭天之壇上二萬餘的儒生隊伍，竟僅有數人能「應書與議」；朝堂大殿之上四百餘位公卿臣子，能操筆為文者更未及十人，士子的文化與學業程度之低落，依此自見。而後世諸多學者亦多普遍認為，此正是魏晉時代學術、禮教衰頹的鮮明證據，迨至晉代司馬氏政權，又為了收攬人心而刻意提倡名教，其結果自是「過份重視名教，其弊

---

〔註50〕周林根：《中國中古禮教史》（基隆：台灣省立海洋學院（國立海洋大學），1969年），頁88～89。

〔註51〕《三國志·魏書十四》卷十四〈董昭傳〉第十四，頁442。

〔註52〕《三國志·魏書十三》卷十三〈王肅傳〉第十三，注引魚豢《魏略》，頁420、421。

為空洞，為虛偽」〔註53〕，導致本具良好初衷的傳統禮教制度，被迫被統治階層曲解、誤用和濫用，最終落得崩解傾壞的命運。而禮教和禮制的崩壞，也必然殃及當世的文教事業與學術環境，依《梁書‧儒林列傳序》記載，即便是身為統治者的梁武帝，也在詔書裡毫不諱言地指出：「魏、晉浮蕩，儒教淪歇，風節罔樹，抑此之由。」〔註54〕

又或謂兩晉南北朝以來，干戈擾攘、社會動盪紛亂，是史傳直以「魏晉之際，天下多故，名士少有全者」描述當世的真實景況〔註55〕，益之以異族任意肆虐為禍，諸政權又交替於旦夕，興衰無常，無端被迫淪為犧牲者，誠然不可勝數，是《晉書‧儒林列傳》所謂：「惠帝纘戎，朝昏政弛，蠹起宮掖，禍成藩翰。惟懷逮愍，喪亂弘多，衣冠禮樂，掃地俱盡。」、「有晉始自中朝，迄於江左，莫不崇飾華競，祖述虛玄，擯闕里之典經，習正始之餘論，指禮法為流俗，目縱誕以清高，遂使憲章弛廢，名教頹毀，五胡乘間而競逐，二京繼踵以淪胥，運極道消，可為長歎息者矣。」〔註56〕西晉乃至於懷、愍二帝之際的喪亂弘多；衣冠禮樂的掃地俱盡，以及十六國時期前後的禮俗文化之弛廢；禮法制度之頹毀；國家社會之禍難，已在史傳的記述中自見。《資治通鑑‧晉紀》亦記載：

> （永嘉五年）夏四月，石勒率輕騎騎追太傅越之喪，及於苦縣寧平城，大敗晉兵，縱騎圍而射之，將士十餘萬人相踐如山，無一人得免者。……漢主聰使前軍大將軍呼延晏將兵二萬七千寇洛陽，比及河南，晉兵前後十二敗，死者三萬餘人。始安王曜、王彌、石勒皆引兵會之，……。（六月）丁酉，王彌、呼延晏克宣陽門，入南宮，升太極前殿，縱兵大掠，悉收宮人、珍寶。帝出華林園門，欲奔長安，漢兵追執之，幽於端門。曜自西明門入屯武庫。戊戌，曜殺太子詮、吳孝王晏、竟陵王楙、右僕射曹馥、尚書閭丘沖、河南尹劉默等，士民死者三萬餘人。遂發掘諸陵，焚宮廟、官府皆盡。〔註57〕

〔註53〕這是錢穆的論述，參錢穆：《國史大綱》上冊，頁223。
〔註54〕（唐）姚思廉撰，楊家駱主編：《梁書》（臺北：鼎文書局，1975年）卷四十八〈列傳〉第四十二〈儒林列傳〉，頁662。
〔註55〕《晉書‧阮籍傳》。參《晉書》卷四十九〈列傳〉第十九〈阮籍傳〉，頁1360。
〔註56〕上引二段史料，詳見《晉書‧儒林列傳序》。參《晉書》卷九十一〈列傳〉第六十一〈儒林〉，頁2346。
〔註57〕（宋）司馬光撰，（元）胡三省注：《資治通鑑》（臺北：文光出版社，1972年）第四冊，卷八十七〈晉紀九〉，頁2760～2763。

其血淋淋地描寫了石勒、劉曜與晉室政權的混戰廝殺，造成數十萬軍民化為枯骨。至於後趙君主石虎的養孫、漢人冉閔（？～352，又名石閔），其趁發動政變之際所屠殺的士卒、官員與百姓，亦不下數十萬人，《晉書‧石季龍載記》：

> 鑒（石鑒）乃僭位，大赦殊死以下。以石閔為大將軍，……龍驤孫伏都、劉銖等，結羯士三千伏於胡天，亦欲誅閔等。時鑒在中臺，伏都率三十餘人將升臺挾鑒以攻之。……於是伏都及銖率眾攻閔、農，不克，屯於鳳陽門。閔、農率眾數千毀金明門而入。鑒懼閔之誅己也，馳招閔、農，開門內之，謂曰：「孫伏都反，卿宜速討之。」閔、農攻斬伏都等，自鳳陽至琨華，橫尸相枕，流血成渠。宣令內外六夷敢稱兵杖者斬之。胡人或斬關，或踰城而出者，不可勝數。使尚書王簡、少府王鬱帥眾數千，守鑒於御龍觀，懸食給之。令城內曰：「與官同心者住，不同心者各任所之。」敕城門不復相禁。於是趙人百里內悉入城，胡羯去者填門。閔知胡之不為己用也，班令內外趙人，斬一胡首送鳳陽門者，文官進位三等，武職悉拜牙門。一日之中，斬首數萬。閔躬率趙人誅諸胡羯，無貴賤男女少長皆斬之，死者二十餘萬，尸諸城外，悉為野犬豺狼所食。屯據四方者，所在承閔書誅之，於時高鼻多鬚至有濫死者半。
> 〔註58〕

史傳真實陳述了冉閔、漢族將領李農（？～350，又名李菟）等人，在串謀奪位之際所展開的一連串暴虐、殘殺過程。胡、漢諸族為了一己之私，冷酷地相互攻伐殺害、接連循環不斷，可謂黑暗血腥的兩晉南北朝歷史之縮影，正所謂：「易君如舉棋，帝王朝代之號如傳舍然」、「其為變易紊亂，蓋不可勝言矣」〔註59〕，國家的政治情勢是如此，平民百姓、不論胡漢，自是淪為刀俎魚肉、任人宰割，更遑論學校機構、倫常道德、風俗禮教等文化事業，只能每每在此等真實的喪亂歷史景況下，反覆地隨之衰替。

雖然魏晉南北朝的禮教制度之傾頹崩壞是今日學界的普遍共識，不過翻閱典籍文獻並且配合當世的歷史情況加以考察，卻也實非全然如此。由於魏

---

〔註58〕《晉書‧石季龍載記》。《晉書》卷一百七〈載記〉第七〈石季龍下〉，頁2790～2792。
〔註59〕柳詒徵《中國文化史》，頁433。

晉南北朝頗多願意主動習禮、習經與講經的好學君主，又或者致力於儒家倫常道德的推廣；或者有意識地主張「尊孔」與「崇儒」；或者有意識地維持社會良善和敦厚之風氣；或者力圖興學以恢復儒學教育，故客觀來說，即便政治局勢動盪紛擾、社會喪亂多故，然而魏晉南北朝的禮教制度、官學教育等儒家學術事業，並未完全中斷。

顧炎武（1613～1682）在評論魏晉風俗時，曾經語重心長地感嘆道：「有亡國，有亡天下。亡國與亡天下奚辨？曰：易姓改號，謂之亡國。仁義充塞，而至於率獸食人，人將相食，謂之亡天下。魏、晉人之清談，何以亡天下？是《孟子》所謂楊、墨之言，至於使天下無父無君而入於禽獸者也。」〔註60〕但注釋《日知錄》的清代學者楊繩武（1595～1641）所言甚是，其云：「六朝風氣，論者以為浮薄，敗名檢，變風化，固亦有之。」不過楊氏也補充說明：

> 復有不可及者數事。曰：尊嚴家諱也，矜尚門地也，慎重婚姻也，區別流品也，主持清議也。蓋當時士大夫雖祖尚玄虛，師心放達，而以名節相高、風義自矢者，咸得徑行其志。至於冗末之品，凡瑣之材，雖有陶、猗之貲，不敢妄參乎時彥；雖有董、鄧之寵，不敢肆志於清流。而朝議之所不及，鄉評巷議猶足倚以為輕重。故雖居偏安之區，當陸沈之後，而人心國勢猶有與立，未必非此數者補救之功、維持之效也。〔註61〕

此足見當時國家社會動亂不安、幾近亡國亡族，惟中國數千年根深蒂固的禮教，其影響力並未因此完全中斷。故楊氏所論魏晉六朝風氣，誠屬公允客觀，尤其當時漢族以外的統治者，或者在進入中原前已經漢化甚深、仰慕中華文化已久；或者統治中國、建立朝政之後，力圖仿效中國的各種文化、禮教與制度，此正是柳詒徵所謂：「自漢以降，則為吾國文化中衰之時期，雖政治教育仍多沿古代之法，而繼續演進，且社會事務，亦時有創造發明，足以證人民之進化者。然自全體觀之，則政教大綱不能出古代之範圍，……。」、「此

---

〔註60〕《日知錄》卷十三〈正始〉。參（清）顧炎武撰，（清）黃汝成集釋，欒保群、呂宗力校點：《日知錄集釋：全校本》（上海：上海古籍出版社，2006年）中冊，頁756。

〔註61〕上引二語，參清人楊編修（繩武）於《日知錄》卷十三〈正始〉注下所云。詳見（清）顧炎武撰，（清）黃汝成集釋，欒保群、呂宗力校點：《日知錄集釋：全校本》中冊，頁757。

時期中，謂為異族蹂躪中夏之時期可，謂為異族同化於中夏之時期亦可。蓋華夏之文化，冠絕東方，且夙具吸收異族灌輸文化之力。如春秋、戰國時，所謂蠻夷戎狄之地，後皆化於華夏，武力雖或不逮，而文教足使心折，是固吾國歷史特著之現象也。」〔註62〕蓋文化史的發展，或許未必完全符合於進化論的思維；或許無法永遠持續進步、而是有所偏廢，不過在看似永無止境地衰退時，總有一條基本的「人之所以異於禽於獸」之禮俗教化與道德底線，始終聯繫於歷史的演進脈絡上，使之不致全然中斷，故柳詒徵認為，魏晉南北朝的禮教及其制度，並未完全喪失：「……推其所以同化之故，亦有三因：（一）則雜居既久，習於中國之政教也。（二）則中國政教，根柢深固，雖經三國兩晉之擾亂，其為扶世翼俗之本，固天下所公認也。（三）則諸酋割據，仍多用漢人為政也。」〔註63〕

　　五胡十六國時期的崇揚儒學、遵尚禮教等社會風氣，在史傳所記載的一些歷史故實中，或可作為旁證，以北燕政權底下的政治人物為例，北燕開國君主馮跋的長弟馮素弗（？～415），官至侍中、車騎大將軍、錄尚書事，與大司馬等，日後也被冊封為遼西公，可謂北燕的開國重臣，依《晉書》記載：

> 馮素弗，跋之長弟也。慷慨有大志，姿貌魁偉，雄傑不羣，任俠放蕩，不修小節，故時人未之奇，惟王齊異焉，曰：「撥亂才也。」惟交結時豪為務，不以產業經懷。弱冠，自詣慕容熙尚書左丞韓業請婚，業怒而距之。復求尚書郎高邵女，邵亦弗許。南宮令成藻，豪俊有高名，素弗造焉，藻命門者勿納。素弗逕入，與藻對坐，旁若無人。談飲連日。藻始奇之，曰：「吾遠求駃騠，不知近在東鄰，何識子之晚也！」當世俠士莫不歸之。及熙僭號，為侍御郎、小帳下督。〔註64〕

年輕時「雄傑不群，任俠放蕩，不修小節」的馮素弗，若是生在東晉境內，肯定是備受仰慕和讚譽的江左風流人物，但是當時不僅「時人未之奇」，尚書左丞韓業、尚書郎高邵等朝廷大員，也似乎無法接受此位「風雅名士」，故即便馮素弗亦貴為高官顯宦之後，本身也任有官職，卻在求婚之事上處處

〔註62〕上引二語，參柳詒徵：《中國文化史》，頁388、401。
〔註63〕柳詒徵：《中國文化史》，頁408。
〔註64〕《晉書・馮跋載記》所附〈馮素弗傳〉。參《晉書》卷一百二十五〈載記〉第二十五〈馮跋載記〉，頁3133～3134。

碰壁。

　　仔細探究馮素弗此事，則一方面唐突地逕自前往朝廷顯貴的家中公然求婚，實屬無禮；一方面韓業、高邵等人對於這位「不以產業經懷」、甚至不時會「旁若無人」的青年，或許嗤之以鼻、厭惡不耐其行止，也猶未可知，蓋馮素弗「當世俠士莫不歸之」的行止，誠非當時北方的文士儒者願意與之親近者。迨至其兄馮跋建立北燕政權之後，或許因為被委以重職；更可能是馮跋主動且積極的推展儒學教育與風俗禮教，馮素弗在性格上、處事態度上皆轉變極大：

> 跋之偽業，素弗所建也。及為宰輔，謙虛恭慎，非禮不動，雖廝養
> 之賤，皆與之抗禮。車服屋宇，務於儉約，修己率下，百僚憚之。
> 初為京尹。及鎮營丘，百姓歌之。〔註65〕

依上引史料，一方面可以稍加證實了馮素弗於年輕時不受朝中其他大臣青睞的主因，以及隨著時空轉瞬，其在待人處世上「不得已」而前後差異極大的有趣現象。另一方面，更足以證明，北燕君主馮跋在儒學教育與風俗禮教等的推展上，對於朝廷上下與整體社會之風氣，想必已達到極大程度的效果。是當世北方諸政權的崇揚儒學、遵尚禮教等社會風氣，實已能在史傳所記之「百姓歌之」的馮素弗故事裡自見。

　　陳寅恪在論述隋唐制度的淵源時甚至指出，魏晉以降中國西北隅、亦即河隴區域的邊隅之地，與北朝以及隋唐的文化、學術，具有極為密切的關係〔註66〕。陳寅恪所謂中國西北方的「河隴邊隅之地」，在當代正是五胡十六國乃至北朝時期，諸如：匈奴、羯、鮮卑、氐、羌等北方部族，以及原居於河西的涼州、敦煌、酒泉、張掖一帶之漢族世家的主要活動區域。陳氏認為，由於河西一隅的北方諸族，在侵擾中原領地、篡奪中原政權之際，仍能有意識地鞏固各自的學術中心，並設置學校以獎掖儒業、推行漢化教育以維持禮教風俗，益之以當時的河西一帶，相形之下反比屢經大亂的東晉、南朝所處的中原區域更為安定，經濟也較為豐饒，遂成為許多中州人士的避難之地，此正是河隴邊隅之地能保存中原文化、持續推展儒家學術於荒亂之世的主

〔註65〕《晉書・馮跋載記》所附〈馮素弗傳〉。參《晉書》卷一百二十五〈載記〉第二十五〈馮跋載記〉，頁3134。

〔註66〕陳寅恪所論，詳參陳寅恪：《隋唐制度淵源略論稿・禮儀》，收入《陳寅恪集：隋唐制度淵源略論稿・唐代政治史論述稿》上冊（北京：三聯書店，2001年），頁20、22～30。

要因素〔註67〕。而楊吉仁則是詳細說明五胡十六國時期與東晉政權形成對峙局面的北方諸政權,其崇尚儒家禮教、發展學校教育,以及推行漢化教育的歷史過程〔註68〕,據此總結出:「綜觀前述各國(五胡十六國)尊崇儒學及倡導漢化教育之經過情形,實可證實中原儒學文化,固未因胡族入侵而告中絕也。」〔註69〕

至於周林根在論述魏晉南北朝的官制時,也認為當世除了北朝官制以外,則三國的官制大抵多是在承襲漢代的基礎上略有增減而已;兩晉及南朝各代,不論是中央或地方官制,若要嚴謹地仔細分辨其損益與異同,雖然頗為複雜,不過基本上亦是相互承襲,並無太大程度的變化。故總的來說,魏晉南北朝在官位職分與職等的設置上,皆大致承襲秦漢舊制,尤其五代十國之一的後周,更有意識地極力仿效周代制度、力行周禮,對於傳統的禮教,更頗具有振興之功〔註70〕。這即是說,中國傳統文化與禮教,對中原以外的族群,亦實有潛移默化的作用,是以五胡十六國與北朝各代,不僅漢化的程度頗深,甚至經學昌明、文教普及、各種制度完備,舉凡車服、禮樂、教學、政事等,多仿效中國、與傳統中國所固有者,無太多相異之處〔註71〕。

另外,楊吉仁在論述三國兩晉的學校教育時也認為,魏晉南北朝前期的典章制度,不僅幾乎承襲自漢代,也能在漢制的基礎上,發展了頗多創新立意之處,足以提供後期之諸政權有所仿效和取法。其甚至依此概括了五項特徵:其一,是當代的正軌學校教育,雖因戰亂影響而顯衰頹,然而私人講學之風,並不稍減;經學雖然看似中衰,不過實際上卻極受國家的重視與倡導,故仍為太學的主要課程。第二,三國以降的學風自由、學術研究熾盛,故不僅經學具有頗高的成就,舉凡醫學、兵學、史學、音韻學、繪畫學、書法、天文學、文章之學、科學工程製造之學等;諸如哲學理論思維的儒家、道家、

---

〔註67〕 筆者此處所徵引的陳氏之說法,詳參陳寅恪:《隋唐制度淵源略論稿・禮儀》,收入《陳寅恪集:隋唐制度淵源略論稿・唐代政治史論述稿》上冊,頁22～30。

〔註68〕 楊吉仁:《三國兩晉學校教育與選士制度》(臺北:正中書局,1970 年),頁95～117。

〔註69〕 楊吉仁:《三國兩晉學校教育與選士制度》,頁117。

〔註70〕 周林根:《中國中古禮教史》,頁89～94。

〔註71〕 惟有北朝官制除外。蓋北魏開國皇帝拓跋珪(北魏道武帝),因一些個人因素,每每在制定官號時,刻意不依周漢舊名。詳參周林根:《中國中古禮教史》,頁92。

法家、佛家等，皆有長足的發展。第三，西晉惠帝永興元年迄至南朝宋元嘉十六年（304～439），此歷時一百三十餘年的期間，是中原板蕩、外族交侵最劇烈的時期，不過位居北方邊境的匈奴、鮮卑、羌、羯、氐等民族，其在入主中原、僭位建國稱王之後，每每醉心於漢族文化、熱心倡導漢化教育；紛紛設立國學、講崇經學，從而奠定了胡、漢民族大融合的基礎，更益加證明了儒家思想確實有敦人倫、普教化的莫大宏效。第四，是魏文帝曹丕代漢自立之後，採納尚書陳群（？～237）之議，建立「九品中正制度」。此種制度雖然或有甚多弊端〔註72〕，卻也實為中國的選士制度開創一歷史新頁，自是魏晉南北朝士人出仕的重要途徑，必須迨至隋代立國始廢除此制，是若就中國選士制度發展史而論，則足以推行三百餘年之久的「九品中正制度」，不僅是兩漢鄉舉里選，演變為隋唐科舉考試制度的重要津梁，更不失是帝王專制時代之下頗具民主作風的一種人才選拔方式。第五，是魏晉南北朝士人喜愛清談與辯論，後世論者每以清談誤國為題，不過楊吉仁認為並非盡然如此，故其援引唐君毅所論，說明魏晉士人喜言玄理，或也形成了胸襟曠達的人生態度。〔註73〕

　　楊氏提出上述五點，藉以論證三國兩晉之際的教育與學術文化，主要仍

〔註72〕《晉書·段灼傳》記載，晉代將領段灼曾對晉武帝說：「今臺閣選舉，塗塞耳目，九品訪人，唯問中正。故據上品者，非公侯之子孫，則當塗之昆弟也。二者苟然，則華門蓬戶之俊，安得不有陸沈者哉！」參《晉書》卷四十八〈列傳〉第十八〈段灼傳〉，頁1347。此足見「九品中正制度」在西晉一代，實已發生變化，誠然不再是真正選拔人才的途徑。又《晉書·劉毅傳》亦記載，劉毅上書直諫，強烈譴責「九品中正制度」的「不精才實，務依黨利，不均稱尺，務隨愛憎」之失，造成「或以貨略自通，或以計協登進，附託者必達，守道者困悴。無報於身，必見割奪。有私於己，必得其欲」的陋習，因而出現「上品無寒門，下品無勢族」的情況，故直以「實為亂源」、「損政之道」批評此制。參《晉書》卷四十五〈列傳〉第十五〈劉毅傳〉，頁1274。時至清代趙翼，其《二十二史箚記》亦云：「真所謂上品無寒門，下品無世族。高門華閥，有世及之榮，庶姓寒人，無寸進之路。選舉之弊，至此而極。然魏晉及南北朝三、四百年，莫有能改之者，蓋當時執權者，即中正高品之人，各自顧其門戶，固不肯變法，且習俗已久，自帝王以及士庶，皆視為固然，而無可如何也。」參（清）趙翼：《二十二史箚記》（北京：中國書店據世界書局1939年版影印，1987年）卷八〈晉書〉之「九品中正條」，頁102。由此可見，晉代的「九品中正制度」持續實行，一方面加速了士族門閥制度的形成，一方面或許也是西晉政治迅速走向黑暗的一個重要原因。

〔註73〕筆者於上文所援引並加以整理的楊吉仁之五項論述，詳參氏著：《三國兩晉學校教育與選士制度》，頁3～8。

是奉儒學為正統，其並未因時代的喪亂動盪而衰退至谷底。益之以北方域外部族雖屢屢侵據中原政權、僭位稱王，卻也皆醉心漢人文化、重視儒家的學術事業與倫常道德觀念，故紛紛熱心推廣儒術、倡導文學與藝術，是今日或有一些學者，係專門針對文化思想的發展歷史與學術價值，以評價五胡十六國的儒學：「西晉的儒學，包裹了一層老莊的外衣，五胡十六國的儒學把老莊外衣去掉了，是樸學。」〔註74〕又或者有學者係利用政治發展的觀點來加以考察，從而認為五胡十六國政權留心風俗禮教、注意文化教育，是出於統治的需要，其利用儒家文化作為統治工具，藉以維護自身的政權，亦即刻意延續中原固有學術文化、禮節風俗等傳統，使漢人安於統治，實有「以漢制漢」的政治目的〔註75〕，但當世能以儒學作為治國與教化的工具，使之成為官方學術，卻仍是不爭的事實。此亦誠如柳詒徵所云：「自晉以降之史策，殆血史耳。然自文化一方觀之，則諸族之布在中夏，亦多同化於中國之文教。」〔註76〕是周林根所謂：「知非禮教無以治平天下。雖五胡諸酋，暴虐無道，然亦多傚華夏，立學校以講明禮教。」〔註77〕再加上魏晉南北朝的國君，本身也頗多是好學之輩，不僅願意主動習禮、學經，又能熟讀中國經史典籍、通曉諸子百家之微言大義，更願意興修學校、發展教育事業，為國家培養治世之才，此概是本期動亂紛擾的歷史背景中最令人心折之處。

最後，值得一提者，是魏晉南北朝以降，足以掌握朝廷與地方政經大權者，往往是當代顯赫的門閥世族。此誠如陳寅恪所論，是類服膺儒教的地方豪族，在東漢時期已逐漸成為一種普遍的現象，其大抵出身於士大夫階層，他們遵行名教思想、學習儒家學術，並且以儒家用來維繫名教的道德標準與規範等，作為日常言行舉止的準則，這些儒家豪族出身、崇奉儒家禮教的人士，也往往因為被劃分在同樣高度的社會階級、具有相同的政治立場與思想信仰，故日後多成為「司馬氏的黨羽」，與司馬氏一起組成西晉的統治集團〔註78〕。這些名門士族階層，通常會隨著自身地位之形成與勢力之鞏固，從

---

〔註74〕萬繩楠：《魏晉南北朝史論稿》（合肥：安徽教育出版社，1983 年），頁 181。

〔註75〕劉學銚：《歷代胡族王朝之民族政策》（臺北：知書房出版社，2005 年），頁 137～143。

〔註76〕柳詒徵：《中國文化史》，頁 406。

〔註77〕周林根：《中國中古禮教史》，頁 94。

〔註78〕以上是陳寅恪的觀點，詳參萬繩楠整理：《陳寅恪魏晉南北朝史講演錄》（合肥：黃山書社，1987 年），頁 3～6。

而更加重視儒家的倫常制度，畢竟這是他們「維繫優越性的憑藉」〔註 79〕。職是，魏晉南北朝的門閥世族，總把儒學視為教導子弟的重要內容，其利用儒家之思維觀點，訓勉子弟立身治家、勤學求仕、經世濟民等道理，甚至特以書牘告誡子弟，此正是今日學者能利用魏晉南北朝的書牘內容，藉以考察當世儒學思想的傳播與發揚，故舉凡西晉羊祜的〈誡子書〉、東晉陶潛的〈與子儼等疏〉、劉宋雷次宗的〈與子姪書〉、南齊王僧虔的〈誡子書〉等，乃至於梁簡文帝的〈誡當陽公大心書〉與梁元帝的〈與學生書〉等作品，內容總是富含了治學、修養、齊家、經世等傳統儒家思維，因此都成為今日學者用以研究當代儒學思想的重要文獻資料〔註 80〕，益之以這些門閥世族除了在政治上、經濟上取得重要地位，其往往也在「文化上取得了壟斷地位」而成為「思想文化上的代表人物和代表階層」〔註 81〕，這些歷史事實，皆足以作為魏晉南北朝的禮教制度，尚未全然崩解的一項重要旁證。

　　綜觀筆者於上文所述，魏晉南北朝的儒家學術文化與禮教制度，若與中國其他時期的歷朝各代相比，或許內容較為空疏；或許較無成效可言；或許幾經喪亂而幾近凋零廢弛；甚或官學系統又時興時廢、較為混雜無章，不過客觀來說，仍能持續地維繫與發揚，並未全然中斷。換言之，即便學術界普遍認為魏晉南北朝是一禮教崩壞的時代；彼時的統治階級過份重視名教、刻意誤用或濫用儒家倫常制度以維繫政權合理性等現象，也是諸多學者的大致共識，然而本文認為此類課題，確實尚有商榷的空間，因為這僅是相對於中國其他朝代而言的概論性觀念，若是翻閱典籍文獻、並配合當世的歷史情況加以考察，或許並非全然如此。

## （三）魏晉南北朝頗多好學君主

　　雖然魏晉南北朝的朝政動盪紛亂，所幸其歷任國君仍能力圖興學，這是以傳統儒家學術為主的官方文教事業不至於完全中斷之主因，尤其當時諸多政權的統治者，本身亦是好學之輩，不僅主動習禮、學經，又能熟讀中國經史典籍、通曉諸子百家之微言大義，除了世人所熟知的曹操於年輕時被漢室

〔註 79〕語出徐月芳。參氏著：《魏晉南北朝書牘研究》（臺北：中國文化大學中國文學研究所博士論文，2007 年），頁 313。
〔註 80〕徐月芳：《魏晉南北朝書牘研究》第四章〈魏晉南北朝書牘中的儒學思想〉，頁 311～322。
〔註 81〕上引二語，是劉振東的論述。參劉振東：《中國儒學史：魏晉南北朝卷》，頁 8。

舉為孝廉〔註82〕、曹丕撰寫《典論‧論文》外，史傳亦記載：

> 魏齊王正始二年二月，帝講《論語》通，五年五月，講《尚書》通，
> 七年十二月，講《禮記》通，並使太常釋奠，以太牢祠孔子於辟雍，
> 以顏回配。武帝泰始七年，皇太子講《孝經》通。咸寧三年，講《詩》
> 通，太康三年，講《禮記》通。惠帝元康三年，皇太子講《論語》
> 通。元帝太興二年，皇太子講《論語》通。太子並親釋奠，以太牢
> 祠孔子，以顏回配。成帝咸康元年，帝講《詩》通。穆帝升平元年
> 三月，帝講《孝經》通。孝武寧康三年七月，帝講《孝經》通。並
> 釋奠如故事，……。〔註83〕

又《世說新語‧言語》：「孝武將講《孝經》，謝公兄弟與諸人私庭講習。」
〔註84〕今依《晉書‧禮志》與《世說新語》之記載，足見魏、晉二代的帝王
或皇子們，時有親自講述儒家經典之例，諸如魏齊王、高貴鄉公、西晉武帝
與惠帝的眾皇子，以及東晉元帝、成帝、穆帝、孝武帝等，皆重視於朝堂和
民間的講學風氣，尤其此種帝王、皇子親自講學的風潮，似乎已成為兩晉時
期的普遍慣例。

魏、晉二代的統治者有意識地主動習經、講經，南朝的宋明帝、齊太祖、
梁武帝與陳文帝等人亦復如是。例如宋明帝愛好《周易》，史傳記載其召集朝
臣於大殿以講論《周易》義理〔註85〕；齊太祖在十三歲即受業問學，鑽研於
儒家禮樂和《左傳》〔註86〕。又梁武帝自小即學習儒學經典、接受正統儒家
教育，本身亦頗為好學，其嘗自言：「少時習周孔，弱冠窮六經，孝經連方冊，
仁恕滿丹青。」〔註87〕，史傳亦記載梁武帝「少而篤學，能事畢究」，即位之

---

〔註82〕 《三國志‧魏書‧武帝紀》：「太祖少機警，有權數，而任俠放蕩，不治行業，
　　　　……年二十，舉孝廉為郎，除洛陽北部尉，遷頓丘令，徵拜議郎。」參《三
　　　　國志‧魏書一》卷一〈武帝紀〉第一，頁2。
〔註83〕 《晉書‧禮志》。參《晉書》卷十九〈志〉第九〈禮上〉，頁599。
〔註84〕 《世說新語‧言語》。參（南朝宋）劉義慶撰，楊勇校箋：《世說新語校箋》
　　　　（臺北：正文書局，1999年）上冊，上卷〈言語〉第二，頁129。
〔註85〕 《南史‧儒林列傳‧伏曼容傳》：「宋明帝好《周易》，嘗集朝臣於清暑殿講，
　　　　詔曼容執經。」參（唐）李延壽撰，楊家駱主編：《南史》（臺北：鼎文書局，
　　　　1976年）卷七十一〈列傳〉第六十一〈儒林列傳‧伏曼容傳〉，頁1731。
〔註86〕 《南史‧齊高帝本紀》：「帝年十三，就受《禮》及《左氏春秋》。」參《南史》
　　　　卷四〈齊本紀上〉第四〈高帝本紀〉，頁97。
〔註87〕 梁武帝：〈述三教詩〉（一作〈會三教詩〉）。收於（唐）釋道宣撰：《廣弘明集》
　　　　（台北：新文豐出版公司，1986年）卷三十上，頁494上～494下。

後「雖萬機多務，猶卷不輟手，然燭側光，常至戊夜。」〔註88〕可見梁武帝對於儒家學術之酷愛程度，又《南史》：「（天監九年）三月己丑，幸國子學，親臨講肆，賜祭酒以下各有差。」〔註89〕、《梁書》：「皇太子、皇子、宗室、王侯始就業焉。高祖親屈輿駕，釋奠於先師先聖，……。」〔註90〕其除了本身熱愛儒家的學術文化，也願意主動巡視官方教育機構，親自對官學之生徒士子授業講學，更親屈輿駕、前往學宮祭祀先師先聖。另外，據說陳文帝也是一位崇尚儒術、愛好文學的國君，《陳書・世祖本紀》記載陳代的吏部尚書姚察（533～606）曾云：「（文帝陳蒨）崇尚儒術，愛悅文義，見善如弗及，用人如由己，……。」〔註91〕從姚氏對於陳文帝在待人處事方面的評論，則陳文帝儼然是一位儒家品德的奉行者。

除了魏晉與南朝的諸位國君，十六國時期迄至北朝政權的諸君主，也頗多好學之輩。例如十六國時代的前趙開國君王劉淵，史傳記載其「幼好學，師事上黨崔游，習《毛詩》、《京氏易》、《馬氏尚書》，尤好《春秋左氏傳》、《孫吳兵法》，略皆誦之，《史》、《漢》、諸子，無不綜覽。」〔註92〕前趙第二任君主，亦即劉淵之長子劉和，則「好學夙成，習《毛詩》、《左氏春秋》、《鄭氏易》。」〔註93〕至於劉淵之第四子劉聰，日後成為前趙的第三任君主，史傳亦記載其於十四歲時，即「究通經史，兼綜百家之言，《孫吳兵法》靡不誦之。」〔註94〕而且文學藝術造詣方面也頗有成就，是史傳所謂「工草隸，善屬文，著述懷詩百餘篇、賦頌五十餘篇。」〔註95〕又劉淵的堂祖父劉宣，雖未能有機會建國稱帝，不過卻是劉淵建立政權時，居於幕後的最重要謀臣。劉宣不僅具有政治長才，也精通漢人的經史典籍，史傳記載其「師事樂安孫炎，沈精積思，不舍晝夜，好《毛詩》、《左氏傳》。」並直以「好學修潔」譽之

---

〔註88〕《南史・梁武帝本紀》。參《南史》卷七〈梁本紀中〉第七〈武帝本紀下〉，頁222。

〔註89〕《南史・梁武帝本紀》。參《南史》卷六〈梁本紀上〉第六〈武帝本紀上〉，頁192。

〔註90〕《梁書・儒林列傳序》。參《梁書》卷四十八〈列傳〉第四十二〈儒林列傳〉，頁662。

〔註91〕《陳書・世祖本紀》。參（唐）姚思廉撰，楊家駱主編：《陳書》（臺北：鼎文書局，1975年）卷三〈本紀〉第三〈世祖〉，頁61。

〔註92〕《晉書・劉元海載記》。參《晉書》卷一百一〈載記〉第一〈劉元海〉，頁2645。

〔註93〕《晉書・劉和載記》。參《晉書》卷一百一〈載記〉第一〈劉和〉，頁2652。

〔註94〕《晉書・劉聰載記》。參《晉書》卷一百二〈載記〉第二〈劉聰〉，頁2657。

〔註95〕《晉書・劉聰載記》。參《晉書》卷一百二〈載記〉第二〈劉聰〉，頁2657。

〔註96〕，生動地描繪了劉宣刻苦自勵、認真問學與飽讀詩書之情狀。

依上文所援引諸例，足見前趙政權雖出自匈奴後裔，不過其前期的執政者與皇族皆孺慕中原文化，修習漢人學術與禮教的程度也頗深。而後趙政權的情況亦復如是，例如後趙開國君王石勒，本為奴隸出身，更據說是文盲〔註97〕，不過依《晉書》所載，石勒卻能「雅好文學」：「雖在軍旅，常令儒生讀史書而聽之，每以其意論古帝王善惡，朝賢儒士聽者莫不歸美焉。嘗使人讀《漢書》，……。」〔註98〕此足見石勒雖不識字，但頗喜好文史，故即便在軍旅之中，亦時常命儒生誦讀經史典籍、聽講漢儒講述中國歷史。除了《晉書》，諸如《十六國春秋》、《晉紀》與《世說新語》等文獻，對於石勒的這些相關故事，也有類似之描述或記載〔註99〕，可見此事概非誣妄訛傳。又如石勒的第二子石弘，曾經短暫擔任後趙君主，史傳記載其「幼有孝行，以恭謙自守」，且年少時期即跟隨「經學祭酒」杜嘏學習經學；跟隨「律學祭酒」續咸學習詩賦律令〔註100〕，日後被石勒立為太子，仍能以「虛襟愛士，好為文詠，其所親昵，莫非儒素」的態度行事〔註101〕，此足見石弘不僅在早年即接

---

〔註96〕《晉書‧劉宣載記》。參《晉書》卷一百一〈載記〉第一〈劉宣〉，頁2653。

〔註97〕如：《世說新語‧識鑒》除了有：「石勒不知書」一語，亦在此條之下注引東晉鄧粲《晉紀》而曰：「（石）勒手不能書，目不識字，……。」詳參（南朝宋）劉義慶撰，楊勇校箋：《世說新語校箋》上冊，中卷〈識鑒〉第七，頁352。

〔註98〕《晉書‧石勒載記》。參《晉書》卷一百五〈載記〉第五〈石勒下〉，頁2741。

〔註99〕《十六國春秋》記載：「勒手不能書，目不識字，然雅好文學，雖在軍旅之中，常令儒生誦讀《春秋》、《史》、《漢》諸傳而聽之，皆解其意。」參（明）屠喬孫、項琳輯（舊題魏代崔鴻所撰）：《十六國春秋》卷十三〈後趙錄〉第三〈石勒下〉，收於（清）紀昀等編纂：《景印文淵閣四庫全書》（臺北：臺灣商務印書館，1985年）第463冊〈史部九〉第221〈載記類〉，頁419下～420上。又《世說新語‧識鑒》：「石勒不知書，使人讀《漢書》。」並在此條之下注引東晉鄧粲《晉紀》而曰：「（石）勒手不能書，目不識字，每於軍中令人誦讀，聽之，皆解其意。」詳參（南朝宋）劉義慶撰，楊勇校箋：《世說新語校箋》上冊，中卷〈識鑒〉第七，頁352。

〔註100〕《晉書‧石弘載記》：「弘字大雅，勒之第二子也。幼有孝行，以恭謙自守，受經於杜嘏，誦律於續咸。」參《晉書》卷一百五〈載記〉第五〈石弘〉，頁2752。另外，依《晉書‧石勒載記》記載，杜嘏與續咸二人，在石勒建立後趙政權之後，即分別擔任「經學祭酒」與「律學祭酒」，詳參《晉書》卷一百五〈載記〉第五〈石勒下〉，頁2735。

〔註101〕詳見《晉書‧石弘載記》。參《晉書》卷一百五〈載記〉第五〈石弘〉，頁2752。另外，也正因為石弘此般溫文儒雅、謙虛仁厚的個性，其父石勒頗為憂慮，認為他無法承襲後趙政權一直以來所推崇的武勇風尚、不足以成為大將之才，故《晉書‧石弘載記》記載：「勒謂徐光曰：『大雅愔愔，殊不似將家

受傳統儒學教育，更不失是一位秉持儒家的恭謹、謙虛、仁厚等道德操節以待人處世者，反而是其父石勒有感於「今世非承平，不可專以文業教也」，叮囑自小沉浸於學術文化的石弘，必須從此跟隨兵家、武人學習兵法與刺殺之術〔註102〕。至於石勒的姪兒——後趙武帝石虎（295～349，又名石季龍），是後趙的第三任君主，在歷史上本以殘忍暴虐聞名，更是逼迫石弘禪位、藉故廢其為海陽王的主謀，但是石虎似乎也接受了一定程度的學術文化之薰陶，故史傳記載石虎雖然「昏虐無道」，不過卻「頗慕經學」，也曾經「遣國子博士詣洛陽寫石經，校中經於秘書」，並且詔令「國子祭酒聶熊注《穀梁春秋》，列於學官。」〔註103〕，足見石虎對於後趙文教事業的發展，以及當代學術文化的推行，仍有些許的功勞。

此外，史傳亦記載前燕的開國君主文明帝「尚經學，善天文」〔註104〕，不僅時常主動地前往東庠、向千餘位學子講授文學典籍，且定期考核其學習成果，更親自撰著《太上章》以取代《急就篇》，作為當時學子識字的書籍，又撰寫《典誡》十五篇以作為教授學子之用〔註105〕。又如前秦宣昭帝的庶長子苻丕「少而聰慧好學，博綜經史」〔註106〕；原本跟隨其父歸降於後趙政權、亦即後秦開國君主姚萇之兄的姚襄，則「少有高名，雄武冠世，好學博通，雅善談論，英濟之稱著於南夏。」〔註107〕；至於後秦武昭帝姚萇的長子——文桓帝姚興，也時常與臣子探討文學、講論經籍，甚至「不以兵難廢業」〔註108〕。再如後燕的第二任君主——後燕開國君主慕容垂的第四子惠愍帝慕

---

子。」參《晉書》卷一百五〈載記〉第五〈石弘〉，頁2752。

〔註102〕《晉書·石弘載記》：「勒曰：『今世非承平，不可專以文業教也。』於是使劉徵、任播授以兵書，王陽教之擊刺。」參《晉書》卷一百五〈載記〉第五〈石弘〉，頁2752。

〔註103〕以上詳見《晉書·石季龍載記》。參《晉書》卷一百六〈載記〉第六〈石季龍上〉，頁2774。

〔註104〕《晉書·慕容皝載記》。參《晉書》卷一百九〈載記〉第九〈慕容皝〉，頁2815。

〔註105〕《晉書·慕容皝載記》：「賜其大臣子弟為官學生者號高門生，立東庠於舊宮，以行鄉射之禮，每月臨觀，考試優劣。皝雅好文籍，勤於講授，學徒甚盛，至千餘人。親造《太上章》以代《急就》，又著《典誡》十五篇，以教冑子。」又：「皝親臨東庠考試學生，其經通秀異者，擢充近侍。」參《晉書》卷一百九〈載記〉第九〈慕容皝〉，頁2826。

〔註106〕《晉書·苻丕載記》。參《晉書》卷一百十五〈載記〉第十五〈苻丕〉，頁2941。

〔註107〕《晉書·姚襄載記》。參《晉書》卷一百十六〈載記〉第十六〈姚襄〉，頁2962。

〔註108〕《晉書·姚興載記》記載姚興：「與其中舍人梁喜、洗馬范勗等講論經籍，不以兵難廢業，……」參《晉書》卷一百十七〈載記〉第十七〈姚興上〉，頁2975。

容寶，原本優柔寡斷、年少無大志，且性好旁人逢迎奉承，故年輕時期的生平，被史傳評以「輕果無志操，好人佞己」〔註109〕，不過迨至慕容垂建立後燕政權並且將慕容寶立為太子之後，或許是為了博取美名、為了贏得世人的稱譽〔註110〕，慕容寶一改以往性格，自此「砥礪自修，敦崇儒學」、「工談論，善屬文」〔註111〕，成為朝臣與時人眼中的賢德能人。

由此可見，五胡十六國的執政階層雖然大多出自於域外的邊疆部族，然而其中確實不乏雅好文學、經通典籍史冊的富含學養之輩，尤其當世堪稱亂世英雄、頗受時人愛戴的姚襄，雖然年僅二十七歲即中敵埋伏而被殺害，卻著實是一位難得的文武雙全、多才善藝之傑出人物。

北朝的北魏政權是由鮮卑族的拓跋珪所建立，拓跋氏在當世即自稱是黃帝後裔，其執政階層之雅好中原學術與文化，亦一如北方域外部族諸政權。例如史傳記載北魏明元帝是一位「兼資文武」的君主〔註112〕，年少時期雖貴為皇族長子，卻依然秉持「明睿寬毅，非禮不動」的個性，是其父道武帝「甚奇之」的原因〔註113〕，登基之後亦以「抱純孝之心」、「以德見宗，良無愧也」等儒家思維的處事風格而得名〔註114〕，尤其北魏明元帝能「禮愛儒生，

---

〔註109〕《晉書・慕容寶載記》。參《晉書》卷一百二十四〈載記〉第二十四〈慕容寶〉，頁3093。另外，慕容垂的皇后：成昭皇后段氏，亦即慕容寶的生母，即曾經明白指出太子慕容寶的才能不足，《晉書・列女列傳》記載：「元妃謂垂曰：『太子姿質雍容，柔而不斷，承平則為仁明之主，處難則非濟世之雄，陛下託之大業，妾未見克昌之美。……此陛下之家事，宜深圖之。』」詳參《晉書》卷九十六〈列女列傳〉第六十六〈慕容垂妻段氏〉，頁2524。

〔註110〕《晉書・慕容寶載記》記載慕容寶：「及為太子，砥礪自修，敦崇儒學，工談論，善屬文，曲事垂左右小臣，以求美譽。垂之朝士翕然稱之，垂亦以為克保家業，甚賢之。」其崇尚儒學、磨練個人的品行與修為，從此變得善於談論、長於寫作，甚至甘願降低自己的太子身份，以討好慕容垂身邊的近臣，這似乎是為了博取賢德的美名而刻意做出來的改變。詳參《晉書》卷一百二十四〈載記〉第二十四〈慕容寶〉，頁3093。

〔註111〕《晉書・慕容寶載記》。參《晉書》卷一百二十四〈載記〉第二十四〈慕容寶〉，頁3093。

〔註112〕此事在《北史・魏本紀・太宗明元帝》與《魏書・太宗紀》皆有記載。參（唐）李延壽撰，楊家駱主編：《北史》（臺北：鼎文書局，1976年）卷一〈魏本紀〉第一〈太宗明元帝〉，頁35。以及（北齊）魏收撰，楊家駱主編：《魏書》（臺北：鼎文書局，1975年）卷三〈帝紀〉第三〈太宗明元帝〉，頁64。

〔註113〕《魏書・太宗紀》。參《魏書》卷三〈帝紀〉第三〈太宗明元帝〉，頁49。

〔註114〕《魏書・太宗紀》。參《魏書》卷三〈帝紀〉第三〈太宗明元帝〉，頁64。

好覽史傳」〔註115〕，甚至主動增補和修訂前代劉向所撰之論著，內容又頗能切合原書之本意，是史傳所謂：「（北魏明元帝拓跋嗣）以劉向所撰《新序》、《說苑》於經典正義多有所闕，乃撰《新集》三十篇，採諸經史，該洽古義云。」〔註116〕又如英年早逝的景穆帝，年少時期即「好讀經史，皆通大義」〔註117〕，而為了推行漢化運動而以身作則、改鮮卑「拓跋」姓氏為「元」的孝文帝元宏，更是一位「雅好讀書，手不釋卷」的君主〔註118〕，是史傳直以「五經之義，覽之便講。學不師受，探其精奧，史傳百家，無不該涉」、「善談莊、老，尤精釋義。才藻富贍，好為文章，詩賦銘頌，在興而作」以及「有大文筆，馬上口授，及其成也，不改一字」等語〔註119〕，描述元宏的博通經史、學富五車，以及深具文采造詣的情狀。職是，由於北魏初期諸君主的勵精圖治、勤政愛民，並推崇儒家仁孝思想、任用賢能，且秉持忠厚德義的理念治國，使得北魏不論是朝政或學術、文教等方面，皆能步向國家正軌，從而有了更加穩定的發展。

# 第二節　三國時期與曹魏政權的文教事業

## 一、統治者有意興學卻無力維持與延續

　　三國時代的魏、蜀、吳政權皆有意興學，然而僅曹魏設有歷時較長、規模較完備的太學體制。蓋東漢末年朝政與社會的動盪與紛爭，導致中國的各級學校頹圮毀壞殆盡，教育體制亦日漸荒廢，崇尚儒學之風，當然更不復見。這種狀況必須遲至漢獻帝建安八年（203）左右，有「挾天子以令諸侯」的曹操，確定穩固地把持了國家政權，甫重新開始發展教育：

〔註115〕詳見《北史‧魏本紀‧太宗明元帝》與《魏書‧太宗紀》。參《北史》卷一〈魏本紀〉第一〈太宗明元帝〉，頁 35。以及《魏書》卷三〈帝紀〉第三〈太宗明元帝〉，頁 64。

〔註116〕《北史‧魏本紀‧太宗明元帝》。參《北史》卷一〈魏本紀〉第一〈太宗明元帝〉，頁 35。

〔註117〕《北史‧魏本紀‧恭宗景穆帝》。參《北史》卷二〈魏本紀〉第二〈恭宗景穆帝〉，頁 63。

〔註118〕《北史‧魏本紀‧高祖孝文帝》。參《北史》卷三〈魏本紀〉第三〈高祖孝文帝〉，頁 121。

〔註119〕上引諸語，詳見《北史‧魏本紀‧高祖孝文帝》。參《北史》卷三〈魏本紀〉第三〈高祖孝文帝〉，頁 121。

> （建安八年）秋七月，令曰：「喪亂已來，十有五年，後生者不見仁
> 義禮讓之風，吾甚傷之。其令郡國各脩文學，縣滿五百戶置校官，
> 選其鄉之俊造而教學之，庶幾先王之道不廢，而有以益於天下。」
> 〔註120〕

依史傳記載，輔佐漢室的曹操，以漢獻帝的名義下令郡國各置學官、聚生徒
講授，並強調要重新提倡儒學。

不過，原本在漢代設立的太學，實已嚴重毀壞，故建安末年進爵為魏王
的曹操，在其魏都鄴城的南方設立「泮宮」〔註121〕，《禮記·王制》：「大學在
郊，天子曰辟雍，諸侯曰泮宮。」〔註122〕泮宮雖然與周代天子的「辟雍」類
似，同為國家的最高學府，但畢竟是諸侯的級別，而鄴城所設立的「泮宮」
亦復如是。然而東漢太學已毀於戰火，鄴城的「泮宮」遂成為東漢末年的最
高學府。

或謂曹操的興學，可能來自其於謀臣荀彧（163～212）的建議。荀彧被
曹操譽為「吾之子房」〔註123〕，其曾在曹操勢力日趨穩固壯盛、「是時征役草
創，制度多所興復」之際〔註124〕，建議曹操投入文教事業方面的建設，以推
崇孔子的道德學術以及儀禮規範等儒家教化：

> 彧嘗言於太祖曰：「昔舜分命禹、稷、契、臯陶以揆庶績，教化征
> 伐，並時而用。及高祖之初，……。今公外定武功，內興文學，使
> 干戈戢睦，大道流行，國難方夷，六禮俱治，此姬旦宰周之所以速
> 平也。既立德立功，而又兼立言，誠仲尼述作之意；顯制度於當
> 時，揚名於後世，豈不盛哉！若須武事畢而後制作，以稽治化，於

---

〔註120〕《三國志·魏書·武帝紀》。參《三國志·魏書一》卷一〈武帝紀〉第一，頁
24。

〔註121〕《三國志·魏書一·武帝紀》記載，建安二十一年夏五月，曹操進爵為魏王。
詳參《三國志·魏書一》卷一〈武帝紀〉第一，頁47。又《宋書·禮志》記
載：「漢獻帝建安二十二年，魏國作泮宮於鄴城南。」詳參（梁）沈約撰，楊
家駱主編：《宋書》（臺北：鼎文書局，1975年）卷十四〈志〉第四〈禮一〉，
頁356。

〔註122〕（清）阮元校勘：《十三經注疏》第五冊《禮記注疏》卷十二〈王制〉第五，
頁236上。

〔註123〕《三國志·魏志·荀彧傳》。參《三國志·魏書十》卷十〈荀彧傳〉第十，頁
308。

〔註124〕《三國志·魏志·荀彧傳》注引《彧別傳》。參《三國志·魏書十》卷十〈荀
彧傳〉第十，頁317。

事未敏。宜集天下大才通儒，考論六經，刊定傳記，存古今之學，

除其煩重，以一聖真，並隆禮學，漸敦教化，則王道兩濟。」或從

容與太祖論治道，如此之類甚眾，太祖常嘉納之。〔註125〕

荀彧可謂曹操麾下最得力的軍事、政治謀略家，從史傳所云「太祖常嘉納之」而論，推測曹操當在一定程度上採納了荀彧的此類建議，此亦是今日學者能謂「魏武興學，蓋自荀彧發之」之故〔註126〕。

　　曹操在三國時期推廣文教事業的措施，確實比東吳和西蜀較有成效。不過，東漢末年乃至於曹魏時期，學術界實已瀰漫「重老莊而輕經史」的風潮，益之以博士的選任又輕率、學多偏狹，多數的學生之所以進入太學，其目的不是為了讀書問學，並非當真篤志儒業，而是為了逃丁避役，從而呈現「從初平之元，至建安之末，天下分崩，人懷苟且，綱紀既衰，儒道尤甚」、「太學諸生有千數，而諸博士率皆麤疏，無以教弟子。弟子本亦避役，竟無能習學，冬來春去，歲歲如是。」等變相情況〔註127〕，導致曹魏的太學始終未能重回兩漢時期之盛況〔註128〕。此誠如史傳所載劉馥的奏疏：「自黃初以來，崇立太學二十餘年，而寡有成者，蓋由博士選輕，諸生避役，高門子弟，恥其非倫，故無學者。雖有其名而無其人，雖設其教而無其功。」〔註129〕由此可見，儘管當時開設太學，但學風敗壞、內容空疏，許多學生不務學業、有名無實，太學儼然成為教育體制下的裝飾品。

　　另外，曹魏之外的蜀、吳二政權，也曾經各立太學，除了推行學校教育，亦嘗試恢復禮樂教化等方面的制度。《晉書·儒林列傳》記載文立（？～279）「蜀時遊太學，專《毛詩》、《三禮》，師事譙周，門人以立為顏回，陳壽、李

---

〔註125〕《三國志·魏書十》卷十〈荀彧傳〉第十，注引〈荀彧別傳〉，頁317～318。

〔註126〕林瑞翰：〈魏晉的儒學〉，《臺大歷史學報》第18期（1994年12月），頁71。

〔註127〕詳參《三國志·魏書十三》卷十三〈王肅傳〉第十三，注引魚豢《魏略》，頁420、421。

〔註128〕詳參林瑞翰：〈魏晉的儒學〉，《臺大歷史學報》第18期（1994年12月），頁71～75。

〔註129〕參《三國志·魏書·劉馥傳》之記載。另外，劉馥除了闡明當時學風，也提出改革之道，其在此奏疏後復云：「宜高選博士，取行為人表，經任人師者，掌教國子。依遵古法，使二千石以上子孫，年從十五，皆入太學。明制黜陟榮辱之路；其經明行修者，則進之以崇德；荒教廢業者，則退之以懲惡；舉善而教不能則勸，浮華交游，不禁自息矣。闡弘大化，以綏未賓；六合承風，遠人來格。此聖人之教，致治之本也。」以上劉馥所論諸語，詳參《三國志·魏書十五》卷十五〈劉馥傳〉第十五，頁464。

虔為游、夏，羅憲為子貢。」〔註130〕、又《三國志·蜀書·譙周傳》亦記載，西蜀建興年間，孔明為蜀漢丞相，任命譙周（201～270）為「勸學從事」，其後又「徙為典學從事」〔註131〕，「勸學從事」和「典學從事」皆屬掌管州學的教學職務〔註132〕，此足見儒家學者譙周，確實曾經教學於蜀漢的太學，故有《晉書》所載文立少時遊於蜀國太學、專攻《毛詩》、《三禮》、師從譙周一事。除了碩儒譙周，西蜀政權底下尚有許慈（生卒年不詳）、胡潛（？～約222）、來敏（165～261）、尹默（生卒年不詳）諸人，也皆是通達經史典籍的知名儒者，《三國志·蜀書·許慈傳》：

> （許慈）善鄭氏學，治《易》、《尚書》、《三禮》、《毛詩》、《論語》。建安中，與許靖等俱自交州入蜀。時又有魏郡胡潛，字公興，……，祖宗制度之儀，喪紀五服之數，皆指掌畫地，舉手可采。……慈、潛並為學士（博士），與孟光、來敏等典掌舊文。〔註133〕

《三國志·蜀書·來敏傳》亦載：「（來敏）涉獵書籍，善《左氏春秋》，尤精於《倉》、《雅》訓詁，好是正文字。先主定益州，署敏典學校尉，……。」〔註134〕此足見西蜀政權之下，有先後擔任「勸學從事」和「典學從事」的譙周從事教學；有許慈與擔任「典學校尉」的來敏等人掌管國家禮制。此外，復有「專精於《左氏春秋》」的尹默，與譙周一同擔任掌管州學的教學職務：

> 「（尹默）從司馬德操、宋仲子等受古學，皆通諸經史，又專精於《左氏春秋》，……。先主定益州，領牧，以為勸學從事。」〔註135〕

與曹魏、西蜀相較之下，東吳政權雖「不務經術」而導致儒學不振〔註136〕，所幸吳景帝孫休願意主動興學，又有韋昭等人傾力輔佐，使其文教事業猶有

---

〔註130〕《晉書》卷九十一〈儒林列傳〉第六十一〈文立傳〉，頁2347。

〔註131〕《三國志·蜀書·譙周傳》：「建興中，丞相亮領益州牧，命周勸學從事。……徙為典學從事，總州之學者。」詳參《三國志·蜀書十二》卷四十二〈譙周傳〉第十二，頁1027。

〔註132〕林瑞翰：〈魏晉的儒學〉，《臺大歷史學報》第18期（1994年12月），頁75。

〔註133〕《三國志·蜀書·許慈傳》。參《三國志·蜀書十二》卷四十二〈許慈傳〉第十二，頁1022～1023。

〔註134〕《三國志·蜀書·來敏傳》。參《三國志·蜀書十二》卷四十二〈來敏傳〉第十二，頁1025。

〔註135〕《三國志·蜀書·尹默傳》。參《三國志·蜀書十二》卷四十二〈尹默傳〉第十二，頁1026。

〔註136〕「不務經術」語出三國韋昭，詳參《三國志·吳書二十》卷六十五〈韋曜傳〉第二十，頁1460。

可觀之處。東吳四朝重臣韋昭（204～273）〔註137〕，其不僅是一位秉筆直書的史家〔註138〕，亦是典型的傳統儒家人物，從其奉當時太子孫和之命，撰文責難「性好博弈」的名士蔡穎（生卒年不詳）時之「君子恥當年而功不立，疾沒世而名不稱」、「學如不及，猶恐失之」、「平居不墮其業，窮困不易其素」等語〔註139〕，以及孫休（235～264）登帝之後「近習寵倖」的左將軍張布（？～264）忌憚韋昭之處：「侍講儒士，又性精確，懼以古今警戒休意，⋯⋯。」〔註140〕足以得見韋氏在思想和性格等方面，皆屬典型的傳統儒生。職是，當孫吳政權的孫休繼任吳國皇帝之後，設立五經博士，即詔令韋昭掌管國學，史傳記載孫休於永安元年十二月（258）的詔文：

> 古者建國，教學為先，所以道世治性，為時養器也。自建興以來，時事多故，吏民頗以目前趨務，去本就末，不循古道。夫所尚不惇，則傷化敗俗。其案古置學官，立五經博士，核取應選，加其寵祿，科見吏之中及將吏子弟有志好者，各令就業。一歲課試，差其品第，加以位賞。使見之者樂其榮，聞之者羨其譽。以敦王化，以隆風俗。〔註141〕

又《三國志・吳書・韋曜傳》記載：「孫休踐阼，為中書郎、博士祭酒。命曜

---

〔註137〕裴松之於《三國志・吳書・韋曜傳》注云：「曜本名昭，史為晉諱，改之。」謂《三國志》因避司馬昭之諱而記韋昭為韋曜。參《三國志・吳書二十》卷六十五〈韋曜傳〉第二十，頁1460。或謂韋曜本身即是韋昭之別名，筆者於下文皆以韋昭稱之。

〔註138〕韋昭早年曾任太史令等職，並於會稽王孫亮（吳國第二任君主）執政時期和華覈、周昭、薛瑩、梁廣等人合著《吳書》，其後繼任的吳景帝孫休亡故、吳末帝孫皓即位，韋昭受封為高陵亭侯，擔任中書僕射、侍中，領左國史。今依《三國志》所載的一些故實，諸如：孫皓想為自己的父親孫和作「紀」，韋昭卻堅持以孫和未登帝位為據，主張將其歷史記載之文字定作「傳」等事，足見韋昭耿介的史官風範。事見《三國志・吳書二十》卷六十五〈韋曜傳〉第二十，頁1462。故《三國志》曾以「切直」評其個性，詳參《三國志・吳書三》卷四十八〈三嗣主傳〉第三，頁1159。而宋代葉適亦謂：「王蕃、樓玄、賀邵、韋昭、華覈，吳之將亡，孫皓酷暴，尚有此人。孔子稱『殷有三仁』，殷聖賢數十世之天下，其亡，有此仁人，固其宜也。悲夫！」參（宋）葉適《習學記言》卷二十八〈三國志・吳志〉，收於（清）紀昀等編纂：《景印文淵閣四庫全書》第849冊〈子部十〉第155〈雜家類一〉，頁577上。

〔註139〕事見《三國志・吳書二十》卷六十五〈韋曜傳〉第二十，頁1460。

〔註140〕事見《三國志・吳書二十》卷六十五〈韋曜傳〉第二十，頁1462。

〔註141〕《三國志・吳書三》卷四十八〈三嗣主傳〉第三，頁1158。

依劉向故事，校定眾書。又欲延曜侍講，……。」〔註142〕《三國志・吳書・三嗣主傳》亦有「休欲與博士祭酒韋曜、博士盛沖講論道藝，……。」等語〔註143〕，今依上引《三國志》諸處史料，得見當時吳景帝登基之後，國家已趨於昇平之世，故詔令依循舊制，立五經博士、創設國學，並命韋昭為中書郎，出任博士祭酒以掌管國子學。

依史傳所載吳景帝與韋昭等人之故實，足見孫吳政權有意建立太學博士制度以振興國家教育事業。孫休的詔令設置五經博士、建立國學，可謂開南京設皇家中央學府之始，誠是南京太學之濫觴；其又能選用韋昭等典型儒家人臣，出任官職以掌管政權的文教事業。惟或許因為是國祚甚短之故，當時的東吳政權只設置了學官而沒有機會發展成完備的學校體制；西蜀更是國小民貧、年年用兵，更談不上學校的設置，因此三國的各政權，雖時有碩儒出現，然文教事業、儒教的推廣以及問學風氣等方面，實遠遜於兩漢時代。

## 二、曹魏政權力圖興學以恢復儒學教育

三國時期的太學等官方教育事業之發展梗概，大致如上文所述。迨至曹氏父子結束三分天下的局勢而建立較為統一的政權，中國官方教育事業亦依此得以有了更為穩定的發展。

西元220年，曹丕逼迫漢獻帝禪讓並且自立為帝，定國號魏，年號黃初。魏文帝曹丕在正式建立魏代政權之後，即積極恢復漢代以來的儒學教育體制，史傳記載曹丕因感嘆當世的尊孔、崇儒之風氣不再，故「始掃除太學之灰炭，補舊石碑之缺壞，備博士之員錄，依漢甲乙以考課。」〔註144〕一年後（黃初二年，221年），又下詔恢復傳統的奉祀孔子之制：

> 昔仲尼資大聖之才，懷帝王之器，當衰周之末，無受命之運，在魯、
> 衛之朝，教化乎洙、泗之上，……。遭天下大亂，百祀墮壞，舊居
> 之廟，毀而不脩，襃成之後，絕而莫繼，闕里不聞講頌之聲，四時
> 不覩蒸嘗之位，斯豈所謂崇禮報功，盛德百世必祀者哉！〔註145〕

《三國志》繼續記載其詔令所云：「其以議郎孔羨為宗聖侯，邑百戶，奉孔子

〔註142〕《三國志・吳書二十》卷六十五〈韋曜傳〉第二十，頁1462。
〔註143〕《三國志・吳書三》卷四十八〈三嗣主傳〉第三，頁1159。
〔註144〕《三國志・魏書十三》卷十三〈王肅傳〉第十三，注引魚豢《魏略》，頁420。
〔註145〕《三國志・魏書・文帝紀》。參《三國志・魏書二》卷二〈文帝紀〉第二，頁77～78。

祀。」並且下令在魯地重修孔子舊廟，除了派遣「百戶吏卒」在修繕中的廟址旁護衛，更在周邊興建屋舍，提供在此肄業的學生、士子居住之用。〔註146〕今日或有學者認為，曹丕對於修復孔子廟的這一連串措施，正是曹魏政權開始「儒家化」的象徵〔註147〕。

此外，曹丕復於四年之後（黃初五年，西元 224 年）在洛陽重新設立太學，並且制定五經科考制度〔註148〕。曹魏第二任君主魏明帝即位之後，又有大臣高柔上疏：

> 臣聞遵道重學，聖人洪訓；褒文崇儒，帝者明義。昔漢末陵遲，禮樂崩壞，雄戰虎爭，以戰陳為務，遂使儒林之羣，幽隱而不顯。太祖初興，愍其如此，在於撥亂之際，並使郡縣立教學之官。高祖即位，遂闡其業，興復辟雍，州立課試，於是天下之士，復聞庠序之教，親俎豆之禮焉。陛下臨政，允迪叡哲，敷弘大猷，光濟先軌，雖夏啟之承基，周成之繼業，誠無以加也。然今博士皆經明行脩，一國清選，而使遷除限不過長，懼非所以崇顯儒術，帥勵怠惰也。孔子稱「舉善而教不能則勸」，故楚禮申公，學士銳精，漢隆卓茂，搢紳競慕。臣以為博士者，道之淵藪，六藝所宗，宜隨學行優劣，待以不次之位。敦崇道教，以勸學者，於化為弘。〔註149〕

---

〔註146〕《三國志‧魏書‧文帝紀》。參《三國志‧魏書二》卷二〈文帝紀〉第二，頁78。

〔註147〕李中華：《中國儒學史‧魏晉南北朝卷》，頁21。

〔註148〕《三國志‧魏書‧文帝紀》：「（黃初五年）夏四月，立太學，制五經課試之法，置《春秋穀梁》博士。」參《三國志‧魏書二》卷二〈文帝紀〉第二，頁84。又馬端臨《文獻通考》卷四十一〈學校考二〉：「黃初五年，立太學，制《五經》課試之法，置《春秋穀梁》博士。時慕學者始詣太學為門人。滿二歲，試通一經者稱弟子，不通一經者罷遣。」參（元）馬端臨：《文獻通考》（北京：中華書局，1986 年），頁 389 上。又《通典》記載：「魏文帝黃初五年，立大學於洛陽。時慕學者，始詣大學為門人。滿二歲，試通一經者，稱弟子；不通一經，罷遣。弟子滿二歲，試通二經者，補文學掌故；不通經者，聽須後輩試，試通二經，亦得補掌故。掌故滿二歲，試通三經者，擢高第為太子舍人；不第者，隨後輩復試，試通亦為太子舍人。舍人滿二歲，試通四經者，擢其高第為郎中；不通者，隨後輩復試，試通亦為郎中。郎中滿二歲，能通五經者，擢高第，隨才敘用；不通者，隨後輩復試，試通亦敘用。」詳參（唐）杜佑：《通典》（北京：中華書局，1988 年）卷五十三〈禮〉十三〈沿革〉十三〈大學〉，頁 1464。

〔註149〕《三國志‧魏書‧高柔傳》。參《三國志‧魏書二十四》卷二十四〈高柔傳〉第二十四，頁 685～686。

依史傳記載，當時魏明帝採納了高柔的建議，並在其執政任內，兩度下詔「貴學」與「尊儒」，分別是太和二年（228）與太和四年（230）：

> （太和二年）六月，詔曰：「尊儒貴學，王教之本也。自頃儒官或非其人，將何以宣明聖道？其高選博士，才任侍中常侍者。申敕郡國，貢士以經學為先。」〔註150〕

> （太和）四年春二月壬午，詔曰：「世之質文，隨教而變。兵亂以來，經學廢絕，後生進趣，不由典謨。豈訓導未洽，將進用者不以德顯乎？其郎吏學通一經，才任牧民，博士課試，擢其高第者，亟用；其浮華不務道本者，皆罷退之。」〔註151〕

依上引二項史料，足見魏明帝強調必須重新審視學子的讀書、受業情況，並認為社會上對學術、禮教等的重視與否，會影響國家的整體氛圍，因此必須加以整頓，他有意識地主動下詔「崇儒」，這也正是其詔書所謂：「其郎吏學通一經，才任牧民，博士課試，擢其高第者，亟用」與「其浮華不務道本者，皆罷退之」，於是前代以來所開展的儒學風潮漸興，官方教育事業——太學的體制，也因此粗具規模。

誠如上文之諸論述，曹魏統治者自開國以來，就主張推廣尊孔與崇儒等風尚，並極欲恢復儒學教育。是輩皆認為，鞏固國政朝綱、維持社會良善和敦厚之風氣，都有賴儒術的推廣。

曹魏政權的統治者是如此，許多輔佐其宗室之臣子也能抱持類似之觀點。例如躬守傳統儒家觀念，並輔佐過曹操、曹丕、曹叡的三朝元老高堂隆（？～237）即曾經強調：「禮樂者，為治之大本」，他規勸帝王必須「增崇德政」。蓋魏明帝曾經大興土木以增建宮殿，又打算取長安大鐘安置於洛陽，高堂隆上疏直諫，魏明帝便派人為難高堂隆，質問：「興衰在政，樂何為也？化之不明，豈鐘之罪？」不過高堂隆旋即駁斥，強調一個國家的禮樂制度，攸關其政治的興衰，因為禮、樂正是治國的根本〔註152〕。

其後，曹魏政權多有軍事上的衝突和對外征戰，導致刑法逐漸苛刻，高

---

〔註150〕《三國志·魏書·明帝紀》。參《三國志·魏書三》卷三〈明帝紀〉第三，頁94。

〔註151〕《三國志·魏書·明帝紀》。參《三國志·魏書三》卷三〈明帝紀〉第三，頁97。

〔註152〕事見《三國志·魏書·高堂隆傳》。參《三國志·魏書二十五》卷二十五〈高堂隆傳〉第二十五，頁709。

堂隆也上疏建議：「今有司務糾刑書，不本大道，是以刑用而不措，俗弊而不敦。宜崇禮樂，班敘明堂，修三雍、大射、養老，營建郊廟，尊儒士，舉逸民，表章制度，改正朔，易服色，布愷悌，尚儉素，然後備禮封禪，歸功天地，……。」認為當務之急，應是推行禮樂，並尊重儒士、推舉隱逸之人，更要制定各種禮儀、提倡孝悌之道等，只要「九域之內」皆能「揖讓而治」，自然可以不起兵禍戰端而安定天下〔註153〕。由此可見，漢、魏易代乃至於曹魏鞏固政權，其歷任統治階級皆極欲恢復儒學教育，更由於統治者的強調與朝中重臣的唱和，促使魏代的官方階層紛紛提倡儒學、重視儒術，當世官方的文教事業，亦得以穩定不輟地繼續發展。

## 第三節　兩晉南朝的中央官學

### 一、西晉武帝的「太學」與「國子學」分立制度

誠如上文所述，在朝政紛擾、戰事頻傳的三國分立乃至曹魏時期，不少的統治者仍皆力圖興復文教事業，因此魏代於黃初五年（224）在洛陽重新設立太學之後，不僅促成了官學體制的初具規模，太學生人數也因此得以復增，是史傳所謂：「至黃初元年之後，新主乃復，始掃除太學之灰炭，……，有欲學者，皆遣詣太學。太學始開，有弟子數百人。」〔註154〕然而魏代以後的太學生，多因為了逃丁避役而入學，進入太學之後又不事學業，造成學風頹敗、學術品質低落，太學形同虛設。裴松之於《三國志・魏書・王肅傳》注引魚豢《魏略》：

> 至太和、青龍中，中外多事，人懷避就。雖性非解學，多求詣太學。
> 太學諸生有千數，而諸博士率皆麤疏，無以教弟子。弟子本亦避役，
> 竟無能習學，冬來春去，歲歲如是。〔註155〕

史傳清楚描述了魏明帝太和、青龍年間，太學生不以學問為本，僅是為了躲避繇役而入太學的真實景況，是當世雖設有太學，然而教育內容空疏、師生

〔註153〕事見《三國志・魏書・高堂隆傳》。參《三國志・魏書二十五》卷二十五〈高堂隆傳〉第二十五，頁712。
〔註154〕《三國志・魏書十三》卷十三〈王肅傳〉第十三，注引魚豢《魏略》，頁420。
〔註155〕《三國志・魏書十三》卷十三〈王肅傳〉第十三，注引魚豢《魏略》，頁420～421。

素質甚差，諸生又不務學業，導致學風嚴重敗壞。

迨至晉武帝時期，為了導正學風敗壞的情況，下詔對晉初承魏之緒的「太學生七千餘人」之學生數量進行淘汰，《宋書・禮志》記載：「晉武帝泰始八年，有司奏『太學生七千餘人，才任四品，聽留。』詔：『已試經者留之，其餘遣還郡國。大臣子弟堪受教者，令入學。』」〔註156〕又《通典》：「晉武帝初，大學生三千人。泰始八年，有司奏：『大學生七千餘人，才任四品，聽留。』詔曰：『已試經者留之。大臣子弟堪受教者，令入學。其餘遣還郡國。』」〔註157〕將此二條文獻進行對照，足見晉武帝除了在承襲曹魏太學舊制的基礎上稍加擴充與修改外，也下令對太學生進行篩選、汰除與安置等工作，以導正曹魏以來學風敗壞的狀況。

此外，晉武帝亦另設一專供公卿大夫子弟學習的「國子學」，此實有區分學生出身門第之目的。依《晉書》記載，晉武帝設立國子學於咸寧二年（276）〔註158〕，又《宋書》：「咸寧二年，起國子學。蓋《周禮》國之貴遊子弟所謂國子，受教於師氏者也。」〔註159〕晉武帝於咸寧二年依《周禮》之制：「師氏：掌以媺詔王。以三德教國子：一曰至德，以為道本……。居虎門之左，司王朝。掌國中失之事，以教國子弟，凡國之貴遊子弟學焉。」〔註160〕依上引史傳所載，武帝在晉代正式成立的國子學，其專收五品以上官員子弟而與太學分立，旨在分士庶、別貴賤，貴族子弟入國子學；庶人子弟則入太學，中央官學從此具有「雙軌並行」的教育規模與特色。唯誠如今日學者所謂，此種區分的目的，實是利用出身門第以差別對待學生，不過最後也促使國子學的地位，有逐漸凌駕於太學的趨勢〔註161〕。

晉武帝另外設置國子學，使其與太學分立，此種體制被東晉、北魏、梁、陳，以及隋唐等朝代所承襲，國子學與太學並立，遂成為後世通行的國家教育制度。但或有學者認為，晉武帝於咸寧二年的建置之制，疑似僅是建置了

---

〔註156〕《宋書》卷十四〈志〉第四〈禮一〉，頁356。

〔註157〕（唐）杜佑：《通典》卷五十三〈禮〉十三〈沿革〉十三〈大學〉，頁1464～1465。

〔註158〕《晉書・武帝紀》。參《晉書》卷三〈帝紀〉第三〈武帝〉，頁66。

〔註159〕《宋書・禮志》。參《宋書》卷十四〈志〉第四〈禮一〉，頁356。

〔註160〕晉武帝所依循的《周禮》之制，可參《周禮》卷十四〈地官司徒・師氏〉。詳見（清）阮元校勘：《十三經注疏》第三冊《周禮注疏》卷十四〈地官司徒・師氏〉，頁210下～212上。

〔註161〕詳參周愚文：《中國教育史綱》，頁12。

房舍屋宇，尚未賦予其實質的文教事務〔註162〕，蓋《晉書‧武帝紀》雖提及晉武帝於咸寧二年「立太學」，不過其後卻無任何的記載，而《晉書‧職官志》卻留有一項詳細的資料：

> 晉初承魏制，置博士十九人。及咸寧四年，武帝初立國子學，定置國子祭酒、博士各一人，助教十五人，以教生徒。博士皆取履行清淳，通明典義者，若散騎常侍、中書侍郎、太子中庶子以上，乃得召試。及江左初，減為九人。元帝末，增《儀禮》、《春秋公羊》博士各一人，合為十一人。後又增為十六人，不復分掌《五經》，而謂之太學博士也。孝武太元十年，損國子助教員為十人。〔註163〕

依《晉書‧職官志》所述，似乎必須迨至咸寧四年（278）的「定置國子祭酒、博士各一人，助教十五人」，才真正確立晉代的國子學之各項制度，又《南齊書‧禮志》記載國子助教曹思上表云：「據臣所見，今之國學，即古之太學。晉初太學生三千人，既多猥雜，惠帝時欲辯其涇渭，故元康三年始立國子學，官品第五以上得入國學。」〔註164〕由於惠帝在元康三年（293）明確規定五品以上的官宦子弟得入學就讀，國子學自此始招收生徒，真正成為一所學校，與太學並立。可惜日後又因國家社會的動盪紛亂，導致此等教育機構日益減損人數與規格而時有興廢。

不過晉武帝設置「國子學」並且將其作為教學機構，這對於中國的學校體制而言，實屬一項開創與革新之大事。蓋中國有「國學」、「國子」等名稱，早在漢代即有，不過誠如《通典》所載：「凡國學諸官，自漢以下，並屬太常，至隋始革之。」〔註165〕國子監（寺、學）自漢代以降，一直隸屬於兼掌教廟社稷之「太常」，誠非教育或行政機關；三國時期亦僅設立太學，未聞設有國子學，而晉武帝依《周禮》建置國子學，以教育貴冑子弟為目的，雖然當時

---

〔註162〕高明士：《中國中古的教育與學禮》，頁 5。高明士認為，從咸寧二年（西元276 年）的建置屋宇，到元康三年（293 年）的招收生徒，前後歷時十八年，晉代國子學始成為一所真正的學校。詳參高明士：《中國中古的教育與學禮》，頁 6。

〔註163〕《晉書‧職官志》。參《晉書》卷二十四〈志〉第十四〈職官〉，頁 736。

〔註164〕《南齊書‧禮志》。參（梁）蕭子顯撰，楊家駱主編：《南齊書》（臺北：鼎文書局，1975 年）卷九〈志〉第一〈禮上〉，頁 145。

〔註165〕杜佑《通典》於「隋開皇十三年，國子寺罷隸太常，又改寺為學。」一語中之「國子寺罷隸太常」的注下云，參（唐）杜佑：《通典》卷二十七〈職官〉九〈國子監〉，頁 764。

的國子學仍隸屬於太學，但是也促使晉代在太學之外，產生另一中央官學，國子學的學官制度，亦自此逐漸確立，益之以惠帝元康三年的「始立國子學」，國子學自此真正與太學並立，此段國子學的建置歷程，對中國日後的教育機構，產生極大的影響，不僅南北朝以及隋代，皆曾設置國子學，其中南朝梁、陳二朝，更設有國子、太學二座學館；北魏孝文帝則是在遷都洛陽之後，首先創置「國子、太學、四門小學」的三學並立之制。這些學校教育事業之沿革，皆為往後的隋唐二代奠定了基礎〔註166〕，直至宋代才又將國子學與太學二者，依「國子監太學化」而逐漸合而為一〔註167〕。

自從晉武帝設立國子學，並且「定置國子祭酒、博士各一人，助教十五人，以教生徒」〔註168〕，但是太學生的人數仍然不少，而且出身的品類不齊，所以十年之後，惠帝又再次下令，規定必須官品在五品以上的子弟，方得入學〔註169〕。其後中原板蕩，誠如史傳所謂「惠帝纘戎，朝昏政弛，釁起宮掖，禍成藩翰。惟懷逮愍，喪亂弘多，衣冠禮樂，掃地俱盡。」〔註170〕今日學者亦以「西晉統一時代，舉國上下沉浸於奢侈腐敗暮氣之中，……。」〔註171〕評論當時的渾濁世道，其先有晉惠帝司馬衷執政時期的賈后亂政與八王之亂，後有懷帝司馬熾、愍帝司馬鄴兩帝的先後被擄，皇族宗室骨肉相殘、政治動盪不安，更禍及社會百姓，造成大量的災難與無窮的破壞，於是太學等學校教育事業，也就無形停閉了。時至偏安江左的東晉時期，更因為連年征戰、干戈不斷，益之以朝廷政權旁落、內亂時起，北方域外諸族又趁機脫離晉室羈絆、相繼跨越邊境侵擾中原政權，僭號建國者，多達三十四國，此興

〔註166〕如：隋代的國子監（學）已成為一獨立的教育機關，甚至到了唐代，國子監（學）已是國家的最高教育行政機關。詳參高明士：《中國中古的教育與學禮》，頁5。
〔註167〕詳參周愚文：《中國教育史綱》，頁12。
〔註168〕宋代孫逢吉《職官分紀》記載：「晉職官志：晉武帝初立國子學，定置國子祭酒、博士各一人，助教十五人，以教生徒。孝武太元十一年，減助教員為十人。」參（宋）孫逢吉《職官分紀》卷二十一〈國子監〉，收於（清）紀昀等編纂：《景印文淵閣四庫全書》第923冊〈子部十一〉第229〈類書類〉，頁484下。
〔註169〕馬端臨《文獻通考》卷四十一〈學校考二〉：「惠帝元康元年，以人多猥雜，欲辨其涇渭，於是制立學官品，第五品以上得入國學。」參（元）馬端臨：《文獻通考》，頁389中。
〔註170〕《晉書·儒林列傳序》。參《晉書》卷九十一〈列傳〉第六十一〈儒林〉，頁2346。
〔註171〕楊吉仁：《三國兩晉學校教育與選士制度》，頁1。

彼滅、征戰不休，此誠然導致國家行政幾乎停擺，許多政策皆未確實執行，太學、國子學等學校教育體制，當然也受到影響而時興時廢，基本上毫無成效可言〔註172〕。

## 二、時興時廢的東晉南朝官學

　　或有學者認為，晉室東渡之後，有王導首先上疏以奏請執政者興學；而南朝的官學體制，則肇自三國時期的孫吳政權〔註173〕。但是東晉以及南朝的文教事業，確實皆不如北朝發達，尤其南朝各代的士族家學頗為興盛，益之以政權交錯、局勢動盪、干戈擾攘等因素，故中央官學多依循魏晉以來的體制；僅因國家所需而作形式上的設置，甚或存在的時間斷斷續續、時興時廢。其中較具規模者，除了元帝司馬睿在開國之初的興振學校教育、孝武帝司馬曜的曾經力圖復學，再如南朝時較大的變革者——南朝宋文帝劉義隆時期，將太學區分為玄學、儒學、文學和史學等四部而不再如漢代僅限於經學；梁武帝蕭衍的設立五館、又置五經博士，使中央官學復以儒家經典為主要內容。捨此而外，東晉以至南朝的學校教育事業，泰半興廢無常、混雜無章。

　　另外，從政治措施而論，南朝的官學多依循魏晉以來的體制，且多僅是形式上的設置，益之以政權內部衝突激烈、紛爭不休，政權外部兵馬倥傯、戰火綿延不斷，導致學校教育時興時廢；從政治風氣而論，南朝執政階級的治國手段，竟也繼承了魏晉以來的一些不良習性，其執政者一方面倡導儒學的觀念和原則，作為維護自己統治國家、鞏固政權與收攬民心的主要工具；一方面又刻意誤用、扭曲甚或主動破壞儒學的倫常禮教。故今日學者認為，南朝各政權存在著一種極度為人詬病的普遍情況：「統治者往往用違背儒學基本原則的手段攫取政權，而一旦自己取得統治地位以後，又企圖以提倡儒學的原則與觀念來維護自己的統治。」〔註174〕官方教育事業不能持續振興，儒家所講究的倫理綱常，又被徹底地踐踏，南朝的學術文化、禮教風俗之低落，

---

〔註172〕東晉第一代皇帝：晉元帝司馬睿在建武元年（317），即立太學，但是後來因為王敦構亂，導致教學多未執行。一直到第三代皇帝：晉成帝司馬衍，於咸康三年（337）正月，才又重新修立太學。詳細與具體實施情況，可參周林根：《中國中古禮教史》，頁96。

〔註173〕柳詒徵：〈南朝太學考〉，收錄自《柳詒徵史學論文續集》，頁352。

〔註174〕劉振東：《中國儒學史：魏晉南北朝卷》，頁326。

依此自見。

## （一）東晉時期（317～420 A.D.）

晉代東渡之初，司馬睿在晉室貴族與江東大族的支持下，意氣風發地號稱晉王，當時王導即上疏以奏請司馬睿興學：

> 於時軍旅不息，學校未修，導上書曰：夫風化之本在於正人倫，人倫之正存乎設庠序。庠序設，五教明，德禮洽通，彝倫攸敘，而有恥且格，父子兄弟夫婦長幼之序順，而君臣之義固矣。……故有虞舞干戚而化三苗，魯僖作泮宮而服淮夷。桓文之霸，皆先教而後戰。今若聿遵前典，興復道教，擇朝之子弟併入於學，選明博修禮之士而為之師，化成俗定，莫尚於斯。〔註175〕

推測王導的奏請興學，當在建武初年（317～318）〔註176〕，其時戴邈、應詹等人，亦復以為言，接連上疏以表示支持王導的建議〔註177〕，而司馬睿亦欣然採納，於是東晉政權始興立太學、設置博士，故史傳記載建武元年（317）十一月「立太學」、太興二年（319）六月「置博士員五人」、又太興三年（320）八月「皇太子釋奠於太學」〔註178〕。

司馬睿之後，又有明帝、成帝等執政者，也願意廣徵名儒、禮聘儒士，力圖振興學校教育；期間又有不少東晉名臣，在國家政治、朝野內外皆動盪紛亂時，仍極力主張興學或復學的必要，諸如：成帝時期的袁瓌、馮懷〔註179〕；孝武帝時期的謝石等人〔註180〕，但由於內亂、外患頻傳；又或執政

---

〔註175〕《晉書・王導傳》。參《晉書》卷六十五〈列傳〉第三十五〈王導傳〉，頁1747～1748。

〔註176〕《宋書・禮志》亦載：「元帝為晉王，建武初，驃騎將軍王導上疏：……。」內容所論與《晉書・王導傳》的記載相類。參《宋書》卷十四〈志〉第四〈禮一〉，頁357。

〔註177〕事見《晉書・戴邈傳》、《晉書・應詹傳》與《宋書・禮志》。參《晉書》卷六十九〈列傳〉第三十九〈戴若思傳〉所附〈戴邈傳〉，頁1848～1849、《晉書》卷七十〈列傳〉第四十〈應詹傳〉，頁1858～1859，以及《宋書》卷十四〈志〉第四〈禮一〉，頁357～360。

〔註178〕以上三例，事見《晉書・元帝紀》。參《晉書》卷六〈帝紀〉第六〈元帝〉，頁149、152、154。

〔註179〕歷陽內史蘇峻與豫州刺史祖約起兵叛亂而被平定之後，成帝咸康三年，國子祭酒袁瓌、太常馮懷，皆上疏主張復學。《晉書・袁瓌傳》：「於時喪亂之後，禮教陵遲，瓌上疏曰：『臣聞先王之教也，崇典訓以弘遠代，明禮樂以流後生，所以導萬物之性，暢為善之道也。……疇昔皇運陵替，喪亂屢臻，儒林

---

者本有意推展卻未成而卒，使文教事業始終無法徹底實施或執行〔註181〕，導致東晉的中央官學體制，雖不致全廢，卻也無常，正是《晉書・儒林列傳》所謂：「元帝運鐘百六，光啟中興，賀、荀、刁、杜諸賢並稽古博文，財成禮度。雖尊儒勸學，亟降於綸言，東序西膠，未聞於弦誦。」、「明皇聰睿，雅愛流略，簡文玄嘿，敦悅丘墳，乃招集學徒，弘獎風烈，並時艱祚促，未能詳備。」〔註182〕又《宋書・禮志》記載國子祭酒殷茂云：「自大晉中興，肇基江左，崇明學校，修建庠序，公卿子弟，併入國學。尋值多故，訓業不終。」〔註183〕依上述諸項史料記載，足見東晉執政者在文教事業上欲振乏力的無奈，而近世學者甚至依史傳所論，以「品課無章，蘭艾混雜」稱東晉的中央官學〔註184〕，足見當時文教事業之興廢無常與混雜無章。

史傳記載東晉在肥水之戰後，尚書令謝石趁著東南地區安穩小康之際，力主復學，而「孝武帝納焉」〔註185〕於是孝武帝始新築學舍、增加學額；興

之教漸積，庠序之禮有闕，國學索然，墳籍莫啟，有心之徒抱志無由。……實宜留心經籍，闡明學義，使諷誦之音盈於京室，味道之賢是則是詠，豈不盛哉！若得給其宅地，備其學徒，博士僚屬粗有其官，則臣之願也。」疏奏，成帝從之。國學之興，自瓛始也。」參《晉書》卷八十三〈列傳〉第五十三〈袁瓌傳〉，頁 2166～2167。又《宋書・禮志》亦記載：「成帝咸康三年，國子祭酒袁瓌、太常馮懷又上疏曰：(下略)」詳參《宋書》卷十四〈志〉第四〈禮一〉，頁 362～363。

〔註180〕尚書令謝石在肥水之戰以後，趁著東南地區安穩小康之際，力主復學，《晉書・謝石傳》：「於時學校陵遲，石上疏請興復國學，以訓冑子，班下州郡，普修鄉校。疏奏，孝武帝納焉。」參《晉書》卷七十九〈列傳〉第四十九〈謝石傳〉，頁 2088。

〔註181〕《晉書・任旭傳》：「於時司空王導啟立學校，選天下明經之士，旭與會稽虞喜俱以隱學被召。事未行，會有王敦之難，尋而帝崩，事遂寢。……太寧末，明帝復下詔備禮徵旭，始下而帝崩。」參《晉書》卷九十四〈隱逸列傳〉第六十四〈任旭傳〉，頁 2439。又成帝咸康三年，國子祭酒袁瓌、太常馮懷上疏主張復學之後，《宋書・禮志》載：「疏奏，帝有感焉。由是議立國學，徵集生徒，而世尚莊、老，莫肯用心儒訓。穆帝永和八年，殷浩西征，以軍興罷遣，由此遂廢。征西將軍庾亮在武昌，開置學官。」參《宋書》卷十四〈志〉第四〈禮一〉，頁 363。

〔註182〕《晉書・儒林列傳序》。參《晉書》卷九十一〈列傳〉第六十一〈儒林〉，頁 2346。

〔註183〕《宋書》卷十四〈志〉第四〈禮一〉，頁 365。

〔註184〕柳詒徵：〈南朝太學考〉，收錄自《柳詒徵史學論文續集》，頁 412。

〔註185〕事見《晉書・謝石傳》。參《晉書》卷七十九〈列傳〉第四十九〈謝石傳〉，頁 2088。

建夫子堂、皇太子堂，以及諸生學堂：

《晉書‧孝武帝紀》：「（太元九年）夏四月己卯，增置太學生百人。」〔註186〕

《晉書‧孝武帝紀》：「（太元十年）二月，立國學。」〔註187〕

《宋書‧禮志》：「其年（太元九年），選公卿二千石子弟為生，增造廟屋一百五十五間。而品課無章，士君子恥與其列。」〔註188〕

《建康實錄》：「（太元）十年春，尚書令謝石以學校陵遲，上疏請興復國學於太廟之南。」〔註189〕

《輿地志》：「（國學）在江寧縣東南二里一百步右御街東，東逼淮水，當時人呼為國子學。（國子學）西有夫子堂，畫夫子及十弟子像。西又有皇太子堂，南有諸生中省，門外有祭酒省、二博士省，舊置博士二人。」〔註190〕

依上述五條史料，東晉的文教事業在謝石的建議與孝武帝的支持之下，曾經於太元年間（太元九年至十年，西元384～385年），重建了首都建康的國學，並增建了不少師生活動與住宿之地，從而出現規模較為宏大、學風較為興盛的榮景。可惜當時因為各種原因而未能徹底落實，尤其「其時品課無章」、「有育才之名，而無收賢之實」、「烈宗下詔褒納，又不施行，朝廷及草萊之人有志於學者，莫不發憤歎息。」等因素〔註191〕，是東晉學術文化只得出現雷聲大、雨點小的短暫盛況，益之以孝武帝逝後，東晉最後的安帝、恭帝二任末期國君誠屬傀儡，朝政完全旁落於權臣，朝野內外又頻頻發生戰禍、兵亂等事件，使其文教事業已無可觀之處。

時至劉裕取代東晉政權、建立劉宋，為南朝宋武帝，東晉一代正式宣告結束。南朝各代之士族家學頗為興盛，益之以政權交錯、干戈擾攘等局勢的

〔註186〕《晉書‧孝武帝紀》。《晉書》卷九〈帝紀〉第九〈孝武帝〉，頁233。

〔註187〕《晉書‧孝武帝紀》。《晉書》卷九〈帝紀〉第九〈孝武帝〉，頁234。

〔註188〕《宋書》卷十四〈志〉第四〈禮一〉，頁365。

〔註189〕（唐）許嵩撰，張忱石點校：《建康實錄》卷九〈晉中下‧烈宗孝武皇帝〉（北京：中華書局，1986年），頁277。

〔註190〕許嵩《建康實錄》注引（南朝陳）顧野王《輿地志》。參（唐）許嵩撰，張忱石點校：《建康實錄》卷九〈晉中下‧烈宗孝武皇帝〉，頁277。

〔註191〕以上諸語，是柳詒徵的研究論見，詳參柳詒徵：〈南朝太學考〉，收錄自《柳詒徵史學論文續集》，頁360。

動盪紛亂，其禍亂相尋之景況，比東晉時期更加嚴重，故學校教育事業根本不發達，不僅多依循魏、晉以來的體制，從而與魏晉時代的情形相似無異之外，其學校教亦僅因國家所需而作形式上的設置，甚或存在的時間斷斷續續、時興時廢。

## （二）宋朝時期（420～479 A.D.）

宋武帝劉裕在開國之初，即詔令興辦國學、弘獎學風，且依《宋書·范泰傳》記載，其時已擬定學制，並打算擇選學子、廣召儒師，僅剩學校未立〔註192〕，最後卻仍未就而崩：

> 《宋書·臧燾傳》：高祖鎮京口，與燾書曰：「頃學尚廢弛，後進頹業，衡門之內，清風輟響。……，豈可不敷崇墳籍，敦厲風尚。……。今經師不遠，而赴業無聞，非唯志學者鮮，或是勸誘未至邪。想復弘之。」〔註193〕

> 《宋書·武帝本紀》：（永初三年正月）詔曰：「古之建國，教學為先，弘風訓世，莫尚於此，……。自昔多故，戎馬在郊，旌旗卷舒，日不暇給。遂令學校荒廢，講誦蔑聞，軍旅日陳，俎豆藏器，訓誘之風，將墜於地。後生大懼於牆面，故老竊歎於子衿。此《國風》所以永思，《小雅》所以懷古。今王略遠屆，華域載清，仰風之士，日月以冀。便宜博延胄子，陶獎童蒙，選備儒官，弘振國學。主者考詳舊典，以時施行。」……（永初三年五月）癸亥，上崩於西殿，

---

〔註192〕《宋書·范泰傳》記載：「高祖受命，拜金紫光祿大夫，加散騎常侍。明年，議建國學，以泰領國子祭酒。泰上表曰：『臣聞風化興於哲王，教訓表於至世。……。是以明詔爰發，已成渙汗，學制既下，遠近遵承。臣之愚懷，少有未達。今惟新告始，盛業初基，天下改觀，有志景慕。而置生之制，取少停多，開不來之端，非一塗而已。臣以家推國，則知所聚不多，恐不足以宣大宋之風，弘濟濟之美。臣謂合選之家，雖制所未達，父兄欲其入學，理合開通；雖小違晨昏，所以大弘孝道。……十五志學，誠有其文，若年降無幾，而深有志尚者，何必限以一格，而不許其進邪。……昔中朝助教，亦用二品。潁川陳載已辟太保掾，而國子取為助教，即太尉淮之弟。所貴在於得才，無系於定品。教學不明，獎厲不著，今有職閑而學優者，可以本官領之，門地二品，宜以朝請領助教，既可以甄其名品，斯亦敦學之一隅。其二品才堪，自依舊從事。會今生到有期，而學校未立。覆簣實望其速，回轍已淹其遲。事有似賒而宜急者，殆此之謂。古人重寸陰而賤尺璧，其道然也。』時學竟不立。」參《宋書》卷六十〈列傳〉第二十〈范泰傳〉，頁 1616～1618。

〔註193〕《宋書》卷五十五〈列傳〉第十五〈臧燾傳〉，頁 1544。

時年六十。〔註194〕

《宋書·禮志》：宋高祖受命，詔有司立學，未就而崩。〔註195〕

依上引三條史料，足見劉宋武帝在接掌政權之前，就曾經致信給太學博士臧燾（353～422），提出加強儒學教育的看法，接掌政權之後，更力圖振興學校教育，其深刻意識到「武功」創業之後，必須以「文治」穩定天下，故必須利用儒家的學術文化來維持政權、鞏固民心。但一方面東晉末期之文教事業，實已荒廢日久，劉宋政權草創之際，倉促之間，誠不易興復；另一方面，縱然劉宋武帝於永初三年（422）正月，即詔令天下要積極興學，可惜劉宋武帝在該年五月便過世，其所建構的教育體制的藍圖，終究未能徹底落實。

不過，劉宋武帝仍能禮遇民間講學的儒者，並利用官方的力量給予各方面的資助。故中央官學雖未能及時落成與實施，所幸劉宋武帝能鼓勵民間講學，促使劉宋初期的學術文化，不致隨著東晉文教事業的停廢而終止。《宋書·周續之傳》：

> 高祖之北討，世子居守，迎續之館於安樂寺，延入講《禮》，月餘，復還山。江州刺史劉柳薦之高祖曰：「臣聞恢耀和肆，必在兼城之寶；……。竊見處士雁門周續之，清真貞素，思學鉤深，弱冠獨往，心無近事，性之所遣，……；濯纓儒官，亦王猷遐緝。臧文不知，失在降賢；言偃得人，功由升士。願照其丹款，不以人廢言。」俄而辟為太尉掾，不就。高祖北伐，還鎮彭城，遣使迎之，禮賜甚厚。每稱之曰：「心無偏吝，真高士也。」尋復南還。高祖踐阼，復召之，乃盡室俱下。上為開館東郭外，招集生徒。乘輿降幸，並見諸生，問續之《禮記》「傲不可長」、「與我九齡」、「射於矍圃」三義，辨析精奧，稱為該通。〔註196〕

周續之（377～423）是當世著名學者，劉宋武帝得知其在民間授課講學，特別以朝廷之名，為之開館以授課講學，並且時常親臨學館，探訪周續之的教學、學子們的讀書學習等狀況，《宋書·顏延之傳》亦載：「雁門人周續之隱居廬山，儒學著稱，永初中，徵詣京師，開館以居之。高祖親幸，朝彥畢至，

---

〔註194〕《宋書》卷三〈本紀〉第三〈武帝下〉，頁58～59。

〔註195〕《宋書》卷十四〈志〉第四〈禮一〉，頁367。

〔註196〕《宋書·周續之傳》。參《宋書》卷九十三〈隱逸列傳〉第五十三〈周續之傳〉，頁2280～2281。

延之官列猶卑，引升上席。」〔註197〕職是，雖然劉宋初期未能及時設立中央
官學，不過執政者卻能禮遇當世宿儒，特別為是輩開設學館以聚徒講學，故
近世學者認為，此種方法與措施，確實比東晉末期統治者之「虛設國學」更
有實際成效〔註198〕。

　　劉宋武帝於永初三年（422）即力圖興學，可惜未成而卒，不過由於其在
位期間，致力於重振教育、拔擢儒士，因此對於劉宋時代的儒學，誠然奠定
了一定程度的基礎，時至劉宋文帝，終於開創了劉宋時期十餘年的文教事業
之一次大規模興盛，《南史‧宋文帝本紀》：「是歲（元嘉十五年），……立儒
學館於北郊，命雷次宗居之。」〔註199〕又《宋書‧雷次宗傳》：

> 元嘉十五年，徵次宗至京師，開館於雞籠山，聚徒教授，置生百餘
> 人。會稽朱膺之、潁川庾蔚之並以儒學，監總諸生。時國子學未
> 立，上留心藝術，使丹陽尹何尚之立玄學，太子率更令何承天立
> 史學，司徒參軍謝元立文學，凡四學並建。車駕數幸次宗學館，資
> 給甚厚。又除給事中，不就。久之，還廬山，公卿以下，並設祖
> 道。〔註200〕

依史傳記載，性格仁厚的劉宋文帝，本身也是一位博涉經史、雅好文義，對
文士儒者十分禮遇的執政者〔註201〕。此外，他也重視文教方面的建設，元嘉
十五年（438），其召請雷次宗在京城雞籠山（今南京市北極閣）開設「儒學
館」講學，聚徒教授、置生百餘人，又將儒學與玄學、文學、史學並立，合
稱「四學」，並以「儒學館」作為學官體系之首，此可視為後代中央官學分科

---

〔註197〕《宋書‧顏延之傳》。參《宋書》卷七十三〈列傳〉第三十三〈顏延之傳〉，
　　　　頁1892。
〔註198〕詳參柳詒徵：〈南朝太學考〉，收錄自《柳詒徵史學論文續集》，頁362。
〔註199〕《南史‧宋文帝本紀》。參《南史》卷二〈宋本紀中〉第二〈文帝本紀〉，頁
　　　　45。
〔註200〕《宋書‧雷次宗傳》。參《宋書》卷九十三〈隱逸列傳〉第五十三〈雷次宗
　　　　傳〉，頁2293～2294。
〔註201〕如：《宋書‧何尚之傳》：「尚之雅好文義，從容賞會，甚為太祖所知。」參《宋
　　　　書》卷六十六〈列傳〉第二十六〈何尚之傳〉，頁1733。《南史‧宋文帝本紀》：
　　　　「帝聰明仁厚，雅重文儒，躬勤政事，孜孜無怠，加以在位日久，惟簡靖為
　　　　心。於時政平訟理，朝野悅睦，自江左之政，所未有也。」參《南史》卷二
　　　　〈宋本紀中〉第二〈文帝本紀〉，頁54。而蕭梁的史家裴子野，亦以「仁厚
　　　　之化，既已播流，率土欣欣，無思不悅」等語評述文帝，詳見許嵩《建康實
　　　　錄》注引（南朝梁）裴子野《宋略‧總論》。參（唐）許嵩撰，張忱石點校：
　　　　《建康實錄》卷十四，頁555。

以教授的前身。

　　另外，劉宋文帝又於元嘉十九年（442）下詔以建置國子學，並於次年正式實施，唯元嘉二十七年因遭遇北伐軍務而廢止，是《宋書・禮志》記載：「太祖元嘉二十年，復立國子學，二十七年廢。」〔註202〕而劉宋文帝也曾經於元嘉二十三年親臨國子學以策試學生：

> （元嘉二十三年）九月己卯，車駕幸國子學，策試諸生，答問凡五十九人。冬十月戊子，詔曰：「庠序興立累載，冑子肄業有成。近親策試，觀濟濟之美，緬想洙、泗，永懷在昔。諸生答問，多可採覽。教授之官，並宜沾賚。」賜帛各有差。〔註203〕

其親自考核學子，除了獎勵用心教學的教師，更給苦讀學子以優厚的賞賜。故元嘉十五年至元嘉二十六年（438～449）期間，可謂是劉宋文帝對學校教育的一次復興，更是劉宋政權之文教事業最興盛的時期。由於劉宋文帝的積極推展，南朝境內一時儒風大振、文人學子紛紛投入讀書問學的行列，是史傳以「上好儒雅，又命丹陽尹何尚之立玄素學，著作佐郎何承天立史學，司徒參軍謝元立文學，各聚門徒，多就業者。江左風俗，於斯為美，後言政化，稱元嘉焉。」描述當時之盛況〔註204〕。可惜時至元嘉二十七年（450），北魏政權聚集十萬步騎南侵，劉宋文帝亦以北伐之名加以抵抗，劉宋政權從此陷入苦戰，國子學等學校教育，也因而被迫廢止。

　　劉宋政權自武帝建立之初，即欲力圖興學，可惜未成而卒，所幸第三任的文帝，能積極推展文教事業，除了將儒學、玄學、史學、文學四學並建，把太學區分成上述四種學科，中央官學自此不再如前代一般、往往僅限於經學；更詔令建置國子學，積極地鼓勵士子問學受業，是史傳以「江左風俗，於斯為美，後言政化，稱元嘉焉」稱美當世，更有將其推為「一代之盛」者：

> 庠序黌校之士，傳經聚徒之業，自黃初至於晉末，百餘年中，儒教盡矣。高祖受命，議創國學，宮車早晏，道未及行。迄於元嘉，甫獲克就，雅風盛烈，未及纂時，而濟濟焉，頗有前王之遺典。天子鸞旗警蹕，清道而臨學館，儲後晃旒黼黻，北面而禮先師，後生所

〔註202〕《宋書》卷十四〈志〉第四〈禮一〉，頁367。

〔註203〕《宋書・文帝本紀》。參《宋書》卷五〈本紀〉第五〈文帝〉，頁94。

〔註204〕《南史・宋文帝本紀》。參《南史》卷二〈宋本紀中〉第二〈文帝本紀〉，頁45～46。

不嘗聞，黃髮未之前睹，亦一代之盛也。〔註205〕

又裴子野《宋略·總論》：「上亦蘊籍義文，思弘儒術，庠序建於國都，四學分於家巷。天子乃移蹕下輦以從之，束帛宴語以觀之，士莫不敦閱詩書，沐浴禮義，淑慎規矩，斐然向風……」〔註206〕依上引二條資料，足見史傳給予了劉宋文帝極高的評價，也無疑揭示了當世的學風，誠然以儒家思想為本。在位時間頗長的文帝，也是劉宋一代最有作為的君主，其崇儒尚文、尊賢重禮，為劉宋政權境內營造了一社會治安相對穩定、學術文化相對繁榮的境地。可惜元嘉二十七年之後，劉宋政權因為遭遇戰事、急興軍務而被迫中止學校教育，往後劉宋一代的文教事業也愈發不振，期間縱有孝武帝於大明五年（461），再次詔令修葺學校，試圖恢復往日榮景〔註207〕，然而劉宋的學術文化事業，終究無法重回文帝時代之盛況。

### （三）齊朝時期（479～502 A.D.）

南齊時期的學校教育，基本上時興時廢、存在時間斷斷續續，足以探討與考察之處甚少。例如蕭道成建立南齊政權之後的第四年，開始推展學校教育，《南齊書·高帝本紀》記載其於建元四年（482）春正月時，準備擇選「儒官」、詔立國學：

> （建元）四年春正月壬戌，詔曰：「夫膠庠之典，彝倫攸先，所以招振才端，啟發性緒，弘宇黎甿，納之軌義，是故五禮之迹可傳，六樂之容不泯。朕自膺曆受圖，志闡經訓，且有司羣僚，奏議咸集，蓋以戎車時警，文教未宣，思樂泮宮，永言多慨。今關燧無虞，時和歲稔，遠邇同風，華夷慕義。便可式遵前准，脩建敩學，精選儒官，廣延國冑。」〔註208〕

---

〔註205〕《宋書·臧燾傳》。《宋書》卷五十五〈列傳〉第十五〈臧燾傳〉，頁1553。

〔註206〕許嵩《建康實錄》注引（南朝梁）裴子野《宋略·總論》。參（唐）許嵩撰，張忱石點校：《建康實錄》卷十四，頁556。

〔註207〕《宋書·孝武帝本紀》記載孝武帝劉駿於大明五年（461）八月己丑下詔，詔曰：「自靈命初基，聖圖重遠。參正樂職，感神明之應；崇殖禮園，奮至德之光。聲實同和，文以均節，化調其俗，物性其情。故臨經式莫，煥乎炳發，道喪世屯，學落年永。獄訟微衰息之術，百姓忘退素之方。今息警夷嶂，恬波河渚，棧山航海，嚮風慕義，化民成俗，茲焉時矣。來歲可修葺庠序，旌延國冑。」參《宋書》卷六〈本紀〉第六〈孝武帝〉，頁128。

〔註208〕《南齊書·高帝本紀》。參《南齊書》卷二〈本紀〉第二〈高帝下〉，頁37～38。

又《南齊書·禮志》：

> 建元四年正月，詔立國學，置學生百五十人。其有位樂入者五十
> 人。生年十五以上，二十以還，取王公以下至三將、著作郎、廷
> 尉正、太子舍人、領護諸府司馬諮議經除敕者、諸州別駕治中等、
> 見居官及罷散者子孫。悉取家去都二千里為限。太祖崩，乃止。
> 〔註209〕

依上引二條資料，足見南齊高帝除了設置國子學，也欲在國子學裡，提供一
百五十員學生名額，更擬定了一套中央官學的相關學制和規範。

可惜設置國子學的政策尚未落實，高帝即崩卒，《南齊書·武帝本紀》
云：「（建元四年，太祖崩）九月丁巳，以國哀故，罷國子學。」〔註210〕因為
高帝的過世，朝廷以「國哀」之故，遂終止了國子學體制的繼續進行。待至
南齊武帝繼任，始於永明三年（485）復詔立學，《南齊書·武帝本紀》：

> （永明三年正月）詔曰：「《春秋國語》云『生民之有學斆，猶樹木
> 之有枝葉。』果行育德，咸必由茲。……，命彼有司，崇建庠塾。
> 甫就經始，仍離屯故，仰瞻徽猷，歲月彌遠。今遐邇一體，車軌同
> 文，宜高選學官，廣延胄子。」〔註211〕

從詔書中的「高選學官，廣延胄子」，足見南齊武帝執政之後，也能關注於學
校教育，並積極推展文教事業，《南齊書·禮志》亦載：「永明三年正月，詔
立學，創立堂宇，召公卿子弟下及員外郎之胤，凡置生二百人。其年秋中悉
集。」〔註212〕其興築學校屋舍、嚴選儒者以作為學校師資，更欲擴大其父高
帝時期所擬定的官學體制，增加原本配置的學生名額。

不過，南齊武帝之長子蕭長懋，自武帝登基後即被立為太子，卻先於武
帝去世而未能繼承皇位，武帝過世之後，隨之繼任的鬱林王蕭昭業、海陵王
蕭昭文，或者糜爛奢侈、荒廢朝政；或者政權旁落、有名無實，故相繼被諸
侯、權臣廢黜與殺害。朝堂之上已是紛亂如此，更無暇顧及文教事業的發展，
學校教育已形同虛設。迨至南齊明帝執政時期，曾於建武四年（497）正月下
詔立學：「是以陶鈞萬品，務本為先，經緯九區，學斆為大。往因時康，崇建
庠序，……締脩東序，寔允適時。便可式依舊章，廣延國胄，弘敷景業，光

---

〔註209〕《南齊書》卷九〈志〉第一〈禮上〉，頁143。
〔註210〕《南齊書》卷三〈本紀〉第三〈武帝〉，頁46。
〔註211〕《南齊書》卷三〈本紀〉第三〈武帝〉，頁49～50。
〔註212〕《南齊書》卷九〈志〉第一〈禮上〉，頁143。

被後昆。」〔註213〕而後東昏侯蕭寶卷即位，先有「尚書符依永明舊事廢（國子）學」〔註214〕，又有國子助教曹思文上表反駁，認為太學與國子學二者，本該有並立並存的必要，《南齊書・禮志》記載曹思文云：

> 古之建國君民者，必教學為先，將以節其邪情，而禁其流欲，故能化民裁俗，習與性成也。……永明以無太子故廢，斯非古典也。尋國之有學，本以興化致治也，天子於以諮謀焉，於以行禮焉。……據臣所見，今之國學，即古之太學。晉初太學生三千人，既多猥雜，惠帝時欲辯其涇渭，故元康三年始立國子學，官品第五以上得入國學。天子去太學入國學，以行禮也。太子去太學入國學，以齒讓也。太學之與國學，斯是晉世殊其士庶，異其貴賤耳。然貴賤士庶，皆須教成，故國學太學兩存之也，非有太子故立也。然繫廢興於太子者，此永明之鉅失也。漢崇儒雅，幾致刑厝，而猶道謝三、五者，以其致教之術未篤也。古之教者，家有塾，黨有庠，術有序，國有學，以諷誦相摩。今學非唯不宜廢而已，乃宜更崇尚其道，望古作規，使郡縣有學，鄉閭立教。請付尚書及二學詳議。〔註215〕

曹思文的論述實屬公允，蓋武帝永明年間時，太子先於武帝去世，未能繼承皇位，是未能有太子入國學，而非有意廢國學，故云「永明以無太子故廢，斯非古典」。然而當時的執政者東昏侯，昏暴奢侈、荒於國事，本無心於朝政，是史傳對此事件的記載，僅以「從之。學竟不立」一語帶過，故推測東昏侯最後仍將國子學廢掉，結束國子學、太學並存的中央官學體制。

總的來說，或許和劉宋政權相較之下，南齊政權因為創立者習染儒學的程度頗深，故對儒學的倡導，本當更有所加強〔註216〕，不過一方面是可徵之文獻史料甚少；一方面政權內部的紛爭、殺戮之事頻傳，益之以國祚甚短，其學校機構與儒家教育事業等方面，足以可觀之處，誠然不多。

### （四）梁朝時期（502～557 A.D.）

南朝宋文帝時期，曾將太學區分為玄學、儒學、文學和史學等四部，中央官學自此不再如前代一般，僅限於經學。時至蕭梁時期，梁武帝重新設置

---

〔註213〕《南齊書・明帝本紀》。參《南齊書》卷六〈本紀〉第六〈明帝〉，頁89。
〔註214〕《南齊書・禮志》。參《南齊書》卷九〈志〉第一〈禮上〉，頁144。
〔註215〕《南齊書》卷九〈志〉第一〈禮上〉，頁144～145。
〔註216〕劉振東：《中國儒學史：魏晉南北朝卷》，頁331。

五經博士，使中央官學復以儒家經典為主要內容。此外，梁武帝亦詔令復興國子學，稍後又設立「士林館」來廣納學者，是梁武帝執政時期，可謂蕭梁一代、甚至是整個南朝時期，學風最為興盛的時候。

《南史》記載：「梁天監二年，詔求通儒修五禮，有司奏植之主凶禮。」〔註217〕推測梁武帝於天監二年（503）的「詔求通儒修五禮」等事，當是為了兩年之後（天監四年，西元 505 年）的廣開學校、積極推展教育所作的事前準備。故《梁書・儒林列傳序》記載：

> 天監四年，詔曰：「二漢登賢，莫非經術，服膺雅道，名立行成。魏、晉浮蕩，儒教淪歇，風節罔樹，抑此之由。……可置《五經》博士各一人，廣開館宇，招內後進。」於是以平原明山賓、吳興沈峻、建平嚴植之、會稽賀瑒補博士，各主一館。館有數百生，給其餼廩。其射策通明者，即除為吏。十數年間，懷經負笈者雲會京師。又選遣學生如會稽雲門山，受業於盧江何胤。分遣博士祭酒，到州郡立學。七年，又詔曰：「建國君民，立教為首，砥身礪行，由乎經術。……今聲訓所漸，戎夏同風。宜大啟庠斅，博延胄子，務彼十倫，弘此三德，使陶鈞遠被，微言載表。」於是皇太子、皇子、宗室、王侯始就業焉。高祖親屈輿駕，釋奠於先師先聖，申之以讌語，勞之以束帛，濟濟焉，洋洋焉，大道之行也如是。〔註218〕

又《梁書・武帝本紀》：「（天監）四年春正月癸卯朔，詔曰：『今九流常選，年未三十，不通一經，不得解褐。若有才同甘、顏，勿限年次。』置《五經》博士各一人。」〔註219〕規定年歲未滿三十的士子，至少要通曉其中一類經學，否則不得擔任官職；若是具有顏回、戰國秦代的甘羅一般之年少英才者，則可不受於年齡限制，可以破格錄取，又：「（天監九年三月）乙未，詔皇太子及王侯之子，年在從師者，皆入學。」〔註220〕下詔皇太子、王侯等宗室之子弟，到達一定年歲，即必定要就學受業，此皆足見梁武帝之弘揚儒家

---

〔註217〕《南史・儒林列傳・嚴植之傳》。參《南史》卷七十一〈列傳〉第六十一〈儒林列傳・嚴植之傳〉，頁 1735。

〔註218〕《梁書・儒林列傳序》。參《梁書》卷四十八〈列傳〉第四十二〈儒林〉，頁 662。

〔註219〕《梁書・武帝本紀》。參《梁書》卷二〈本紀〉第二〈武帝中〉，頁 41。

〔註220〕《南史・梁武帝本紀》。參《南史》卷六〈梁本紀上〉第六〈武帝本紀上〉，頁 192。

學術、積極振興文教事業的決心，其於天監四年（505）首開五座學館，並分別設置五經博士各一人，五館的博士充任館長，各自在所屬的學館開班授課，而以五經教授一人總其成；又「分遣博士祭酒，到州郡立學」，以加強地方的學校教育；更於天監七年（508）詔令復興國子學，要求皇室諸侯等宗族子弟，皆進入國子學讀書受業，梁武帝本身亦「親屈輿駕」，效仿前代視學之禮，親自到國子學「釋奠於先師先聖」，一則按照傳統祭奠先師；一則獎勵勤勉向學的師生。又《梁書・武帝本紀》記載梁武帝於天監九年（510），一年之內頻繁前往國子學，並積極關注於國子學的推展情況以及宗族子弟的就學狀況：「（天監九年）三月己丑，車駕幸國子學，親臨講肆，賜國子祭酒以下帛各有差。」、「（天監九年三月）乙未，詔曰：『王子從學，著自禮經，……。皇太子及王侯之子，年在從師者，可令入學。』」、「（天監九年）冬十二月癸未，輿駕幸國子學，策試冑子，賜訓授之司各有差。」〔註221〕其親臨國子學講肆，關注於皇室諸侯等宗族子弟的就學狀況，也獎勵師生、策試學子的學習成果。

　　梁武帝設置的國子學，與晉武帝以降的體制相仿，皆是為了教育皇族子弟所設立的中央官學；太學更是不限學生資格、只問學業程度，其所設立的五座學館，雖依講授課程而區分為五經，但五座學館之各科，既不限定資格、也不限制名額，且學子入館求學之後，膳宿則由學館提供，定期亦舉辦考試，通過考試之學子即委派官職。故在當時即便是寒門子弟，只要具備才能、有心向學者，皆有入館求學受業的機會，而時下四方之學子，更有特地慕名前往蕭梁境內，分別至各館習經或聽講，負笈求學的情況非常踴躍，此亦是每館之經學博士在開班授課時，總聚集了數百多名學子之故。

　　由於梁武帝對儒家教育的積極鼓勵與推展，不僅學校教育發達而成為南渡以來諸朝各代之冠，更造就了當世「懷經負笈者雲會京師」、「濟濟焉，洋洋焉，大道之行也如是」的學術盛況，當時不少的北方學者，也聞風遠道而來。尤其蕭衍特地延請當時知名大儒，諸如明山賓、陸璉、沈峻、嚴植之與賀瑒等人，作為教授五經的各科師資，是輩各主一館，負責講誦經學，館內亦各有受業學子數百名，並以官職俸祿、糧食薪餉等作為實質的獎勵，《南史・儒林列傳序》亦載：

〔註221〕上引三項史料，並見《梁書・武帝本紀》。參《梁書》卷二〈本紀〉第二〈武帝中〉，頁49～50。

天監四年，乃詔開五館，建立國學，總以《五經》教授，置《五經》
博士各一人。於是以平原明山賓、吳郡陸璉、吳興沈峻、建平嚴植
之、會稽賀瑒補博士，各主一館。館有數百生，給其餼廩，其射策
通明經者，即除為吏，於是懷經負笈者雲會矣。〔註222〕

依「懷經負笈者雲會」一語，已足見當時盛極一時的講誦經學風氣，以及學
風鼎盛之景象，尤其五經博士中的嚴植之，每回授課即聚集數百名學生，甚
至「五館生畢至，聽者千餘人」。此正是嚴植之的授課講學「區段次第，析理
分明」，所以五經各科學館的學子，皆慕名而來，從而造就了史傳所描繪之學
術榮景〔註223〕。

此外，梁武帝也於大同七年（541）延集學者、並設立了「士林館」，《梁
書·武帝本紀》：「（大同七年十二月）丙辰，於宮城西立士林館，延集學者。」、
「大同中，於臺西立士林館，領軍朱异、太府卿賀琛、舍人孔子祛等遞相講
述。皇太子、宣城王亦於東宮宣猷堂及揚州廨開講，於是四方郡國，趨學
向風，雲集於京師矣。」〔註224〕又《梁書·張綰傳》記載：「是時城西開士林
館聚學者，綰與右衛朱异、太府卿賀琛遞述《制旨禮記中庸》義。」、《梁
書·孔子祛傳》記載：「高祖撰《五經講疏》及《孔子正言》，專使子祛檢閱
羣書，以為義證。事竟，敕子祛與右衛朱异、左丞賀琛於士林館遞日執經。」
〔註225〕依上引諸條史料，推測「士林館」當是一講學兼研究之處，其不限門
第、廣招學者至學館來講學論道，當時不少知名學者，皆在此講授學問，從
而造就一片興旺的學術景象，而蕭梁首都建康，自也成為當世之教育和學術

---

〔註222〕《南史·儒林列傳序》。參《南史》卷七十一〈列傳〉第六十一〈儒林列傳〉，
頁1730。

〔註223〕《南史·儒林列傳》和《梁書·儒林列傳》，皆特地描繪此盛況。《南史·儒
林列傳·嚴植之傳》：「（天監）四年，初置五經博士，各開館教授，以植之兼
五經博士。植之館在潮溝，生徒常百數。講說有區段次第，析理分明。每當
登講，五館生畢至，聽者千餘人。」參《南史》卷七十一〈列傳〉第六十一
〈儒林列傳·嚴植之傳〉，頁1735。《梁書·儒林列傳》亦記載：「（天監）四
年，初置《五經》博士，各開館教授，以植之兼《五經》博士。植之館在潮
溝，生徒常百數。植之講，五館生必至，聽者千餘人。」參《梁書》卷四十
八〈儒林列傳〉第四十二〈嚴植之傳〉，頁671。

〔註224〕上引二例，並見《梁書·武帝本紀》。參《梁書》卷三〈本紀〉第三〈武帝下〉，
頁87、96。

〔註225〕上引二例，並見《梁書·張綰傳》、《梁書·孔子祛傳》。參《梁書》卷三十四
〈列傳〉第二十八〈張綰傳〉，頁504、參《梁書》卷四十八〈儒林列傳〉第
四十二〈孔子祛傳〉，頁680。

研究的中心。

這即是說，自梁武帝登基以來，即不遺餘力地在京畿（中央）與地方推展文教事業，其在位的四十八年中，從天監二年的事前準備，到大同年間的設置士林館，使蕭梁政權維持了將近四十年的教育事業與學術文化等榮景。尤其蕭梁政權之前後共任十位帝王、歷時五十五年（502～557），梁武帝執政即佔了將近五十年（502～549，共計 48 年），南朝儒學的傳播、學校教育的維持，實與梁武帝的積極推展密不可分，而武帝天監年間，自成為梁代學術文化最鼎盛的時期。更甚者，是當時梁代對學術的影響，實已遠及國外，故即便是百濟國的人士，也特地慕名遠道前來，向梁代求取「講《禮》博士」〔註226〕。迨至侯景之亂爆發，梁武帝遭侯景囚禁而餓死，不僅朝政日趨動盪紛亂，梁朝國力亦急劇衰敗，往後諸君主、舉凡簡文帝、元帝，或者沉溺於聲色；或者性格偏狹，雖有文才、卻無經國之大略，蕭梁政權的文教事業，自然由盛漸衰而時有停頓，開始如同南朝的其他各代一般，在時興時廢之下，日漸朝向沒落之途，國家也最終遭致覆滅的命運。

## （五）陳朝時期（557～589 A.D.）

陳朝政權的國祚亦甚短，雖有歷經短暫的穩定時期，不過很快地就被代周而起的隋朝所滅。其政權的創立者陳霸先，本為南朝梁的著名將領，其於梁太平二年（557）逼迫梁敬帝禪位，代梁稱帝而建立陳朝。不過陳朝草創初期，除了本身朝綱尚未穩固；外部又有政治與經濟力量皆壯盛的強敵北周、北齊等政權，挾著強大武力，不時地伺機南侵，更要面對不滿陳朝的蕭梁政權遺族及其支持者的起義反抗，因此武帝陳霸先建立陳朝的初期，國家局勢誠屬風雨飄搖，益之以地促人狹，根本無暇推展民生經濟、文化風俗等事業，更遑論學校教育的建設。

《陳書·儒林傳序》記載：「高祖創業開基，承前代離亂，衣冠殄盡，寇賊未寧，既日不暇給，弗遑勸課。世祖以降，稍置學官，雖博延生徒，成業蓋寡。今之採綴，蓋亦梁之遺儒云。」〔註227〕陳朝的「弗遑勸課」、不遑文事，

---

〔註226〕《陳書·陸詡傳》記載：「梁世百濟國表求講禮博士，詔令詡行，還除給事中、定陽令。」百濟國即朝鮮，當世梁代經學之昌明、學術人才之優秀，促使百濟政權也慕名遠道前來，向梁代求取「講禮博士」，此不僅足見當世梁代的文化學術之昌盛，推測對於當時朝鮮半島的文教事業，應也當有一定程度的影響或貢獻。參《陳書》卷三十三〈儒林列傳〉第二十七〈陸詡傳〉，頁 442。

〔註227〕《陳書·儒林傳序》。參《陳書》卷三十三〈列傳〉第二十七〈儒林〉，頁 434。

必須等到文帝執政時期，才有些許的改善。不過文帝過世之後，一方面相關史料的記載有限；一方面執政者的無能與荒淫，文教事業便隨著國家社會之動盪紛亂，日趨沒落或停廢，而史傳能為之紀傳的當世學者、文士等，亦僅存「梁之遺儒」。職是，其學校教育方面，或者時有興廢；或者僅依形式而設置，實無太多可觀之處。

　　史傳云陳朝初期「弗遑勸課」，至文帝時期，始「稍置學官」，此事的幕後推手，必須歸功於嘉德殿學士沈不害。《陳書・沈不害傳》記載，因「自梁季喪亂，至是國學未立」，沈不害上書曰：

> 臣聞立人建國，莫尚於尊儒，成俗化民，必崇於教學。故東膠西序，事隆乎三代，環林璧水，業盛於兩京。……陛下繼曆升統，握鏡臨宇，道洽寰中，……。宜其弘振禮樂，建立庠序，式稽古典，紆迹儒宮，選公卿門子，皆入於學，助教博士，朝夕講肄，……古者王世子之貴，猶與國子齒，降及漢儲，茲禮不墜，暨乎兩晉，斯事彌隆，所以見師嚴而道尊者也。皇太子天縱生知，無待審喻，猶宜晦迹俯同，專經請業，奠爵前師，肅若舊典。昔闕里之堂，草萊自闢，舊宅之內，絲竹流音，前聖遺烈，深以炯戒。況復江表無虞，海外有截，豈得不開闈大猷，恢弘至道？寧可使玄教儒風，弗興聖世，盛德大業，遂蘊堯年？……〔註228〕

依沈不害之奏疏所論，足見其建議陳文帝，朝廷當趁著國家社會日漸安穩之際，盡力恢復太學、國子學等教育事業，以宣揚儒術、弘振禮樂。

　　然而依史傳所述，其最終成效仍是非常有限，《陳書・沈不害傳》於沈不害的疏文下記載，文帝詔答曰：「自舊章弛廢，微言將絕，朕嗣膺寶業，念在緝熙，而兵革未息，軍國草創，常恐前王令典，一朝泯滅。卿才思優洽，文理可求，弘惜大體，殷勤名教，付外詳議，依事施行。」〔註229〕可見當時文帝確實有將其建議付諸實行，不過礙於史料有限，致使吾人無法詳細得知，陳朝學校教育之實際情形，僅能從《陳書・宣帝本紀》與《陳書・後主本紀》等史料中的隻字片語，一窺當時的粗略概況：

> 《陳書・宣帝本紀》：「（太建三年）秋八月辛丑，皇太子親釋奠於太

---

〔註228〕《陳書・沈不害傳》。參《陳書》卷三十三〈儒林列傳〉第二十七〈沈不害傳〉，頁446～447。
〔註229〕《陳書》卷三十三〈儒林列傳〉第二十七〈沈不害傳〉，頁447。

學，二傅、祭酒以下賚帛各有差。」〔註230〕

《陳書‧後主本紀》:「（至德三年）辛卯，皇太子出太學，講《孝經》，戊戌，講畢。辛丑，釋奠於先師，禮畢，設金石之樂，會宴王公卿士。」〔註231〕

《陳書‧新安王伯固傳》:「（太建）十年，入朝，又為侍中、鎮右將軍，尋除護軍將軍。其年，為國子祭酒，……。伯固頗知玄理，而墮業無所通，至於摘句問難，往往有奇意。為政嚴苛，國學有墮遊不脩習者，重加櫬楚，生徒懼焉，由是學業頗進。」〔註232〕

《陳書‧王元規傳》:「後主在東宮，引（王元規）為學士，親受《禮記》、《左傳》、《喪服》等義，賞賜優厚。遷國子祭酒。新安王伯固嘗因入宮適會元規將講，乃啟請執經，時論以為榮。」〔註233〕

依上引諸條史料，可以得見陳宣帝、陳後主父子二人，皆曾親臨太學，進行祭奠先師、考察並賞賜師生、又或親自講述經典。可惜這些舉動，大抵皆是例行性、形式性的一些作為，實未能有提供後世足以深入考察與繼續深拓的空間。至於陳後主雖然「奏伎縱酒」〔註234〕、奢侈荒淫無度，卻似乎頗愛好文學與學術；而《陳書‧新安王伯固傳》所論，則是可以想見王伯固作為官師，頗能恪盡職責，認真為國家鞭策學子。

總的來說，或許魏晉南北朝的禮教崩壞，是學術界長久以來的普遍共識，不過通過筆者於此章節的敘述與論證，足以得見彼時的儒家學術事業，誠然未嘗中斷。由於曹魏政權的積極提倡禮儀教化、力圖恢復前代所建構的禮樂典章、朝綱規制、學術文化等儒家文教事業，益之以當世頗多君主，皆為好學之輩，不僅有意識地主動興學、視察學子讀書狀況，更願意主動習經、講經與論經，並屢次親身參與官學的講學等活動，尤其西晉武帝的「太學」與「國子學」分立制度之創舉，更成為中國傳統學校體制的一大革新。職是，即便當世的諸多執政者，其提倡儒家的倫理綱常、宏揚儒學文化、推廣儒家治術的背後真正動機，仍有待商榷，不過正是因為統治階級的主動積

---

〔註230〕《陳書》卷五〈本紀〉第五〈宣帝〉，頁80。
〔註231〕《陳書》卷六〈本紀〉第六〈後主〉，頁112。
〔註232〕《陳書》卷三十六〈列傳〉第三十〈新安王伯固傳〉，頁498。
〔註233〕《陳書》卷三十三〈儒林列傳〉第二十七〈王元規傳〉，頁449。
〔註234〕《南史‧陳後主本紀》。參《南史》卷十〈陳本紀下〉第十〈後主本紀〉，頁308。

極推展、官方與民間人士的願意配合落實，促使魏晉南朝的儒家文化事業，
仍能在干戈動亂的風雨飄搖之際，得以勉強繼續維持。

# 第參章　北朝文教事業綜述

## 第一節　北朝官學較南朝興盛

　　北朝官學普遍較南朝更為興盛，益之以十六國乃至北朝諸政權，比南朝更加重視對儒學傳統觀念的學習、吸收、繼承與發揚〔註1〕，蓋北朝官方積極推崇儒術、重用儒士、振興學校事業，在此等情況之下，儒家的學術文化、禮教風俗等，實成為君主治國所孜孜遵循的基本原則，亦是社會民間所樂於追尋的普遍風尚，從而出現了「朝野上下都以重儒人、講儒道、習儒典、興儒學教育相尚」的榮景〔註2〕。尤其北魏政權中期所推行的漢化政策，更大量汲取傳統儒家的社會道德觀念、倫常禮教制度，以及學術思想與文化，故不論是學校的設置，抑或是教學的內容與方式等，皆能在依傍前代的固有制度之下而更有所發展和創新，儒家的學術文化也依此在北朝獲得極高的地位，今日學者甚至認為：「北魏教育超過了魏晉南北朝時期任何朝代。」〔註3〕

### 一、五胡十六國時期

　　魏晉至南朝的中央官學體制及其發展概況，大致誠如上一章節所述。至於和東晉政權形成對峙局面的北方，亦即五胡十六國部分，由於連年交兵、政權交錯，造成政治社會極大的動亂，當時除了東晉政權的統轄疆域之外，在中國北方到西北、西南地區一帶，即先後出現了十六個政權，且存在時間

---

〔註1〕劉振東：《中國儒學史：魏晉南北朝卷》，頁403。
〔註2〕劉振東：《中國儒學史：魏晉南北朝卷》，頁415。
〔註3〕傅義漢：〈北魏教育探析〉，《雁北師範學院學報》第19卷第3期（2003年6月），頁19。

亦不長久，往往在迅速擴張了勢力、草率建國以後，彈指之間即被消滅或者被替換，整體局勢的激烈衝突與矛盾複雜，可見一斑。所幸當世各時期的統治者，仍願意在動盪紛亂的狀況下力圖興學，因此國家的大環境雖然百廢待舉、不遑文事，並無重大的文化與學術成就可言，不過學校的教育體制，仍能勉強維持一定程度的設置，對於中原學術文化之保存，依然有一定的作用，故錢穆云：「是五胡雖雲擾，而北方儒統未絕。」〔註4〕

例如《晉書‧劉曜載記》：「曜立太學於長樂宮東，小學於未央宮西，簡百姓二十五以下十三以上，神志可教者千五百人，選朝賢宿儒明經篤學以教之。」〔註5〕前趙皇帝劉曜是匈奴後裔，其在位期間多與西戎、氐族所佔據的仇池、前涼、後趙等交戰，不過仍能在國內提倡漢學、設立學校，其在長樂宮東邊設立太學、於未央宮西邊設立小學，擇選十三至二十五歲之適合接受教育的百姓，共計一千五百人，提供他們進入學校就讀的機會，並由朝中之賢臣儒者負責教學，又設置了國子祭酒和崇文祭酒等職，更曾親臨太學以考核學生程度，今日學者依此而認為，前趙從政權創立者劉淵、乃至劉曜之世，立國行政大抵多用儒家的傳統觀念，而且崇儒思想頗為濃厚〔註6〕。

又如後趙皇帝石勒，是匈奴別部——羌渠部落的後裔，其在發動政變、併吞前趙之後登基，史稱後趙明帝。後趙曾經一度成為當時北方最強盛的國家，而石勒亦可謂是在崇儒、興學等行動與措施上，著力最深的統治者之一：「司冀漸寧，人始租賦。立太學，簡明經善書吏署為文學掾，選將佐子弟三百人教之。」、「勒增置宣文、宣教、崇儒、崇訓十餘小學於襄國四門，簡將佐豪右子弟百餘人以教之，且備擊柝之衛。」〔註7〕其在國內各地逐漸安定、人民開始繳納租稅之際，即主動推行文教、設立太學，挑選了部下子弟三百人接受教育，並設置文學方面的專門官署，再集合「明經善書」的官吏，擔任官署中的職位。後來又在都城襄國（今河北省邢臺縣）之四門，增置宣文、宣教、崇儒、崇訓等十多間小學，挑選了部下和豪族子弟入學接受教育，又分遣小學博士前往任教〔註8〕，更曾親臨上述之各級學校，考核學子們研習經

〔註4〕錢穆：《國史大綱》上冊，頁280。

〔註5〕《晉書‧劉曜載記》。參《晉書》卷一百三〈載記〉第三〈劉曜〉，頁2688。

〔註6〕劉振東：《中國儒學史：魏晉南北朝卷》，頁307～308。

〔註7〕《晉書‧石勒載記》。參《晉書》卷一百四〈載記〉第四〈石勒上〉，頁2720、2729。

〔註8〕《晉書‧石季龍載記》：「初，勒置大、小學博士，至是復置國子博士、助教。」參《晉書》卷一百六〈載記〉第六〈石季龍上〉，頁2769。

典的成果，並從中挑選成績優異者，加以表揚與獎賞〔註9〕，其「增置宣文、宣教、崇儒、崇訓十餘小學於襄國四門」一制，可能影響日後北魏孝文帝的「四門小學」之建置。

登基稱王之後，石勒更加重視國家對教育、風俗禮教等的發展：

> 太興二年，勒僞稱趙王，……依春秋列國、漢初侯王每世稱元，改稱趙王元年。始建社稷，立宗廟，營東西宮。署從事中郎裴憲、參軍傅暢、杜嘏並領經學祭酒，參軍續咸、庾景為律學祭酒，任播、崔濬為史學祭酒。中壘支雄、游擊王陽並領門臣祭酒，專明胡人辭訟，以張離、張良、劉群、劉謨等為門生主書，司典胡人出內，重其禁法，不得侮易衣冠華族。號胡為國人。遣使循行州郡，勸課農桑。加張賓大執法，專總朝政，位冠僚首。署石季龍為單于元輔、都督禁衛諸軍事，署前將軍李寒領司兵勛，教國子擊刺戰射之法。命記室佐明楷、程機撰《上黨國記》，中大夫傅彪、賈蒲、江軌撰《大將軍起居注》，參軍石泰、石同、石謙、孔隆撰《大單於志》。自是朝會常以天子禮樂饗其群下，威儀冠冕從容可觀矣。……又下書禁國人不聽報嫂及在喪婚娶，其燒葬令如本俗。〔註10〕

此外，石勒也「清定五品，以張賓領選。復續定九品。署張班為左執法郎，孟卓為右執法郎，典定士族，副選舉之任。今羣僚及州郡歲各舉秀才、至孝、廉清、賢良、直言、武勇之士各一人。置署都部從事各一部一州，秩二千石，職准丞相司直。」、又在「典度堙滅」的「兵亂之後」：「遂命下禮官為準程定式。」〔註11〕依上引諸條資料，足見石勒除了重視學校教育，對儒學治術、法典律令、風俗禮制等，皆投以關注。

石勒正式稱帝之後，也重視「修史」工作和人才的選拔，以及建置考試的標準制度，又擢升五名太學生為佐著作郎，專門記錄時事，更願意持續重用輔佐其奪取天下的漢人張賓（？～322、323），使之「專總朝政，位冠僚首」；晚年為了培養更多為官的人才：「命郡國立學官，每郡置博士祭酒二人，

---

〔註9〕《晉書‧石勒載記》：「勒親臨大、小學，考諸學生經義，尤高者賞帛有差」參《晉書》卷一百五〈載記〉第五〈石勒下〉，頁2741。

〔註10〕《晉書‧石勒載記》。參《晉書》卷一百五〈載記〉第五〈石勒下〉，頁2735～2736。

〔註11〕上引諸語，詳見《晉書‧石勒載記》。參《晉書》卷一百五〈載記〉第五〈石勒下〉，頁2737、2738。

弟子百五十人，三考修成，顯升台府。」〔註12〕故每郡也都設置博士祭酒二人、學生一百五十人，學子通過三次考核之後，得以畢業入仕。由於石勒有意識地施行一系列的興教育、崇儒學、尚禮制等政治措施，促使後趙政權的文教事業，一度擁有興盛昌明的榮景。

本是鮮卑族的前燕開國君主慕容皝〔註13〕，是十六國時期漢化最深的統治者，史傳以「龍顏版齒，身長七尺八寸。雄毅多權略，尚經學，善天文。」〔註14〕描述其文武雙全、剛勇富謀略的形象。慕容皝愛好儒術、崇尚經學，又喜讀中原的文學典籍，久慕儒家的倫常道德等觀念，更主動且積極地建設學校、培養人才、施行禮制，故《晉書·慕容皝載記》記載：「賜其大臣子弟為官學生者號高門生，立東庠於舊宮，以行鄉射之禮，每月臨觀，考試優劣。」又：「皝雅好文籍，勤於講授，學徒甚盛，至千餘人。親造《太上章》以代《急就》，又著《典誡》十五篇，以教冑子。」〔註15〕漢化甚深、又崇尚儒學的慕容皝，有意培養其門下貴族士子，以及麾下臣屬之子弟，除了在舊宮建立學校——「東庠」，招收大臣子弟成為「官學生」，號為「高門生」，而「東庠」除了作為一般教授學生之場所，也用以舉行射箭、飲酒等禮儀。

另外，慕容皝不僅定時親臨東庠，視察學生狀況，並利用考試以考核其優劣：「皝親臨東庠考試學生，其經通秀異者，擢充近侍。」〔註16〕其拔擢東庠「經通秀異」的優秀學子，東庠亦依此成為學生入仕的敲門磚。此外，也因自身愛好文學，故時常親臨東庠講授，更親自編寫《太上章》以取代《急就篇》，作為學生識字的書籍；編寫《典誡》十五篇以教授學生。此足見慕容皝對於興學和育才甚為積極，也因為統治者本身的倡導與力行，造就前燕境內的學術榮景，依《晉書》所記，其所設立之東庠，學生曾多達千餘人。

---

〔註12〕《晉書·石勒載記》。參《晉書》卷一百五〈載記〉第五〈石勒下〉，頁2751。

〔註13〕慕容皝雖被定位為前燕的開國君，不過當時慕容皝在位的期間，實際上是僭越燕王之位，以燕王自居，名義上仍臣屬於東晉，《晉書·慕容皝載記》形容其狀況有如「魏武、晉文輔政故事」，頗為恰當妙趣，詳見參《晉書》卷一百九〈載記〉第九〈慕容皝〉，頁2818。待至其子慕容儁在永和八年（352年）正式稱帝後，才追尊廟號太祖，諡號為文明皇帝，詳參《晉書》卷一百十〈載記〉第十〈慕容儁〉，頁2834。

〔註14〕《晉書·慕容皝載記》。參《晉書》卷一百九〈載記〉第九〈慕容皝〉，頁2815。

〔註15〕《晉書》卷一百九〈載記〉第九〈慕容皝〉，頁2826。

〔註16〕《晉書》卷一百九〈載記〉第九〈慕容皝〉，頁2826。

由於開國君主的倡導，甚至願意親力親為地教授麾下臣屬之子弟，當然足以主導整個國家社會的禮教風俗和學術氛圍，是《晉書》記載文明帝的同父異母之兄長慕容翰，雖是性格「雄豪」、武力過人的鮮卑悍將，但生前也是一位「愛儒學」之輩〔註17〕；慕容皝次子慕容儁，是前燕第二任帝王，《晉書‧慕容儁載記》亦記載其「立小學於顯賢里以教冑子」、「雅好文籍，自初即位至末年，講論不倦，覽政之暇，唯與侍臣錯綜義理，凡所著述四十餘篇。」〔註18〕慕容儁在京城的顯賢里建立小學，以教育宗室子弟，本身也喜好文學典籍，著有四十餘篇學術論著，更時常在處理政務以外的時間，和近侍的大臣交流典籍中的義理。帝王及其宗室如此，自然可在朝廷招攬飽學詩書之人才，是慕容儁在位期間，有「博覽經籍，無所不通」、被視為「王佐才也」的韓恒〔註19〕；有「剛厲」、「有志格」，並「致力無術」而慕容儁因此「敬其儒雅」的李產〔註20〕等人，皆是被前燕統治者重用的儒家賢才。

前秦本是古代中國西北部的氐族後裔，雖然前秦的內、外政局亦頗為混亂，但相較於其他諸國，其國祚略為長久、政權最為強大穩固、疆域版圖曾經最為遼闊，在當世幾乎統一了中國北方。故前秦的執政者在此基礎上，主動、積極的推動儒學教育、風俗禮教等，不僅對社會的文明、安定與發展，起了一定程度的作用，中原文化更因此有幸可得以保存。例如建立前秦的開國君主景明帝，依史傳記載，其在戰事方休、百廢待舉之際，即能「優禮耆老，修尚儒學」〔註21〕。迨至苻堅政變登位，更汲汲於禮儀祭制、學校教育等的推展〔註22〕，並重用主張儒術治國的漢人王猛，益之以日後成功統一北方，與只剩據有江南地區的東晉形成對峙局面，國家社會暫能穩定發展、境內百姓得以安穩度日，前秦的學術、文化等領域，開始出現較為繁榮之景象。故史傳以「自永嘉之亂，庠序無聞，及堅之僭，頗留心儒學，王猛整齊

〔註17〕詳見《晉書‧慕容翰載記》。參《晉書》卷一百九〈載記〉第九〈慕容翰〉，頁2827。

〔註18〕參《晉書》卷一百十〈載記〉第十〈慕容儁〉，頁2840、2842。

〔註19〕《晉書》卷一百十〈載記〉第十〈慕容儁〉所附〈韓恒傳〉，頁2842。

〔註20〕《晉書》卷一百十〈載記〉第十〈慕容儁〉所附〈李產傳〉，頁2844。

〔註21〕《晉書‧苻健載記》。參《晉書》卷一百十二〈載記〉第十二〈苻健〉，頁2871。

〔註22〕《晉書‧苻堅載記》記載苻堅弒苻生，一切政局底定之後，即「修廢職，繼絕世，禮神祇，課農桑，立學校，鰥寡孤獨高年不自存者，賜穀帛有差，其殊才異行、孝友忠義、德業可稱者，令在所以聞。」參《晉書》卷一百十三〈載記〉第十三〈苻堅上〉，頁2885。

風俗，政理稱舉，學校漸興。」評之，甚至記錄下當時民間百姓之傳唱歌
謠：「長安大街，夾樹楊槐。下走朱輪，上有鸞栖。英彥雲集，誨我萌黎。」
〔註23〕長安大治，百姓豐樂溫飽、文化建設復甦，以及學人士子雲集之景象，
可見一斑。

　　前秦宣昭帝苻堅在即位之前，曾經承襲其父的「東海王」爵位（皇始四
年，西元 354 年），當時即廣交豪傑，與同為氐族的呂婆樓、強汪、梁平老等
人交好〔註24〕，後呂婆樓又向苻堅推薦漢人王猛〔註25〕，苻堅在篡位登帝之
後，極重用王猛，依《晉書》記載，王猛雖然「博學好兵書」，但其任官宰政
期間「拔幽滯，顯賢才」、「外修兵革，內綜儒學」，又「勸課農桑，教以廉恥」
〔註26〕，以儒術佐國的傾向顯而易見。而苻堅亦深受王猛影響而尊崇儒教，
其廣修學宮、招收各地學子，甚至郡國學生只要通曉一經、或一經以上者，
就加以任官授職：

> 堅廣修學官，召郡國學生通一經以上充之，公卿以下子孫並遣受業。
> 其有學為通儒、才堪幹事、清修廉直、孝悌力田者，皆旌表之。於
> 是人思勸勵，號稱多士，盜賊止息，請託路絕，田疇修闢，帑藏充
> 盈，典章法物靡不悉備。〔註27〕

此足見苻堅在位期間，除了鼓勵農業、廣設學校，提供公卿以下的子孫，皆
能接受教育、學習經書的機會，也表彰獎勵民間通曉儒學、清廉正直、恪守
孝悌、勤於農耕等有才行與德業的人士，一時之間百姓皆渴望受到朝廷的褒
揚和嘉許，前秦境內也依此出現「人思勸勵，號稱多士」、「典章法物靡不悉

---

〔註23〕詳見《晉書·苻堅載記》。參《晉書》卷一百十三〈載記〉第十三〈苻堅上〉，
　　　　頁 2895。

〔註24〕參（明）屠喬孫、項琳輯（舊題魏代崔鴻所撰）：《十六國春秋》卷四十二〈前
　　　　秦錄〉第十〈呂婆樓傳〉、〈王猛傳〉與〈梁平老傳〉等處，收於（清）紀昀
　　　　等編纂：《景印文淵閣四庫全書》第 463 冊〈史部九〉第 221〈載記類〉，頁
　　　　667 下（〈呂婆樓傳〉）、頁 668 上～671 上（〈王猛傳〉）、頁 671 上～671 下（〈梁
　　　　平老傳〉）。

〔註25〕或謂苻堅久聞王猛名，遣呂婆樓招之。事見《晉書·苻堅載記》所附〈王猛
　　　　傳〉：「苻堅將有大志，聞猛名，遣呂婆樓招之，一見便若平生，語及廢興大
　　　　事，異符同契，若玄德之遇孔明也。」參《晉書》卷一百十四〈載記〉第十
　　　　四〈苻堅下〉，頁 2930。

〔註26〕《晉書·苻堅載記》所附〈王猛傳〉。參《晉書》卷一百十四〈載記〉第十四
　　　　〈苻堅下〉，頁 2929、2932。

〔註27〕《晉書·苻堅載記》。參《晉書》卷一百十三〈載記〉第十三〈苻堅上〉，頁
　　　　2888。

備」等盛況。

此外，苻堅亦親臨太學，考評學子的成績優劣：

> 堅親臨太學，考學生經義優劣，品而第之。問難五經，博士多不能
> 對。堅謂博士王寔曰：「朕一月三臨太學，黜陟幽明，躬親獎勵，罔
> 敢倦違，庶幾周、孔微言不由朕而墜，漢之二武其可追乎！」寔對
> 曰：「自劉石擾覆華畿，二都鞠為茂草，儒生罕有或存，墳籍滅而莫
> 紀，經淪學廢，奄若秦皇。陛下神武撥亂，道隆虞夏，開庠序之美，
> 弘儒教之風，化盛隆周，垂馨千祀，漢之二武焉足論哉！」堅自是
> 每月一臨太學，諸生競勸焉。〔註28〕

從上引史傳所載，至少可得見四事：其一，是苻堅本身亦博覽儒家群書，故能
恣意地援引五經內容，以考核太學中之學子與博士，故史傳於後文亦載：「堅
臨太學，考學生經義，上第擢敘者八十三人。」〔註29〕其二，是苻堅「一月
三臨太學」，足見其對學校教育的重視程度。其三，是博士王寔的「弘儒教之
風」等讚頌語，可以想見久經戰亂之後，長安、洛陽之東西都，已幾乎淪為
廢墟，儒生荒廢經書、學術文化匱乏等狀況，自不待言，及至苻堅的崇尚儒
學、獎勵文教，此不僅是百姓有目共睹之事，而且也確實收到一些成效。其
四，由於為政者的主導與提倡，造就前秦「諸生競勸」的讀書問學熱潮。

前秦儒學的昌盛與繁榮，王猛（325～375）實扮演不可或缺的重要角色。
在王猛任官期間，被史傳評以「性仁友」的苻堅，推測或因王猛是漢人之故，
苻堅對中原人士頗為禮遇，故主動「復魏、晉士籍，使役有常」，不過史傳於
下文亦記載：「諸非正道，典學一皆禁之。」苻堅安置在前秦境內的魏晉士人，
但若發現其所談論者「非正道」、不勤於學問，則一律禁之。所謂「非正道」，
或許可在史傳於後文之記載中，略窺一二：

> 及王猛卒，堅置聽訟觀於未央之南。禁《老》、《莊》、圖讖之學。中
> 外四禁、二衛、四軍長上將士，皆令修學。課後宮，置典學，立內
> 司，以授於掖庭，選閹人及女隸有聰識者署博士以授經。〔註30〕

---

〔註28〕《晉書・苻堅載記》。參《晉書》卷一百十三〈載記〉第十三〈苻堅上〉，頁
2888。

〔註29〕《晉書・苻堅載記》。參《晉書》卷一百十三〈載記〉第十三〈苻堅上〉，頁
2895。

〔註30〕《晉書・苻堅載記》。參《晉書》卷一百十三〈載記〉第十三〈苻堅上〉，頁
2897。

依史傳所述，王猛過世之後，苻堅仍尊崇儒學，除了太子、公侯與官員之子必須受學，甚至進而提供武將士兵、禁軍宿衛等武官〔註31〕，接受教育的機會，並於後宮編制「典學」等職位，延請通曉儒經的博士，在「掖庭」教宮內以經學教導宦官及宮婢。

此足見苻堅重視教育、欲將教育普及的想法，故連武將兵士、閹人女隸，皆予以求知問學的機會，唯嚴厲禁止老莊以及圖讖學說。老莊學說是魏晉士人在清議玄談時之主要內容；圖讖之學則類似兩漢讖緯、是藉由強調符徵應驗，以隱語提供預言和預兆的學說。既玄遠虛無的老莊之道，與偏向宣揚迷信的圖讖之學，是苻堅唯一強調必須嚴禁者，或許崇尚浮華玄言的江左士子，在提倡儒學、遵奉儒術的苻堅眼中，殆非賢達仁德之流，故推測上述所謂「非正道」，概指此類之學術。

苻堅自即位以來，推行尊儒重文的治國之道，待國內政局大致穩定之後，更留心於儒學、重視文教，並廣設學校、獎勵勤勞努力的百姓與認真上進的學子，從優拔擢通經人才，其崇儒重學、欲普及教育的方針，明顯收到成效，所以統轄境內的百姓普遍勤奮進取、學術文化昌盛。唯苻堅除了崇儒尊孔，史傳特別記載其在施政的中、後期，已明令禁止老莊之道與圖讖之學，此種藉由較強制性的作為，以限制學術的自由發展，其背景或原因，史傳卻未詳加紀錄，促使後世留有許多值得深拓與探究的空間。

苻堅為政的巔峰期間，曾幾乎統一中國北方，待羌族的姚萇殺害苻堅，中國北方再次陷入極混亂局面，此時縱有姚萇在建立後秦政權時，施以「修德政，布惠化，省非急之費，以救時弊」、「立太學，禮先賢之後」、「下書令留臺諸鎮各置學官，勿有所廢，考試優劣，隨才擢敘」等措施〔註32〕；有苗族後裔的李雄建立成漢政權後的「興學校，置史官」〔註33〕、其兄李盪之子李班，亦即日後的成漢哀帝，其在擔任太子時的「謙虛博納，敬愛儒

---

〔註31〕《晉書‧苻堅載記》所謂「中外四禁」，係指中軍將軍、外軍將軍、前禁將軍、後禁將軍、右禁將軍及左禁將軍。「二衛」即左衛將軍及右衛將軍。「四軍長上」包括衛軍將軍、撫軍將軍、鎮軍將軍、冠軍將軍；「長上」即長上宿衛。

〔註32〕詳見《晉書‧姚萇載記》。參《晉書》卷一百十六〈載記〉第十六〈姚萇〉，頁 2967、2968、2971。

〔註33〕《晉書‧李雄載記》記載成漢武帝李雄在「聽覽之暇」，時常「手不釋卷」，足見其亦不失為愛好學問者。參《晉書》卷一百二十一〈載記〉第二十一〈李雄〉，頁 3040。

賢」；奉何點、李釗等人為師；奉名士王皉及隴西董融、天水文夔等人為賓客〔註34〕，以及成漢昭文帝李壽即位前後，能「好學愛士，庶幾善道」〔註35〕；有後燕的第二任君主慕容寶，在任太子時的「砥礪自修，敦崇儒學」〔註36〕，不過上述諸事例，似僅是五胡諸酋在朝政上的一些表面化、形式性之作為，對中國儒學、禮教之發展，實無太大貢獻，亦無足可觀之處。唯姚萇之長子，亦即後秦的第二任國君姚興，以及建立北燕政權的馮跋，是苻堅過世之後，能在中國北方陷入動盪混亂之際，仍能對中原文化加以延續與推展的二位統治者。

建立後秦政權的羌族，是中國歷史上「久居西部、人數眾多的民族」〔註37〕，其自東漢時代即與漢人密切接觸往來，最晚遲至東晉，居住在關隴地區的羌人，其社會發展之各種面向，實與中原漢族無異，而建立後秦政權的羌人姚氏，舉凡姚襄與姚萇兄弟、姚萇之子姚興、姚興之子姚泓等人，皆有很高的文化水準，也相繼堅持以儒術治國、主動禮遇儒生賢士，故有學者認為，後秦政權的出現，即是羌族高度漢化、水準極高的一種標幟〔註38〕。

尤其後秦文桓帝姚興，在即位前奉姚萇之命鎮守長安，就與中書舍人梁喜、洗馬范勗等人「講論經籍」，且「不以兵難廢業」。登上帝位之後，又能「留心政事，苟容廣納」，境內依此齊聚了「耆儒碩德」、「經明行修」之輩：

> 天水姜龕、東平淳于岐、馮翊郭高等皆耆儒碩德，經明行修，各門
> 徒數百，教授長安，諸生自遠而至者萬數千人。興每於聽政之暇，
> 引龕等於東堂，講論道藝，錯綜名理。涼州胡辯，苻堅之末，東徙
> 洛陽，講授弟子千有餘人，關中後進多赴之請業。興敕關尉曰：「諸

〔註34〕《晉書·李班載記》。參《晉書》卷一百二十一〈載記〉第二十一〈李班〉，
頁3041。

〔註35〕史傳記載李壽「初為王，好學愛士，庶幾善道」，不過後來「廣太學，起讌殿」
的勞師動眾、大興土木，導致百姓疲於賦稅與勞役，因而民怨四起、造成「呼
嗟滿道，思亂者十室而九矣」。詳見《晉書·李壽載記》。參《晉書》卷一百
二十一〈載記〉第二十一〈李壽〉，頁3045～3046。

〔註36〕史傳對於後燕惠愍帝慕容寶的「砥礪自修，敦崇儒學，工談論，善屬文」，評
價其實並不高，蓋慕容寶似是刻意為之，藉以博得美譽，是《晉書·慕容寶
載記》所謂：「曲事垂左右小臣，以求美譽。」又：「垂之朝士翕然稱之，垂
亦以為克保家業，甚賢之。」參《晉書》卷一百二十四〈載記〉第二十四〈慕
容寶〉，頁3093。

〔註37〕萬繩楠：《魏晉南北朝文化史》（合肥：黃山書社，1989年），頁358。

〔註38〕以上諸論，參引自萬繩楠：《魏晉南北朝文化史》，頁358～359。

> 生詣訪道藝，修己屬身，往來出入，勿拘常限。」於是學者咸勸，
> 儒風盛焉。〔註39〕

依史傳所述，由於姚興的禮賢下士、重視文教，使當時的姜龕、淳于岐、郭高等通經大儒，皆前來長安授課教學，其下也各自聚集門生數百名，更有不少門生，是特地遠道而來，只為聽從「關隴三耆儒」講學，最興盛時期竟高達萬人在長安聽課問學。而姚興在處理政務之餘，也常邀請姜龕等人至東堂，與是輩「講論道藝，錯綜名理」。另外，時人胡辯在東晉統治的境內洛陽講學授課，許多關中人士也欲前往拜師問學，故姚興亦因此特地下令，鎮守各地出入關防之官員和守衛，要盡量給予這些求學者的往來之方便，勿以往常之出入國境邊防的律令為限。上述種種措施，皆是尊重、網羅並優待士人學子的舉動，是史傳能以「學者咸勸，儒風盛焉」稱美後秦姚興提倡儒學之用心，以及其推展儒學使之興盛的景況。

姚興在為政期間的倡導儒風、尊崇禮教，亦可在史傳所記之一小段故事，得窺見其成效：

> 時京兆韋高慕阮籍之為人，居母喪，彈琴飲酒。詵聞而泣曰：「吾當
> 私刃斬之，以崇風教。」遂持劍求高。高懼，逃匿，終身不敢見
> 詵。〔註40〕

《晉書》記述當時有京兆人士韋高，因仰慕阮籍為人，故仿效其「居母喪，彈琴飲酒」等行止，時任給事黃門侍郎的古成詵聽聞之後，大為氣憤而持劍欲斬韋高。依古成詵的憤恨持劍，欲端正社會風氣之舉，乃至韋高的畏懼逃匿，可得見當時北方的崇尚社會風氣教化，而《晉書》記載至此，亦未見其繼續詳述此事之最終結果，蓋「給事黃門侍郎」一職，自漢魏以來皆屬皇帝近侍之臣，作為姚興身邊近臣，古成詵憤恨而持劍欲斬殺韋高一事，姚興不至於完全不知情；知情之後，亦不可能完全不予以責怪或善後，或許姚興默許古成詵此舉，也猶未可知，故或有學者認為：「少數民族政權都不排斥儒學，都把儒學作為招徠士族的工具，但像姚興那樣把倡導儒學當成國家的大事件，卻屬罕見。」〔註41〕但吾人自能依上述，足見當時北方政權下，社會普

---

〔註39〕《晉書‧姚興載記》。參《晉書》卷一百十七〈載記〉第十七〈姚興上〉，頁2979。

〔註40〕《晉書‧姚興載記》。參《晉書》卷一百十七〈載記〉第十七〈姚興上〉，頁2979。

〔註41〕萬繩楠：《魏晉南北朝史論稿》，頁181。

遍崇尚儒術、重視禮教，正與位處南方的一些東晉士人，其祖述道家玄遠之旨、偏愛玄虛之言、行止放蕩不羈，形成強烈對比。

建立北燕政權的馮跋，則是一位胡化（鮮卑化）的漢人。馮跋兄弟合謀擒殺後燕昭文帝不久，後燕政權正式宣告覆亡，群臣皆推馮跋為共主，馮跋依此繼位而建立北燕。馮跋登帝之後，有鑒於後燕昭文帝的荒淫無道、重賦苛政，其登帝不久旋即「分遣使者巡行郡國，觀察風俗」，是尊重各地風俗的一種展現，在位其間更勤於政事，也留心教育與農桑等事業，史傳云：「分遣使者巡行郡國，孤老久疾不能自存者，振穀帛有差，孝悌力田閨門和順者，皆褒顯之。」〔註42〕足見馮跋重視民間的禮教風俗。又馮跋曾下詔書，書曰：

> 聖人制禮，送終有度。重其衣衾，厚其棺椁，將何用乎？人之亡也，精魂上歸於天，骨肉下歸於地，朝終夕壞，無寒煖之期，衣以錦繡，服以羅紈，寧有知哉！厚於送終，貴而改葬，皆無益亡者，有損於生。是以祖考因舊立廟，皆不改營陵寢。申下境內，自今皆令奉之。〔註43〕

詔書中的內容雖主張「節葬」，其「重其衣衾，厚其棺椁，將何用乎？」、「人之亡也，精魂上歸於天，骨肉下歸於地」等語，也頗具道家概念與思維之傾向，不過整體而言，誠如詔書之開篇所謂「聖人制禮，送終有度」，當是為了因應時代需求，所以擬欲將彼時喪葬的形式簡化。

尤其馮跋雖然強調「節葬」，卻未主張連喪葬的禮節、儀式亦一併簡略，足見其僅是為了革除喪葬在形式上的一些鋪張浪費。故推測馮跋當是希望百姓的日常生活，能謹遵傳統儒家禮教中的教令而行，故史傳載：

> 跋下書曰：「武以平亂，……。自頃喪難，禮崩樂壞，閭閻絕諷誦之音，後生無庠序之教，子衿之歎復興於今，豈所以穆章風化，崇闡斯文！可營建太學，以長樂劉軒、營丘張熾、成周翟崇為博士郎中，簡二千石以下子弟年十五以上教之。」〔註44〕

---

〔註42〕《晉書‧馮跋載記》。參《晉書》卷一百二十五〈載記〉第二十五〈馮跋載記〉，頁3130。

〔註43〕《晉書‧馮跋載記》。參《晉書》卷一百二十五〈載記〉第二十五〈馮跋載記〉，頁3131。

〔註44〕《晉書‧馮跋載記》。參《晉書》卷一百二十五〈載記〉第二十五〈馮跋載記〉，頁3132。

依上引史料，至少可以得見三事：其一，也是最重要者，是雖然外患頻傳，但馮跋在國內政局日趨穩定後，即開始重視並推展教育事業。其在詔書中下令營建太學，並擬聘當時著名的文人劉軒、張熾、翟崇等儒者，負責教授學生。其二，為了普及教育、培養人才，馮跋強制規定，凡是俸祿在兩千石以上官吏子弟，年齡滿十五歲者，皆要進入太學接受教育。其三，是依詔書上半段所云，足見馮跋一方面關注於教育事業和社會的風俗教化，更感嘆暴政、動盪、戰亂等對社會文化與禮樂制度的危害，馮跋的「禮崩樂壞，閭閻絕諷誦之音，後行無庠序之教」等語，已充分展現其孺慕儒學思想與傳統禮教之心緒。

馮跋的生活年代，群雄各自征戰、民不聊生，是中國北方極其繁亂的時期，不僅人民生活勞苦、性命朝不保夕，正是《晉書》所謂「賦役繁數，人不堪命」〔註45〕，而各朝歷任之統治者，亦處在時時刻刻皆可能遭遇刺殺、推翻、伏擊的狀況，所建立之王朝，國祚大抵也極為短暫，隨時處於覆亡的危殆情況。所幸馮跋是一位對於漢族文化和鮮卑習俗皆有深刻瞭解的統治者，其目睹後燕末期的暴政之下，各種荒腔走板之事，以及朝廷內權貴親族相互謀害、殘殺的逆倫憾事，日後又親自主導政變、擊殺後燕昭文帝而取得政權。或許正因如此，馮跋更能深刻瞭解民間疾苦，也明白用軍隊等強勢武力平定動亂與叛變之後，真正得以有效維持政權、管理國家，促使國家長治久安的要件，除了獎勵農桑，輕薄徭役等措施，最終也是最需要者，仍是學術文化與風俗禮教。職是，馮跋主動下令重整荒廢已久的教育事業，一方面修建國家教育的最重要門面——太學；另一方面延攬時下知名大儒，以教授學子、宣導學風。故在馮跋為政期間，雖然外有強大的北魏步步相逼，北燕仍能維持二十餘年的安定和太平，且社會上的民風、秩序皆有獲得一定程度的改善；學術上的文化與教育事業，亦推展得頗具成效。質言之，馮跋對於中國北方政局的穩固與安寧、對於延續與傳播中原文化、對於東北一帶的地方教育事業之推動與發展，以及統轄境內的社會道德與倫常等風氣之恢復，確實引起積極的作用和影響。

馮跋勤於政事、獎勵文教與農桑，可惜自己及其所建之王朝，最後皆未能善終。北燕太平二十二年（430），馮跋因病重而命太子馮翼攝理國家大事，

---

〔註45〕《晉書·馮跋載記》。參《晉書》卷一百二十五〈載記〉第二十五〈馮跋載記〉，頁3127。

但馮跋愛妃宋夫人，欲與馮跋之弟馮弘爭奪權力，馮弘於是帶兵進宮，不僅逼太子馮翼自殺，馮跋餘下子嗣親族一百餘人亦一併殺害。馮跋在紊亂倉促之間驚懼而死，其弟馮弘自立為天王，篡位取得政權。六年之後（436），北魏軍隊兵臨城下，馮弘棄城投奔高句麗王國，北燕政權亦宣告結束。而北魏太武帝吞併北燕等政權之後，不久即統一華北，五胡十六國局勢結束。

綜觀上述，足見當世與東晉政權幾乎平行並進的十六國各代，受到傳統儒學的影響甚深，其政權的領導者泰半久慕中原文化、主動興辦學校以推廣儒家教育，社會風氣亦習染儒家禮教頗深，故即便政權動盪、屢見干戈兵戎，不過其風教之嚴、學術之盛，確實是東晉政權所無法比擬者。

## 二、北魏政權初期概況

東晉太尉劉裕於西元 418 年殺害東晉安帝、擁立恭帝，一年之後即由太尉一職，進封成為宋王，不久（420）又逼迫東晉恭帝退位，篡位稱帝、建立南朝劉宋帝國。劉裕建立南朝劉宋帝國，晉帝國因此滅亡，南朝歷史正式開始；北朝魏氏則於西元 436 年結束五胡十六國之混亂局面，北魏太武帝完全兼併、整合中國華北地區，與華南地區的劉宋第三任皇帝，亦即南朝宋文帝劉義隆，南、北各自為政，互不隸屬，南北朝的對峙之局正式開始。

### （一）初期統治者積極推動文教事業

北朝魏氏本為鮮卑族，開國君主拓跋珪於西元 386 年建立北魏政權，不過這一年也是前秦的苻登於隴縣稱帝、後燕的慕容垂稱帝、呂光建立後涼王國，以及後秦的姚萇進攻並奪回長安。換句話說，北魏甫建立，即面臨四周強敵環伺〔註46〕、群雄相互混戰而烽火連天的局面〔註47〕。不過道武帝拓跋珪即位之後，仍旋即推動農業，久經戰事、飽嚐苦難的百姓，也依此而得以

〔註46〕北魏建立時，其北有賀蘭部、南有獨孤部、東有庫莫奚部、西邊在河套一帶有匈奴鐵弗部、陰山以北為柔然部和高車部、太行山以東為慕容垂建立的後燕及以西的慕容永統治的西燕。

〔註47〕除了外患，北魏政權內部，亦尚未完全穩固，《魏書‧太祖紀》記載：「（登國元年，386 A.D.）八月，劉顯遣弟亢泥迎窟咄，以兵隨之，來逼南境。於是諸部騷動，人心顧望。帝左右於桓等，與諸部人謀為逆以應之。事泄，誅造謀者五人，餘悉不問。」記載拓跋珪的叔父拓跋窟咄，與後趙將領劉顯勾結，企圖爭奪拓跋珪之王位，拓跋珪左右親信於桓等人也打算響應，後來謀逆之事敗露，拓跋珪誅殺於桓等謀反的主要五人，其他皆赦免，隔年更親征劉顯。事見《魏書》卷二〈帝紀〉第二〈太祖道武帝〉，頁 21。

休養生息。不久，又積極推動學校教育、留心儒學教化，且稍後歷任之統治者，又能在此基礎上，繼續實行此類措施，造就了北朝極為興盛的學術環境，此是近世學者所謂：「北朝魏氏，雖興起於北荒，亦知重視學校禮教，故北朝經學昌明，勝於南朝。」〔註48〕

今日考察史傳之記載，拓跋珪的祖父拓跋什翼犍（318～376），本是東晉十六國時期鮮卑拓跋部的首領之一，其後被各部族的酋長推為「代王」，由於拓跋什翼犍頗具勇略，故逐漸復興鮮卑祖業、拓展代國領土，周遭百姓也因此紛紛歸附，是史傳所謂「什翼犍勇壯，眾復附之」、「北有沙漠，南據陰山，眾數十萬」〔註49〕。而拓跋珪在其祖父過世之後稱帝，並且力圖鞏固北魏政權，使之足以在強敵環伺的環境底下，佔有一席之地，經過將近十年的休生養息，益之以拓跋珪任用賢能、勵精圖治，北魏政權終趨穩固。北魏道武帝登國十年（395），拓跋珪大破後燕太子慕容寶大軍，並於隔年（396）趁著後燕武成帝過世，進兵中原，佔據今日山西、河北等地，且為了便於控制新佔之領地，拓跋珪遷都平城（今山西省大同市），並派遣百姓遷徙至平城務農耕田，以經營平城。待平城周圍的沃土遍地，拓跋珪也正式將北魏政權遷入，並於皇始三年（398）在平城即帝位。拓跋珪在平城營建宮殿、建立宗廟與社稷，由於自身早已傾慕漢文化，故依據漢制以建立完善的職官制度；營建宮殿、宗廟與社稷時，也皆仿製長安、洛陽等中原名城的規制。

都城建設完善之後，拓跋珪馬上著手經營學校教育：「甲子，初令《五經》羣書各置博士，增國子太學生員三千人。」〔註50〕北魏天興二年（399），亦即拓跋珪稱帝之第二年，其旋即詔令以設立《五經》博士，並增加國子太學學生共計三千人。兩年之後（天興四年，西元401年），又「集博士儒生，比眾經文字，義類相從，凡四萬餘字，號曰《眾文經》。」〔註51〕若是暫時屏除一般帝王的統馭之術，亦即欲利用此舉來加強中央集權統治的思想控制等的政治因素，其召集博士、儒生比較眾經文字、共同編纂《眾文經》等政令，對於儒家思想的傳播、學術文化的興盛，實有不小的貢獻。

天賜元年（404），「頗有學問，曉天文」的北魏道武帝拓跋珪「立學官，

〔註48〕周林根：《中國中古禮教史》，頁96。
〔註49〕詳參《宋書‧索虜傳》。參《宋書》卷九十五〈列傳〉第五十五〈索虜傳〉，頁2321。
〔註50〕《魏書‧太祖紀》。參《魏書》卷二〈帝紀〉第二〈太祖道武帝〉，頁35。
〔註51〕《魏書‧太祖紀》。參《魏書》卷二〈帝紀〉第二〈太祖道武帝〉，頁39。

置尚書曹」〔註52〕，同年 9 至 12 月期間，又重新釐定貴族宗室的封號，以及各部各郡的官職職等，其設置了王、公、侯、伯四等爵，並置散官五等，品級自第五到第九。另外，為了方便「分辨宗黨」、「品舉人才」，故又命宗室設置宗師；八國姓族則設置大師、小師；八國以外的州郡也各自置師，職分一如八國，往後數月，也連續下達了數次官職職等方面的人事安排與調度的諭令〔註53〕。

　　拓跋珪最為後世津津樂道之處，是大量收集統轄境內的書籍，悉數運送至京城：

> 珪（拓拔珪）問博士李先曰：「天下何物最善，可以益人神智？」對曰：「莫若書籍。」珪曰：「書籍凡有幾何，如何可集？」對曰：「自書契以來，世有滋益，以至於今，不可勝計。苟人主所好，何憂不集？」珪從之，命郡縣大索書籍，悉送平城。〔註54〕

司馬光在《資治通鑑》所載之此事，當是可徵之故實，蓋李先（335～429）是自拓跋珪時代即被重用、又歷任拓跋嗣與拓跋燾的北魏三朝元老，《魏書》、《北史》皆為李先作傳，並記載其建議拓跋珪「大索書籍，彙集平城」一事〔註55〕。如《魏書・李先傳》記載：

> 太祖問先曰：「天下何書最善，可以益人神智？」先對曰：「唯有經書。三皇五帝治化之典，可以補王者神智。」又問曰：「天下書籍，凡有幾何？朕欲集之，如何可備？」對曰：「伏羲創制，帝王相承，以至於今，世傳國記，天文祕緯不可計數。陛下誠欲集之，嚴制天下諸州郡縣搜索備送，主之所好，集亦不難。」太祖於是班制天下，經籍稍集。〔註56〕

《北史・李先傳》對於李先建議拓跋珪的「大索書籍，彙集平城」，也有大同

---

〔註52〕《宋書・索虜傳》：「（北魏道武帝天賜元年，404 A.D.）治代郡桑乾縣之平城。立學官，置尚書曹。開頗有學問，曉天文。」參《宋書》卷九十五〈列傳〉第五十五〈索虜傳〉，頁 2322。

〔註53〕以上詳見《魏書・官氏志》的記載。參《魏書》卷一百一十三〈志〉第十九〈官氏志〉，頁 2972～2974。

〔註54〕（宋）司馬光撰，（元）胡三省注：《資治通鑑》第五冊，卷一百一十一〈晉紀三十三〉，頁 3488。

〔註55〕李先其人其事，詳見《北史・李先傳》與《魏書・李先傳》。參《北史》卷二十七〈列傳〉第十五〈李先傳〉，頁 977～978。以及《魏書》卷三十三〈列傳〉第二十一〈李先傳〉，頁 789。

〔註56〕參《魏書》卷三十三〈列傳〉第二十一〈李先傳〉，頁 789。

小異的記載〔註57〕，今茲以《魏書・李先傳》、《北史・李先傳》二部史書與司馬光《資治通鑑》相互參看，足見李先認為能補益智慧、開拓見識與心胸者，當是被「三皇五帝」作為「治化之典」的經書。李先在《魏書》與《北史》中之「唯有經書」，以及《資治通鑑》中之「莫若書籍」，著實強調了儒家經典的重要與可貴。

李先的建議似乎引起國君的極大興趣，故拓拔珪才會繼續追問，徵詢李先「集天下書籍」的方法。這一段魏道武帝拓跋珪與博士李先之間的君臣對話，以及拓跋珪採納其意見、命郡縣大力搜集書籍，可以想像拓跋珪與李先的君臣同心，也因為拓跋珪的頒令天下廣收書籍，致使境內的經書能夠逐漸收集起來，雖然主要目的是供拓跋珪閱覽，但是對於當時首都平城在學術方面的整體氛圍，相信一定也起了一定程度的積極作用。

拓跋珪本屬鮮卑族，其族人建國之前，仍以遊牧生活為主，故拓跋珪建國後開始重視學校教育、吸取漢人文化，努力收集儒家經典，當時崔浩即云：「太祖用漠北醇樸之人，南入中地，變風易俗，化洽四海，自與羲農齊列，⋯⋯。」〔註58〕魏收《魏書》、李延壽《北史》皆評以：「雖冠履不暇，棲遑外土，而製作經謨，咸存長世。所謂大人利見，百姓與能，抑不世之神武也。」〔註59〕明代學者張大齡則謂：「殄滅大燕，盡有中原，規模措置，何遜於兩漢哉。」〔註60〕近世學者亦援引《北史》而稱「魏道武初定中原，雖日不暇給，始建都邑，便以經術為先立太學。」〔註61〕是輩對於拓跋珪能在忙於國政之餘，仍留心教育，並以「經術」、亦即儒學方面的科目，作為國家

---

〔註57〕《北史・李先傳》記載：「帝問先：『何者最善，可以益人神智？』先曰：『唯有經書，三皇、五帝政化之典，可以補王者神智。』又問：『朕欲集天下書籍，如何？』對曰：『主之所好，集亦不難。』帝於是班制天下，經籍稍集。」詳參《北史》卷二十七〈列傳〉第十五〈李先傳〉，頁978。

〔註58〕《魏書・崔浩傳》。參《魏書》卷三十五〈列傳〉第二十三〈崔浩傳〉，頁811。

〔註59〕魏收《魏書》與李延壽《北史》的評論相同，唯《北史》的「咸存長世」改易成「咸出長久」。詳見《魏書・太祖紀》與《北史・魏本紀・太祖道武帝》。參《魏書》卷二〈帝紀〉第二〈太祖道武帝〉，頁45。以及《北史》卷一〈魏本紀〉第一〈太祖道武帝〉，頁36。

〔註60〕張大齡：《晉五胡指掌・索虜拓跋氏》引玄羽逸史曰：「太祖珪竄伏流離，瀕死不死，是天之所興也者。殄滅大燕，盡有中原，規模措置，何遜於兩漢哉。」參（明）張大齡：《晉五胡指掌》（臺北：廣文書局，1969年）卷下〈索虜拓跋氏〉，頁96～97。

〔註61〕周林根：《中國中古禮教史》，頁96。

文化與教育的主流，皆頗為讚許。

連續被拓跋珪、拓跋嗣與拓跋燾三任國君重用的李先，亦是值得探究的一位人物。雖然依《魏書》記載，李先「少好學，善占相之術」〔註62〕並且善軍事謀略，其似是一善於兵法計略的軍事家，故史傳記載拓跋珪每每聽從李先之建言，屢次大破後燕的慕容驎、後秦的姚興等人之軍隊〔註63〕。不過，在李先未被國家重用之前，其與拓跋珪初次見面時，面對拓跋珪的詢問：「卿既宿士，屢歷名官，經學所通，何典為長？」李先就曾自謙地說：「少習經史，年荒廢忘，十猶通六。」〔註64〕依李先自述的個人學業專長，其年少時期亦大概不失為一名通曉儒家經典的學子。

日後身為北魏的「博士」，李先也能恪盡自身身份，除了建議拓跋珪「大索書籍，彙集平城」，促使北魏的儒家經書得以日益齊備，其後拓跋嗣繼位為北魏明元帝，拓跋嗣向李先徵詢治理朝政方面的意見，李先答以「臣聞堯舜之教，化民如子；三王任賢，天下懷服。今陛下躬秉勞謙，六合歸德，士女能言，莫不慶抃。」〔註65〕此足見李先是一位崇尚儒學與儒術、能因教育的普及而欣喜的政治家，是拓跋嗣能以「所知者，皆軍國大事」評價李先〔註66〕。

推測北魏道武帝拓跋珪留心於文化教育，當是出於統治需要，故有意識地利用儒家文化，作為個人的統治工具或手段。不過其推動了儒家思想的傳播、有效培養了儒家治世思維的人才，卻也是不爭的事實。可惜北魏道武帝晚年因服食寒食散而性格大變，不僅脾氣怪異、猜忌多疑，史傳謂其「喜怒乖常，謂百僚左右人不可信」、「終日竟夜獨語不止，若旁有鬼物對揚者」，甚至「朝臣至前，追其舊惡皆見殺害」、「或以喘息不調，或以行步乖節，或以

---

〔註62〕《魏書·李先傳》。參《魏書》卷三十三〈列傳〉第二十一〈李先傳〉，頁788。

〔註63〕《魏書·李先傳》：「太祖後以先為丞相衛王府左長史。從儀平鄴，到義臺，破慕容驎軍，回定中山，先每一進策，所向克平。」又：「太祖之討姚興於柴壁也，問先曰：『興屯天渡，平據柴壁，相為表裏。今欲殄之，計將安出？』先對曰：『臣聞兵以正合，戰以奇勝。如聞姚興欲屯兵天渡，利其糧道。及其未到之前，遣奇兵先邀天渡，柴壁左右，嚴設伏兵，備其表裏。以陛下神策，觀時而動，興欲進不得，退又乏糧。夫高者為敵所棲，深者為敵所囚，兵法所忌而興居之，可不戰而取。』太祖從其計，興果敗歸。」詳參《魏書》卷三十三〈列傳〉第二十一〈李先傳〉，頁789、790。

〔註64〕《魏書·李先傳》。參《魏書》卷三十三〈列傳〉第二十一〈李先傳〉，頁789。

〔註65〕《魏書·李先傳》。參《魏書》卷三十三〈列傳〉第二十一〈李先傳〉，頁790。

〔註66〕《魏書·李先傳》。參《魏書》卷三十三〈列傳〉第二十一〈李先傳〉，頁790。

言辭失措，帝皆以為懷惡在心，變見於外，乃手自毆擊」，時常因為想起昔日的一點不滿，就誅殺官吏和臣子。眾臣因此惶恐度日，從而「朝野人情各懷危懼，有司懈怠」，官吏與大臣們的辦事能力銳減之下，當然造成「百工偷劫，盜賊公行，巷里之間人為希少」等社會問題〔註67〕。

所幸道武帝過世之後，繼任的一些北魏統治者，皆能在道武帝的事業基礎上，繼續推動學校教育、提倡儒家思想，並留心於風俗禮教等方面的落實情況，從而促使北朝的儒家學術、禮俗教化等社會風氣，皆能昌明興盛而勝於南朝。例如明元帝是北魏第二任君主，其在即位之前「明叡寬毅，非禮不動」之行止〔註68〕，已充分為他日後賢君的形象作出印證。雖然登基之後因疲於軍事上的攻伐征戰，從而積勞成疾，三十餘歲即英年早逝，不過在短暫的統治期間裡，仍能選賢任能、禮遇學者，提倡尊師重道的風氣，故史傳稱其「簡賢任能」，並記載其於永興五年（413）下詔：「或有先賢世胄、德行清美、學優義博、可為人師者，各令詣京師，當隨才敘用，以贊庶政。」〔註69〕此外，明元帝亦愛好史傳、禮愛儒生，是《魏書》以「帝禮愛儒生，好覽史傳。以劉向所撰《新序》、《說苑》於經典正義多有所闕，乃撰《新集》三十篇，採諸經史，該洽古義，兼資文武焉。」〔註70〕高度評價明元帝，其仁厚、重學等形象，已充分透露在《魏書》之記載中。

又北魏太武帝是北魏第三任君主，雖然其年歲未逾十六即登帝位，不過接掌政權之後，隨即整頓吏治，其後重用漢族大臣崔浩、李孝伯等人，又積極擴張版圖，結束五胡十六國、統一北方而與南朝劉宋形成各自為政的對峙局面，不僅令群臣刮目相看，北魏國力亦因此進入最為鼎盛的時期。

《魏書》記載北魏太武帝在始光三年（426）「起太學於城東，祀孔子，以顏淵配。」〔註71〕或謂時年十八歲的太武帝，已體認到「文教」對維護和鞏固政權的重要性，故提倡儒學與教育、尊崇孔子等儒家聖賢。其後又於神䴥四年（431），在取得敗柔然、降高車、滅夏圖等的軍事勝利之後，下詔「偃武修文，遵太平之化」，詔曰：

> 頃逆命縱逸，方夏未寧，戎車屢駕，不遑休息。今二寇摧殄，士馬

---

〔註67〕《魏書·太祖紀》。參《魏書》卷二〈帝紀〉第二〈太祖道武帝〉，頁44。
〔註68〕《魏書·太宗紀》。參《魏書》卷三〈帝紀〉第三〈太宗明元帝〉，頁49。
〔註69〕《魏書·太宗紀》。參《魏書》卷三〈帝紀〉第三〈太宗明元帝〉，頁52。
〔註70〕《魏書·太宗紀》。參《魏書》卷三〈帝紀〉第三〈太宗明元帝〉，頁64。
〔註71〕《魏書·世祖紀》。參《魏書》卷四上〈帝紀〉第四上〈世祖太武帝〉，頁71。

無為，方將偃武修文，遵太平之化，理廢職，舉逸民，拔起幽窮，延登儁义，昧旦思求，想遇師輔，雖殷宗之夢板築，罔以加也。訪諸有司，咸稱范陽盧玄、博陵崔綽、趙郡李靈、河間邢穎、勃海高允、廣平游雅、太原張偉等，皆賢儁之冑，冠冕州邦，有羽儀之用。《詩》不云乎：「鶴鳴九皋，聲聞於天」，庶得其人，任之政事，共臻邕熙之美。《易》曰：「我有好爵，吾與爾靡之。」如玄之比，隱跡衡門、不耀名譽者，盡敕州郡以禮發遣。〔註72〕

依詔書所述，足見太武帝「偃武修文」的決心。其在提倡儒學、重視禮樂教化之外，更徵聘關東地區的盧玄、崔綽、李靈、邢穎、高允、游雅、張偉等名士儒者，擔任朝政上的官員。據說當時被徵聘名士，高達數百名，且多是領導地方的世家大族，上述之范陽盧氏、博陵崔氏、趙郡李氏等即是，這些門閥士族被太武帝延請至平城、入朝為官，從而促使漢人世族的勢力與北魏政權相結合，其中在當時被徵召的名士高允，晚年更撰寫〈徵士頌〉一文，以追憶、讚揚此盛事〔註73〕。姑且不論太武帝背後的政治目的，至少此舉不僅充實了北魏朝堂，尤其這些門閥士族，皆是自小受業於儒家學說之人士，故北魏的儒學因此而得以興盛。

若依史傳記載，北魏太武帝至少在執政的中期以前，似是一尊孔、崇儒、禮遇學者的賢德開明之統治者。不過，迨至太平真君五年（444），太武帝頒令一道極盡獨裁的嚴詔，《魏書·世祖紀》：

自頃以來，軍國多事，未宣文教，非所以整齊風俗，示軌則於天下也。今制自王公以下至於卿士，其子息皆詣太學。其百工伎巧、騶卒子息，當習其父兄所業，不聽私立學校。違者師身死，主人門誅。〔註74〕

其下令王公以下至於卿士的子弟，僅能進入太學就讀，而且包含社會「百工」，不論各行各業，皆不得私自設立學校，僅能學習家族父執兄長承襲下來的職業技能，否則「違者師身死，主人門誅」。

此項詔令確實極為專擅和嚴苛，「太學」亦依此成為北魏境內唯一、更是唯一能存在的傳授知識與學業之處。太武帝此舉，與其說是提倡或強調儒

---

〔註72〕《魏書·世祖紀》。參《魏書》卷四上〈帝紀〉第四上〈世祖太武帝〉，頁79。
〔註73〕詳見《魏書·高允傳》。參《魏書》卷四十八〈列傳〉第三十六〈高允傳〉，頁1078。
〔註74〕《魏書·世祖紀》。參《魏書》卷四下〈帝紀〉第四下〈世祖太武帝〉，頁97。

學，實已導致北魏學術，成為利用國家機器嚴格管控、僅剩儒學獨佔的「霸道」教育。

儒家的學術與禮教等方面，本能利用學校體制、社會風俗，以教育學子、宣揚禮、樂、法度來化民；尊崇孔子、提倡儒學，也本可以是積極、開明之國家主張，但是太武帝執政的中、後期，以極盡霸道的政令，強迫儒學成為國家唯一的學術範疇，此事當與太武帝的「廢佛」、「滅佛」有關。蓋拓跋燾頒令「違者師身死，主人門誅」此詔之前，即有另一道詔令：

> 愚民無識，信惑妖邪，私養師巫，挾藏讖記、陰陽、圖緯、方伎之書；又沙門之徒，假西戎虛誕，生致妖孽。非所以壹齊政化，布淳德於天下也。自王公以下至於庶人，有私養沙門、師巫及金銀工巧之人在其家者，皆遣詣官曹，不得容匿。限今年二月十五日，過期不出，師巫、沙門身死，主人門誅。明相宣告，咸使聞知。〔註75〕

詔令明白地宣佈：禁止收容、私養「沙門、師巫及金銀工巧之人」，而主要目的幾乎與上一道詔令相類，都是為了要昭告天下，朝廷執政者欲「整齊風俗」、「壹齊政化，布淳德於天下」。不過太武帝表面上為了大力整頓風俗與教化，實際上依詔書所論之「沙門之徒，假西戎虛誕，生致妖孽」，已足見其打擊佛教之決心。

### （二）北魏太武帝的廢佛與滅佛事件

北魏太武帝在執政的中後期，性格衝動暴烈，動輒處決部屬、誅殺大臣，卻又在事後為自己的肆意殺戮而懊悔：

> ……故大臣犯法，無所寬假。雅長聽察，瞬息之間，下人無以措其奸隱。然果於誅戮，後多悔之。司徒崔浩既死之後，帝北伐，時宣城公李孝伯疾篤，傳者以為卒也。帝聞而悼之，謂左右曰：「李宣城可惜。」又曰：「朕向失言。崔司徒可惜，李宣城可哀。」褒貶雅意，皆此類也。〔註76〕

被拓跋燾嘆為可惜的崔司徒，正是當初自己極為倚重的大臣崔浩，而拓跋燾的禁止佛教信仰、更甚欲「滅佛」以徹底摧毀佛法，也與崔浩有關。

北魏太武帝曾對其太子拓跋晃云：「非朕孰能去此歷代之偽物！」〔註77〕

---

〔註75〕《魏書·世祖紀》。參《魏書》卷四下〈帝紀〉第四下〈世祖太武帝〉，頁97。
〔註76〕《魏書·世祖紀》。參《魏書》卷四下〈帝紀〉第四下〈世祖太武帝〉，頁107。
〔註77〕《魏書·釋老志》。參《魏書》卷一百一十四〈志〉第二十〈釋老志〉，頁3035。

此已足見太武帝在執政後期對於佛教的深惡痛絕，以及急欲盡滅佛法的決心。這是因為當時漢化頗深的鮮卑人士，至少在其上層社會的百姓或貴族，對於各種外地文化也多能包容與接受；在佛教傳入之後，也多有接觸、甚至崇敬其教義而成為佛教信徒〔註78〕，不過佛教的一些傳教方式與教義理論，著實影響了執政者對國家在政治與思想上的控制，尤其當佛教徒大量增加，執政者必然為了建修寺塔、印寫經書、雕刻佛像等事務，投入大量的人力與物力，社會成本的增多，國家的財政收入自然相應減少，甚至因為百姓出家入寺修行、不需負擔賦稅與勞役，不僅戶口的調查統計日漸困難，國家得以控制的戶口，也自然相應減少，在徵兵、課稅、徭役等方面，更會碰到許多問題。

太武帝就曾於太延四年（438），詔令五十歲以下沙門盡皆還俗，以從征役，解決翌年西伐北涼所需的人力問題。換言之，對北魏的執政者而言，當時佛教勢力的發展、僧侶人數的膨脹，確實會帶來社會成本增多、政府財政收入減少、人力與物力浪費等諸多的弊端，尤其太武帝大力提倡節約開支、發展生產，以增加政府財富、保證軍國費用等，而佛教勢力的壯大，卻阻礙了國家社會經濟的發展，實與其治國政策方針互相牴觸，或許唯有「崇儒」、「廢佛」，百姓心無旁騖、積極從事生產，才是有利於社會經濟發展的方式，故太武帝積極提倡「文教」，欲利用儒學以「整齊風俗，示軌則於天下」、「壹齊政化，布淳德於天下」，認為「虛誕不經」、「妖言惑眾」的佛教若是廣為流傳，只會招致「政教不行」、「禮義大壞」、「視王者之法，蔑如也」等「亂天常」之惡果〔註79〕，其有意地逐漸疏遠佛教，自然是可以想見的事實。

---

〔註78〕最初拓跋氏入主中原之際，亦接受與承襲中原的佛教文化，甚至利用它以疏導民情風俗，故自北魏政權建立以來，執政者大多敬禮佛徒沙門，如：《魏書‧釋老志》記載北魏太祖道武帝拓跋珪，在朝政之閒暇，以奉佛為大事，其下詔禮遇佛教徒：「夫佛法之興，其來遠矣。……於京城建飾容範，修整宮舍，令信向之徒，有所居止。」參《魏書》卷一百一十四〈志〉第二十〈釋老志〉，頁3030。此外，拓跋珪更主動修繕佛寺、設置僧官，嚴禁軍旅官兵侵擾僧人。參蔣維喬：《中國佛教史》第五章〈佛教之弘傳與道教〉（長沙：嶽麓書社，2009年），頁45～46。迨至跋燾繼位之初，亦復如是，《魏書‧釋老志》記載：「世祖初即位，亦遵太祖、太宗之業，每引高德沙門，與其談論。於四月八日，輿諸佛像，行於廣衢，帝親御門樓，臨觀散花，以致禮敬。」其時常接引玄高等沙門高僧，與之共談，日後也延請玄高，作為太子拓跋晃的老師，可謂對佛教表達極大的善意。參《魏書》卷一百一十四〈志〉第二十〈釋老志〉，頁3032。

〔註79〕《魏書‧釋老志》。參《魏書》卷一百一十四〈志〉第二十〈釋老志〉，頁3034。

此外，北魏太武帝的廢佛與滅佛，在極大程度上係受到大臣崔浩、道士寇謙之的影響。蓋備受太武帝信任與重用的崔浩（？～450），因為個人信崇道教甚篤，師事道教天師寇謙之，故時常在太武帝面前詆毀佛教〔註80〕，而佛教本身也在進入中原之後，吸收一些讖緯方術之說，被若干僧侶刻意運用，以誇誕的言論，宣揚神秘、符驗等觀點，一些佛教徒也藉助於鬼神方術等，擴大其影響，甚至與王室貴族等當權者結交，藉以獲得支持，此不僅超越「宗教化民」的一般常軌，甚至介入了執政者的施政方式，更著實妨礙帝王統治的權威性。而佛教本身，亦逐漸沾上「國家宗教」的色彩，出現干涉國家政治、爭相競逐名利等嚴重問題。久而久之，太武帝受到深信道教的崔浩、道士寇謙之等人影響，開始轉奉道教、排斥佛教，並親受符籙〔註81〕，從西元440年所改的年號「太平真君」，隨後又再度限制沙門、徵兵僧侶，即可發現太武帝排斥佛教、轉奉道教之端倪。太平真君五年（444）正月，太武帝接連頒令兩道詔令，除了指責「沙門之徒，假西戎虛誕，生致妖孽」、嚴禁王公以下至於庶人私自供養沙門，五十歲以下之僧侶亦強迫還俗，更在同年九月誅殺玄高、慧崇等佛教界領袖人物。其後，太平真君七年（446），又在鎮壓蓋吳起義的過程中，一路討伐叛軍至關中地區，偶然在長安的佛寺發現大量藏匿的兵器，懷疑僧侶與蓋吳相互勾結，接著又在佛寺中搜出數以萬計的珠寶、贓賄等財物；搜查到釀酒器具、藏匿婦女的密室等不法證據〔註82〕。太武帝大怒，認為佛寺與蓋吳通謀，又飲酒收賄、淫亂私通，於是在崔浩的建議下，同年（太平真君七年，西元446年），即下令滅佛、全面誅殺長安沙門，詔曰：「其一切蕩除胡神，滅其蹤跡，庶無謝於風氏矣。自今以後，敢有事胡神及造形像泥人、銅人者，門誅。」、「諸有佛圖形像及胡經，盡皆擊破焚燒，沙門無少長悉坑之。」〔註83〕太武帝命令留守平城的太子拓跋晃，代為下令以

〔註80〕《魏書·釋老志》：「及得寇謙之道，帝以清淨無為，有仙化之證，遂信行其術。時司徒崔浩，博學多聞，帝每訪以大事。浩奉謙之道，尤不信佛，與帝言，數加非毀，常謂虛誕，為世費害。」參《魏書》卷一百一十四〈志〉第二十〈釋老志〉，頁3033。

〔註81〕蔣維喬：《中國佛教史》，頁46。

〔註82〕《魏書·釋老志》記載：「會蓋吳反杏城，關中騷動，帝乃西伐，至於長安。先是，長安沙門種麥於寺內，御騶牧馬於麥中，帝入觀馬。沙門飲從官酒，從官入其便室，見大有弓矢矛盾，……。」參《魏書》卷一百一十四〈志〉第二十〈釋老志〉，頁3033～3034。

〔註83〕詳見《魏書·釋老志》。參《魏書》卷一百一十四〈志〉第二十〈釋老志〉，頁3034～3035。

廢除全國佛教，北魏政權至此宣布佛教為邪教，除了嚴禁佛教的傳播，境內所有的佛像和經卷，皆按照長安佛寺之辦法，在各地即刻擊碎、焚毀，沙門僧尼一律坑殺，《高僧傳·曇始傳》所謂：「以偽太平七年，遂毀滅佛法。分遣軍兵，燒掠寺舍，統內僧尼，悉令罷道。其有竄逸者，皆遣人追捕，得必梟斬。一境之內，無復沙門。」〔註84〕《集古今佛道論衡》亦記載：「以太平七年，遂普滅佛法。分軍四出，燒掠寺舍，統內僧尼，無少長坑之！其竄逸者，捕獲梟斬！」〔註85〕皆清楚呈現當時的慘況，佛教在北魏的傳播與發展，也至此暫告終止，誠如近世學者所謂「北地的佛教，完全消滅其影跡」〔註86〕，其勢力一時深陷衰落、在中國北地幾乎絕跡〔註87〕。

　　北魏太武帝之廢佛與滅佛，是北朝歷史上的一件大事，其執政後期的三次下詔打擊佛教，確實對佛教傳播造成毀滅性的影響，更著實牽連了佛教以外的其他學術、文化與信仰，是史傳曾記載太武帝在打擊佛法之後，復頒布詔令，詔書中提及：「……，接乞胡之誕言，用老莊之虛假，附而益之，皆非真實。至使王法廢而不行，蓋大姦之魁也。」〔註88〕足見佛教在初期為了傳教方便所援引的老莊道家學說，亦連帶被牽連。質言之，太武帝執政後期的這些措施和舉動，導致道教成為境內唯一的宗教；儒學成為境內唯一的學術，其所謂「崇儒滅佛」，實是藉此以發展社會經濟、加強政治與思想控制、維護並鞏固皇權的政治手段。

## （三）假藉儒家禮教以摧毀佛法的政治手段

　　北魏太武帝「崇儒滅佛」、強調儒學的「文教」功能，表面上是為了「整齊風俗，示軌則於天下」、「壹齊政化，布淳德於天下」，實際上是打擊佛教、近而徹底摧毀佛法，而最終目標，仍舊落在專制時代執政者的個人目的：維

---

〔註84〕（梁）釋慧皎：《高僧傳·曇始傳》。參（梁）釋慧皎撰，湯用彤校注、湯一玄整理：《高僧傳》（北京：中華書局，1992年）卷第十〈神異下·宋偽魏長安釋曇始〉，頁386。

〔註85〕（唐）道宣：《集古今佛道論衡》，收於大藏經刊行會編輯：《大正新修大藏經》（臺北：新文豐出版公司，1994年）第52冊，〈史傳部〉四，卷2104，《集古今佛道論衡》卷甲〈元魏君臨釋李雙信致有廢興故述其由事〉三，頁368下。

〔註86〕宇井伯壽著、李世傑譯：《中國佛教史》（臺北：協志工業叢書出版公司，1977年），頁56～58。

〔註87〕待太武帝拓跋燾過世，文成帝拓跋濬即位，才又發出敕令，再興佛教；獻文帝極力恢復、並維護佛教，北朝佛教的傳播與發展，才又日益復甦與興盛。

〔註88〕《魏書·釋老志》。參《魏書》卷一百一十四〈志〉第二十〈釋老志〉，頁3034。

護帝制政權的穩固，以及對國家社會的思想控制。此外，考察史料文獻的記載，崔浩可謂整場「崇儒滅佛」事件的幕後主使者，此正是湯用彤所謂：「太武毀法，固亦可謂為佛道鬥爭之結果，但其主動人為崔浩。」〔註89〕

漢人崔浩是輔佐過道武、明元、太武三帝的北魏重臣，在太武帝執政之際，其已官至司徒、權傾一時，更因為多謀善斷、屢建功勳而被數位國君所器重的軍事謀略家，對於北魏的平定北方諸國、以及統一北方後的與南朝作戰，都具有決定性的影響；對於北魏儒學與禮教的推動，著實功不可沒。另外，依史傳記載：

> 初，浩父疾篤，浩乃剪爪截髮，夜在庭中仰禱斗極，為父請命，……。及父終，居喪盡禮，時人稱之。襲爵白馬公。朝廷禮儀、優文策詔、軍國書記，盡關於浩。浩能為雜說，不長屬文，而留心於制度、科律及經術之言，作家祭法，次序五宗，蒸嘗之禮，豐儉之節，義理可觀。性不好《老》、《莊》之書，每讀不過數十行，輒棄之，曰：「此矯誣之說，不近人情，必非老子所作。老聃習禮，仲尼所師，豈設敗法之書，以亂先王之教。袁生所謂家人筐篋中物，不可揚於王庭也。」〔註90〕

此足見崔浩從政早期，當是一位有志於儒家事業、卻又能博覽群書，兼綜各家思想的政治謀略家。其精通經律、重視禮法，重視中國自古以來的各種禮教制度，雖然「不長屬文」，卻能身體力行，更希望將自己對禮教制度方面的專業，運用在政治領域上。至於崔浩「性不好《老》、《莊》之書」的原因，除了認為「必非老子所作」之外，最主要者，是老莊等道家的思想內容「不近人情」、「亂先王之教」，是崔浩眼中的「敗法之書」。

由是觀之，崔浩似乎是一位崇尚傳統禮教、具備儒家學術傾向的典型人物。可惜崔浩的尊儒、崇禮之背後目的，卻充斥著個人的主觀好惡，以及政治上的權謀算計，其因為個人篤信道教，時常在太武帝面前詆毀佛教，刻意利用儒家禮教以打擊佛教，日後更因為太武帝親征蓋吳的一些後續事件，趁機向太武帝提出建言，而太武帝亦言聽計從，北魏的廢佛與滅佛過程，更從此擴大展開。職是，在太武帝與崔浩的刻意操弄之下，導致北魏一度出現專

---

〔註89〕湯用彤：《漢魏兩晉南北朝佛教史》（臺北：臺灣商務印書館，1991 年）下冊，頁 495。
〔註90〕《魏書・崔浩傳》。參《魏書》卷三十五〈列傳〉第二十三〈崔浩傳〉，頁 812。

制、強迫性質的「獨尊儒術」。

統而言之，太武帝於執政中、後期的強迫性質之獨尊儒學、推行儒家禮教，實是藉此以打擊佛法、摧毀佛教，甚至亦連帶牽連當時的其他學說思想與民間信仰。而作為幕後推手與政策主要執行者的崔浩，其早年之通經律、重禮法，不好老莊之書，都可謂東漢以來、儒家大族的家世傳統，但崔浩罔顧宗教信仰與學術思想的自由，假借儒家思想中的一些良善目標，導致太武帝能刻意利用儒學的「文教」、「政教」等功能，強迫北魏導向儒學獨尊的學術環境，對中國儒家學說之發展與推廣，實非一股正面力量。

## 第二節　北魏中期的文教事業發展最為繁榮

誠如上述，北魏中期以前的諸君主，大抵皆有意識地接受並逐步吸取儒家的學術文化思想、風俗禮教制度、宗法禮儀制度與倫常道德觀念，更明白宣示了統治階層堅持崇儒、重儒的態度，進一步強化了儒學在國家、社會等處的地位，使之影響的層面得以不斷地深入與擴大。另外，經過二十餘年的休生養息，期間經過文成帝的廢除太武帝時代之對外四處用兵政策、真正的利用儒教思維以偃兵息甲、重振禮樂風俗〔註91〕；獻文帝設立「鄉學」體制，以提倡地方儒學教育〔註92〕，故迨至孝文帝元宏〔註93〕繼任之後，能在更為

---

〔註91〕如：太安元年（455）下詔赦免京師死囚，詔曰：「今始奉世祖、恭宗神主於太廟，又於西苑遍秩羣神。朕以大慶饗賜百僚，而犯罪之人獨即刑戮，非所以子育羣生，矜及眾庶。夫聖人之教，自近及遠。是以周文刑於寡妻，至於兄弟，以御家邦。化苟從近，恩亦宜然。其曲赦京師死囚以下。」又和平四年（463）下令喪葬、嫁娶皆必須依循禮教制度的規範而行、切勿鋪張浪費，詔曰：「名位不同，禮亦異數，所以殊等級，示軌儀。今喪葬嫁娶，大禮未備，貴勢豪富，越度奢靡，非所謂式昭典憲者也。有司可為之條格，使貴賤有章，上下咸序，著之於令。」同年又依社會的尊卑高下，限制不同階層的聯姻與通婚，詔曰：「夫婚姻者，人道之始。是以夫婦之義，三綱之首；禮之重者，莫過於斯。尊卑高下，宜令區別。然中代以來，貴族之門多不率法。或貪利財賄，或因緣私好，在於苟合，無所選擇，令貴賤不分，巨細同貫，塵穢清化，虧損人倫，將何以宣示典謨，垂之來裔。今制皇族、師傅、王公侯伯及士民之家，不得與百工、伎巧、卑姓為婚，犯者加罪。」雖詔令內容涉及種族、階級等問題，但其目的在避免「貴族多不率法」、「貪利財賄」、「因緣私好」等事，故不得已利用此「強心針」以收短期之快速成效。以上事見《魏書·高宗紀》，參《魏書》卷五〈帝紀〉第五〈高宗文成帝〉，頁114、122。

〔註92〕《魏書·顯祖紀》記載拓跋弘於天安元年（466）：「初立鄉學，郡置博士二

---

承平穩固的朝政基礎下,推展各項政令與措施,另一方面也因個人的崇尚中國文化、醉心華夏之禮教,甚至深厭其國之固有舊俗,故在統轄境內實行全面的漢化運動,除了禁胡服、斷北語;改變度量衡、改變姓氏,更積極推廣教育,著實提高鮮卑族的文化水準。

## 一、積極推廣文教事業

在北魏孝文帝即位之初,本由祖母馮太后攝政,馮太后是漢人,其在握有相當實權之後,即開始有意識地對北魏進行漢化,除了實行一系列關於政治、經濟、社會風俗等方面的重大改革,對於文教事業亦頗為留意,故在馮太后攝政期間,北魏之朝堂實舉辦不少文學方面的相關活動:「太后以高祖富於春秋,乃作〈勸戒歌〉三百餘章,又作〈皇誥〉十八篇,⋯⋯。」又:「太后曾與高祖幸靈泉池,燕羣臣及藩國使人、諸方渠帥,各令為方舞。高祖帥羣臣上壽,太后忻然作歌,帝亦和歌,遂命羣臣各言其志,於是和歌者九十人。」〔註94〕此足見馮太后有意帶動北魏朝堂之文學風氣。又史傳記載馮太后曾下詔:「自非生知,皆由學誨,皇子皇孫,訓教不立,溫故求新,蓋有闕矣。可於閒靜之所,別置學館,選忠信博聞之士為之師傅,以匠成之。」〔註95〕其於太和九年(485),欲在平城「別置學館」以教育皇族子弟,或有學者認為,此處所謂「別置學館」,正是往後孝文帝於遷都洛陽之前,另外增設之「皇子之學」〔註96〕,亦即純粹以皇族子弟為教育對象的「皇宗學」。及至孝文帝親政,除了繼承馮太后遺志,重用漢族士人,更欲振興文教事業、培養文學方面的人才,尤其孝文帝本人亦是崇尚中原文化、愛好文學與學術之輩,史傳記載其在年少時期,即「雅好讀書,手不釋卷。《五經》之義,覽之便講」、「史傳百家,無不該涉。善談《莊》、《老》,尤精釋義。」、「才藻富贍,好為文章,詩賦銘頌,任興而作。」〔註97〕足見孝文帝自幼聰穎、文思敏捷,又

---

人、助教二人、學生六十人。」詳參《魏書》卷六〈帝紀〉第六〈顯祖獻文帝〉,頁127。

〔註93〕筆者於下文皆以元宏稱之。

〔註94〕以上詳見《魏書·文成文明皇后馮氏傳》。參《魏書》卷十三〈皇后列傳〉第一〈文成文明皇后馮氏傳〉,頁329。

〔註95〕《魏書·咸陽王禧傳》。參《魏書》卷二十一上〈獻文六王列傳〉第九上〈咸陽王禧傳〉,頁533。

〔註96〕高明士:《中國中古的教育與學禮》,頁42。

〔註97〕《魏書·高祖紀》。參《魏書》卷七下〈帝紀〉第七下〈高祖孝文帝〉,頁187。

能勤奮向學，故十餘歲即精通儒家五經經義、博涉史傳百家。

　　北魏孝文帝重視文教，在執政之後一方面效法南朝，以制定禮樂律令：改定官制、禮儀、律令與法制等一系列政策，並提倡務農積穀，考核官吏；一方面又推廣教育，設立太學、小學等，並以爵賞來獎勵學士。在遷都洛陽之前，孝文帝實已將中書學改為國子學〔註98〕，並建立明堂、辟雍，尊「三老五更」，又增置「皇宗學」、亦即皇子之學〔註99〕，作為教育皇族子弟之專門學校，而且孝文帝也屢次親臨皇宗學、「親問博士經義」〔註100〕。至於孝文帝對於學校教育的推動，主要是在遷都洛陽之後，蓋北魏長期都於平城，史傳記載：「及遷都洛邑，詔立國子太學、四門小學」〔註101〕對孝文帝而言，遷都洛陽是其「漢化北魏」的第一步，蓋北魏自道武帝拓跋珪稱帝之後，將首都遷至平城，歷經道武、明元、太武、文成、獻文諸帝，至孝文帝登位，已有九十餘年，但是平城之地理位置，因為過於偏北而天寒，六月即有風雪，且時常夾帶沙土，京城一片煙塵四起，北魏長期將國家政治中心設於平城，此等惡劣的氣候與環境，確實難以適應政治、社會與經濟等的發展〔註102〕，地處偏北的首都位置，更不利於北魏對整個中原地區的統治，而洛陽「崤函帝宅，河洛王里，因茲大舉，光宅中原」〔註103〕，不僅是漢化的優良環境，

〔註98〕北魏在遷都之前，國子學稱為中書學，隸屬於五省之一的中書省，學官稱中書博士，又有教授博士，學子稱中書學生，當時中書博士竟有參定國是之權，學生又設有品階，為歷朝所罕見。元宏遷都之後，將中書學之名稱，再改為傳統的國子學。詳參高明士：《中國中古的教育與學禮》，頁10～11。

〔註99〕《魏書‧儒林列傳序》與《北史‧儒林列傳序》皆作「皇子之學」，《魏書‧高祖紀》則作「皇宗學」。詳參《北史》卷八十一〈列傳〉第六十九〈儒林上〉，頁2704。《魏書》卷八十四〈列傳〉第七十二〈儒林〉，頁1842。以及《魏書》卷七下〈帝紀〉第七下〈高祖孝文帝〉，頁169。

〔註100〕《魏書‧高祖紀》。參《魏書》卷七下〈帝紀〉第七下〈高祖孝文帝〉，頁169。

〔註101〕《魏書‧儒林列傳序》。參《魏書》卷八十四〈列傳〉第七十二〈儒林〉，頁1842。

〔註102〕依《魏書‧祖瑩傳》記載，時人有作〈悲平城〉一詩：「悲平城，驅馬入雲中，陰山常晦雪，荒松無罷風。」參《魏書》卷八十二〈列傳〉第七十〈祖瑩傳〉，頁1799。而據說當時亦有流行的民間歌謠如此唱道：「紇於山頭（今山西大同市東）凍死雀，何不飛去生處樂！」關於北魏政權的早期定都平城、乃至於日後的遷都洛陽，可參萬繩楠整理：《陳寅恪魏晉南北朝史講演錄》的〈北魏前期的漢化（崔浩問題）〉（頁240～253）、〈北魏後期的漢化（孝文帝的漢化政策）〉（頁254～267）等部分。

〔註103〕《魏書‧拓跋澄傳》。參《魏書》卷十九中〈列傳〉第七中〈景穆十二王列傳〉的〈任城王雲傳〉所附〈拓跋澄傳〉，頁464。

更是一兼具軍事與經濟考量下之都城首選〔註104〕，誠如錢穆所云：「一則元魏政制，久已漢化，塞北荒寒，不配做新政治的中心。一則北方統一以後，若圖吞并江南，則必先將首都南移。三則當時北魏政府，雖則逐步漢化，而一般鮮卑人，則以建國已踰百年，而不免暮氣漸重。魏文帝實在想用遷都的政策來與他的種人以一種新刺激。」〔註105〕推測此概是孝文帝遷都的主因。是孝文帝在太和十七年（493），即以討伐南朝齊為名，率領步騎百餘萬自平城南下、進駐洛陽，隔年即宣布正式定都於此。

　　太和十八年至十九年之間（494～495），北魏遷都洛陽之事大抵完成，北魏的各項朝政事務、文武百官，亦已幾乎移至洛陽，孝文帝遂開始下詔以進行漢化，其中「廣興學校」、「求天下遺書」即是孝文帝對北魏漢化的重要政策之一。蓋發跡於草原遊牧部落的鮮卑族，本身雖有風土舊俗、卻無較深廣的文化，因此許多北魏的鮮卑貴族，縱有一定的政治與社會地位，卻無法如北方漢人士族一般，擁有深厚的知識與學養，更無法在文化學術上佔有一席之地，故必須依靠儒家的風俗禮教、道德倫常、階級名分等思想予以教化。因此，太和十九年洛陽的金墉宮竣工之後，孝文帝詔令在洛陽城內設立國子學、太學、四門小學，並下詔「求天下遺書，秘閣所無、有裨益時用者加以優賞。」〔註106〕

　　北魏於太和二十年（496）同時設立的國子學、太學、四門小學，是孝文帝首創。自晉武帝於咸寧二年（276）依《周禮》建置國子學的體制，乃至於晉惠帝元康三年（293）的正式招收學子，國子學實已成為與太學並立的教育體制，至北魏孝文帝，又開創了「國子學、太學、四門小學」三學並立的新式體制。蓋孝文帝遷都之前，北魏已設有國子、太學二學館，作為教育王公子弟之學校，其後又增設皇宗學，作為教育皇族子弟之學校，而「四門小學」亦簡稱「四門學」，主要目的則是對王公子弟實施基礎教育之處〔註107〕。

---

〔註104〕《魏書・李沖傳》記載孝文帝元宏云：「朕欲從此通渠於洛，南伐之日，何容不從此入洛，從洛入河，從河入汴，從汴入清，以至於淮？下船而戰，猶開戶而鬥，此乃軍國之大計。」說明可以在洛陽通鑿運河，以利國家對外的戰略施行。參《魏書》卷五十三〈列傳〉第四十一〈李沖傳〉，頁1185。

〔註105〕錢穆：《國史大綱》上冊，頁282～283。

〔註106〕《魏書・高祖紀》。參《魏書》卷七下〈帝紀〉第七下〈高祖孝文帝〉，頁177～178。

〔註107〕四門小學作為王公子弟實施基礎教育之處，此是推測之論述。因為礙於史料有限，關於北魏「四門小學」之由來與詳細的設置狀況，目前學界皆尚無定論。

不過，礙於史料有限，關於北魏「四門小學」之由來與詳細的設置狀況，目前無法作更進一步之考察與探究，大致上其創置之主因，當是配合孝文帝的漢化政策，取《禮記・祭義》所謂天子設學於四郊的概念而建置，而稍晚的淵源則可以是來自後趙石勒所建之教育制度：「勒增置宣文、宣教、崇儒、崇訓十餘小學於襄國四門，簡將佐豪右子弟百餘人以教之，且備擊柝之衛。」〔註108〕又：「初，勒置大、小學博士，至是復置國子博士、助教。」〔註109〕石勒在首都之四門設置若干小學，提供部屬和豪族子弟入學與接受教育的機會，並分遣小學博士前往任教。石勒此制，可能影響孝文帝「四門小學」的建置，唯孝文帝採納劉芳之意見，將分散四處的四門小學，統一遷移至太學之處，雖集中成一處，然亦統稱「四門小學」。太和二十一年（497），劉芳上表云：

> 今太學故坊，基趾寬曠，四郊別置，相去遼闊，檢督難周。計太學坊並作四門，猶為太廣。以臣愚量，同處無嫌。且今時制置，多循中代，未審四學應從古不？求集名儒禮官，議其定所。〔註110〕

又《大唐六典》〔註111〕之「四門博士」條引劉芳表亦曰：

> 《後魏書》劉芳表（按，載於是書卷五十五本傳）云：「太和二十年立四門博士，於四門置學。……今以其遼遠，故置於四門。請移與太學同處。」〔註112〕

此足見劉芳建議將分散於四處、位置過於遼遠的四門小學，集中移至太學處。此外，再根據一些史傳的記載而推敲，孝文帝創置「四門小學」之後，小學博士的人數曾經多達四十人，例如《魏書・儒林傳序》記載北魏宣武帝時代「復詔營國學，樹小學於四門，大選儒生，以為小學博士，員四十人。」〔註113〕又或者在孝文帝創置「四門小學」之時，即當設有博士四十人、助教

---

〔註108〕《晉書・石勒載記》。參《晉書》卷一百四〈載記〉第四〈石勒上〉，頁2729。
〔註109〕《晉書・石季龍載記》。參《晉書》卷一百六〈載記〉第六〈石季龍上〉，頁2769。
〔註110〕《魏書・劉芳傳》。參《魏書》卷五十五〈列傳〉第四十三〈劉芳傳〉，頁1222。
〔註111〕下文簡稱《唐六典》。
〔註112〕詳參《唐六典》卷二十一〈國子監〉之「四門博士」條下注引劉芳表。參（唐）李林甫等撰，陳仲夫點校：《唐六典》（北京：中華書局，1992年）卷二十一〈國子監〉之「四門博士」條，頁560。
〔註113〕《魏書・儒林列傳序》。參《魏書》卷八十四〈列傳〉第七十二〈儒林〉，頁1842。

二十人〔註114〕，因此或有學者認為，既教員人數如此龐大，想必學生人數亦眾多〔註115〕，但可以確定者，是四門小學之學生員額即便不詳，但是其教授組織陣容之龐大，確實為中國歷史上所少有。

統而言之，雖然孝文帝的「三學並立」僅是初具規模，且礙於史料的闕如，使吾人無法確知「三學」中的「四門小學」，在當時之詳細狀況。但客觀來說，孝文帝設立的「四門小學」，其體制在北魏當頗為龐大，至於「三學並立」的創建，更實是中國中央教育的規格，日趨龐大與完備的一次重大歷程。可惜此種三學並立之制，並未受到北周所承襲，而是被日後的隋代所採取，並影響到唐代的國子監（學）之制度。

## 二、重用儒學大家與漢族士人

北魏自道武帝建立政權以來，歷任諸帝大抵皆能關注於儒學教育，並聘用當世的名士宿儒，作為國家教育事業上的柱石。這些儒士或者是北朝原有的才士；或者是中原地區、儒學修養甚深的世家大族出身；或者是來自於涼州地區、儒學基礎較深的士人；又或者是從南朝投奔、避居到北魏的學者，由於北魏政權能禮遇、並重用這些飽學之士，故是輩對於北魏各個時期的政治、經濟、思想、文化等方面的發展，皆具有相當程度的推動作用。例如漢人燕鳳、梁越、盧醜等人在道武帝時期，即因博學多才而被封官賜爵〔註116〕；迨至太武帝時期，則「辟召儒儁」數百名〔註117〕、重用關東地區的盧玄、崔綽、李靈、邢穎、高允、游雅、張偉等名士儒者，而當世涉及了滅佛、廢佛事件的崔浩與「兼修儒教」的道士寇謙之，也皆是出身北方著名的儒門士族；又北魏宣武帝時期，亦大選儒生、聘用為小學博士，是史傳記載北魏的漢儒，紛紛「或聚徒千百，或服冕乘軒」，於是「人多砥尚，儒林轉

---

〔註114〕「四門小學」設有博士四十人，詳見《魏書‧鄭道昭傳》中鄭道昭的上表內文：「置四門博士四十人，其國子博士、太學博士及國子助教，宿已簡置。」參《魏書》卷五十六〈列傳〉第四十四〈鄭羲傳〉所附〈鄭道昭傳〉，頁1241。北魏「四門小學」之設有助教二十人等故實，可參見柳宗元〈四門助教廳壁記〉一文之說解。詳參（唐）柳宗元著，劉禹錫輯：《柳河東集》（上海：上海人民出版社，1974年）卷二十六〈四門助教廳壁記〉，頁434～436。

〔註115〕高明士：《中國中古的教育與學禮》，頁21。

〔註116〕詳見《魏書‧儒林列傳》。參《魏書》卷八十四〈列傳〉第七十二〈儒林〉，頁1841～1865。

〔註117〕《魏書‧盧玄傳》。參《魏書》卷四十七〈列傳〉第三十五〈盧玄傳〉，頁1045。

興」〔註118〕。尤其北魏政權、抑或孝文帝之重用漢族士人，並非北朝政權首例，筆者於上文所論及的後趙石勒之重用張賓、前秦苻堅之重用王猛，皆類同於此，這些國君無不極盡禮遇漢族士人、賦予其甚高的權力與地位。

　　北魏孝文帝是一位有意識地大量起用漢人儒士的統治者，由於孝文帝的重視，使得北魏的文教事業較前代更為繁榮。尤其孝文帝重用並禮遇儒學大家與漢族士人，故除了國家的學校教育得以振興，當時朝中亦頗多飽學之士，史傳敘述孝文帝「愛奇好士，情如饑渴。待納朝賢，隨才輕重，常寄以布素之意。」、「愛奇好士，視下如傷」〔註119〕、又：「劉芳、李彪諸人以經書進，崔光、邢巒之徒以文史達，其餘涉獵典章，關歷詞翰，莫不縻以好爵，動貽賞眷。於是斯文鬱然，比隆周漢。」〔註120〕足見其選賢任能之外，更能愛惜人才，是劉芳、李彪諸輩以經書見長；崔光、邢巒等人以文史顯達，孝文帝對這些有才能的大臣，皆十分器重、不吝爵賞，其禮賢下士、愛才如渴的態度，在史傳中自見。又《資治通鑑》記載孝文帝：「好賢樂善，情如飢渴。……如李沖、李彪、高閭、王肅、郭祚、宋弁、劉芳、崔光、邢巒之徒，皆以文雅見親，貴顯用事；制禮作樂，鬱然可觀，有太平之風焉。」〔註121〕由於執政者能夠重視文人儒士、推崇學術與文教，儒者、士人的政治與社會地位，自然能大幅度地提昇，對北魏的學術、文化的發展，當然也有正面且積極的作用。因此，不僅原有的北方人才集中到朝廷，一些北來的南朝士人也以文雅見重於當世，由於這些人才的加入，造就了北魏一時朝中濟濟多士，文人儒士之行列日愈龐大的榮景，可謂貴顯一時、蔚為盛況。而其中上述之劉芳、王肅、崔光等三人，便是由南朝北來的士人。

　　經學家劉芳，是當世之儒學大家，史傳云其「沉雅方正」、「經傳多通」，並以「才思深敏，特精經義，博聞強記，兼覽《蒼》《雅》，尤長音訓，辨析無疑」評之，此概是孝文帝「尤器敬之，動相顧訪」的主因〔註122〕。而近世學者更依嚴可均《全上古三代秦漢三國六朝文》中之輯錄者，考察並統計劉

---

〔註118〕《魏書・儒林列傳序》。參《魏書》卷八十四〈列傳〉第七十二〈儒林〉，頁1842。

〔註119〕《魏書・高祖紀》。參《魏書》卷七下〈帝紀〉第七下〈高祖孝文帝〉，頁187。

〔註120〕《魏書・儒林列傳序》。參《魏書》卷八十四〈列傳〉第七十二〈儒林〉，頁1842。

〔註121〕（宋）司馬光撰，（元）胡三省注：《資治通鑑》第六冊，卷一百四十〈齊紀六〉，頁4389。

〔註122〕《魏書・劉芳傳》。參《魏書》卷五十五〈列傳〉第四十三〈劉芳傳〉，頁1226。

芳之文章，得見其深具濃厚之儒家思想色彩〔註123〕，例如〈立學表〉：「夫為國家者，罔不崇儒尊道，學斆為先。」〔註124〕視「立學」為國家政務之先，國家必須「崇儒尊道」、將學業、教化等作為國家施政時的優先考量。又〈郊壇疏〉：「臣聞國之大事，莫先郊祀；郊祀之本，實在審位。是以列聖格言，彪炳綿籍；先儒正論，昭著經史。」〔註125〕吾人不僅可從上引諸文而得見劉芳之重視立學、郊祀等事，更能從其所謂「崇儒尊道」、「先儒正論」諸用語，發現劉芳的濃厚儒家立場與色彩，正是學者所謂作品充滿「純粹儒臣口吻」〔註126〕。

又如孝文帝遷都洛陽之後、自建鄴〔註127〕降魏的南齊祕書丞王肅（464～501），是東晉丞相王導的後人，史傳描述王肅「少而聰辯，涉獵經史，頗有大志。」孝文帝久慕王肅的博學多才、通曉舊事，故聽聞王肅前來，隨即「虛襟待之，引見問故」，親切禮遇、備問周至的態度，在史傳中自見，其後更時常「屏左右相對談說，至夜分不罷」，而王肅對於孝文帝亦是盡忠竭誠、毫無隱避，面對孝文帝詢問為政之道或治國策略，總是引經據典、陳說治亂，對答如流之餘，又不失君臣之禮，更自謂「君臣之際猶玄德之遇孔明」。因此，孝文帝十分器重此位漢族大臣，其時正值孝文帝欲變革舊俗、大興禮樂之際，是北魏諸多的朝儀文物，泰半由王肅主持制定。待至孝文帝駕崩，其遺詔之中還特地強調：「以肅為尚書令，與咸陽王禧等同為宰輔」〔註128〕，咸陽王元禧是元恪的叔父、拓跋弘次子、孝文帝之異母弟，是北魏宗室中權位極其顯貴者，北魏宣武帝元恪執政初期（499～508），即由北魏宗室的元禧輔政、漢族的尚書令王肅輔佐，孝文帝對王肅的禮遇和器重，可見一斑。再如因為戰事而隨父輩遷徙至北魏境內的崔光，是一名通達文史的儒者，孝文

〔註123〕林晉士：〈北朝政治環境對文學發展之影響〉，《高雄師大學報（人文與藝術類）》第二十一期（2006年12月），頁11～12。

〔註124〕劉芳：〈立學表〉，收於（清）嚴可均輯：《全上古三代秦漢三國六朝文・全後魏文》（北京：中華書局，1958年）第四冊，卷三十八，頁3704上。

〔註125〕劉芳：〈郊壇疏〉，收於（清）嚴可均輯：《全上古三代秦漢三國六朝文・全後魏文》第四冊，卷三十八，頁3704下。

〔註126〕林晉士：〈北朝政治環境對文學發展之影響〉，《高雄師大學報（人文與藝術類）》第二十一期（2006年12月），頁11。

〔註127〕三國時期吳國都城「建業」，於晉太康三年（282）改稱「建鄴」，故本文此處以「建鄴」稱之。

〔註128〕以上王肅故實，詳見《魏書・王肅傳》。參《魏書》卷六十三〈列傳〉第五十一〈王肅傳〉，頁1410。

帝對其亦是推崇備至，史傳記載：

> 太和六年，拜中書博士，轉著作郎，與秘書丞李彪參撰國書。遷中
> 書侍郎、給事黃門侍郎，甚為高祖所知待。常曰：「孝伯之才，浩浩
> 如黃河東注，固今日之文宗也。」以參贊遷都之謀，賜爵朝陽子，
> 拜散騎常侍，黃門、著作如故，又兼太子少傅。尋以本官兼侍中、
> 使持節，為陝西大使，巡方省察，所經述敘古事，因而賦詩三十八
> 篇。還，仍兼侍中，以謀謨之功，進爵為伯。〔註129〕

依上文所述，崔光奉命參與國書、亦即《魏書》的編輯撰寫工作，並深受孝
文帝的倚重與推崇，直以「浩浩如黃河東注」、「今日之文宗」大讚其才學。
此外，崔光是一位言行、思想皆契合於傳統儒家的人士：「光少有大度，喜怒
不見於色。有毀惡者，必善言以報之，雖見誣謗，終不自申曲直。」待人
處世是如此，在朝堂上更每每正色直諫，援引《禮記》、《詩》、《書》、《春秋》
與孔子言論，以規勸執政者〔註130〕，頗有典型儒者的風範。

　　除了由南朝北來之士人劉芳、王肅、崔光等人，在北魏朝堂上，仍有許
多深受執政者所器重的漢族臣子，也皆是飽學經史詩書之碩儒。諸如游明根、
游肇父子，二人皆是北魏名臣，游明根在北魏文成帝時代，文成帝拓跋濬即
以其「小心敬慎」而讚譽有加，史傳亦以「處身以仁和，接物以禮讓，時論
貴之」稱美其任官五十餘年的儒者風格。待孝文帝即位，更極盡禮遇這位博
學夙儒：「高祖初，明根與高閭以儒老學業，特被禮遇，公私出入，每相追
隨，……」，其後更依《禮記》儀制以尊養德高望重之老者：「以司徒尉元為
三老，明根為五更，行禮辟雍。」此皆足見孝文帝對游明根之學問、德行等
的推崇與重視〔註131〕。而其子游肇之「肇」字，源自孝文帝賜名，游肇年幼
時為中書學生，即「博通經史及《蒼》、《雅》、《林》說」，任官之後亦是一位
深受執政者器重與賞識〔註132〕，又「謙素敦重，文雅見任」、在言行思想皆循

---

〔註129〕《魏書・崔光傳》。參《魏書》卷六十七〈列傳〉第五十五〈崔光傳〉，頁1487
　　　　～1488。

〔註130〕詳見《魏書・崔光傳》。參《魏書》卷六十七〈列傳〉第五十五〈崔光傳〉，
　　　　頁1488～1490。

〔註131〕以上詳見《魏書・游明根傳》。參《魏書》卷五十五〈列傳〉第四十三〈游明
　　　　根傳〉，頁1215。

〔註132〕《魏書・游肇傳》亦記載：「高祖初，為內秘書侍御中散。司州初建，為都官
　　　　從事，轉通直郎、秘閣令，遷散騎侍郎、典命中大夫。」關於游肇的歷史故
　　　　實，詳見《魏書・游肇傳》，參《魏書》卷五十五〈列傳〉第四十三〈游明根

規蹈矩的傳統儒家人臣:「肇,儒者,動存名教,直繩所舉,莫非傷風敗俗。持法仁平,斷獄務於矜恕。」又:

> 肇外寬柔,內剛直,耽好經傳,手不釋書。治《周易》、《毛詩》,尤精《三禮》。為《易集解》,撰《冠婚儀》、《白珪論》,詩賦表啟凡七十五篇,皆傳於世。謙廉不競,曾撰《儒棋》,以表其志焉。清貧寡欲,資仰俸祿而已。肇之為廷尉也,世宗嘗私敕肇,有所降恕。肇執而不從,曰:「陛下自能恕之,豈足令臣曲筆也!」其執意如此。及肅宗初,近侍群官豫在奉迎者,自侍中崔光以下並加封邑,時封肇文安縣開國侯,邑八百戶。肇獨曰:「子襲父位,今古之常。因此獲封,何以自處?」固辭不應。論者高之。〔註133〕

游肇在當世雖然以經史見長,但是舉凡:哲學思想方面的《周易集解》、禮制儀典方面的《冠婚儀》、政論性質的《白珪論》,以及表明己志的《儒棋》等,不僅皆有所論著,更說明了游肇的主要著作傾向。尤其此些史傳的種種描述,實已充分表現游肇在任官、待人等方面上的傳統儒家禮教思維。

再如被史傳評以「明達典故,強直從官」、「侃然不撓,其有王臣之風」的張普惠,其「精於《三禮》,兼善《春秋》,百家之說,多所窺覽,諸儒稱之」,其於太和十九年起便開始擔任主書,一直深受孝文帝所重用,但張普惠一生為官,不改犯顏直諫的個性,尤其重視喪葬墳典、郊廟祭祀等傳統禮教,對於北魏不合於傳統風俗禮制之事,皆據理力爭、援引經典以勸諫執政者〔註134〕。其他再如自幼精通《詩》、《書》,日後被崔光舉為國子博士、累遷國子祭酒的祖瑩〔註135〕;自幼聰敏,「初讀《論語》、《毛詩》,一受便覽」,日後被舉為律博士、太常博士的常景〔註136〕,皆是在孝文一朝頗受重用的漢族士人。

除了上述之劉芳、王肅、崔光、李彪、邢巒、游明根、游肇、張普惠、

---

傳〉所附〈游肇傳〉,頁1215。

〔註133〕上引諸語,詳見《魏書·游肇傳》。參《魏書》卷五十五〈列傳〉第四十三〈游明根傳〉所附〈游肇傳〉,頁1218。

〔註134〕關於張普惠的歷史故實,詳見《魏書·張普惠傳》。參《魏書》卷七十八〈列傳〉第六十六〈張普惠傳〉,頁1727～1746。

〔註135〕詳見《魏書·祖瑩傳》。參《魏書》卷八十二〈列傳〉第七十〈祖瑩傳〉,頁1798～1800。

〔註136〕詳見《魏書·常景傳》。參《魏書》卷八十二〈列傳〉第七十〈常景傳〉,頁1800～1801。

祖瑩、常景諸人，尚有元澄、李沖、高閭、郭祚、宋弁、崔休、鄭道昭、房亮、裴延儁、陽藻等多位人士，他們或者來自南朝；或者是北朝原有之才士，這些漢族士人皆是秉持儒家理想的賢才；又或兼通文史經學的飽學之士，皆備受重視德行與治才的孝文帝所禮遇或器重。這些漢族的碩儒與士人，在孝文帝執政的時代，尤其是遷都洛陽之後，或者在北魏朝廷贊理機要、掌管制誥；或者出任庶政、參與幃幄，不僅有助於當代儒家學術與文教事業之推展，更是孝文帝在推行漢化運動中，最有力的支持者與執行者，是輩對於孝文帝的改革舊俗、制禮作樂、更定律法等方面，皆發揮了重要的影響和作用。

## 第三節　文教事業的由盛轉衰

### 一、北魏後期文教事業的衰敗

　　由於孝文帝在個人方面，實精通儒家經義與史傳百家；另一方面能禮遇和器重來自各地的漢族碩儒與飽學之士，再加上任用與調配得宜，以及方向正確的各項改革措施，始能朝野上下一心，不僅著實提高了鮮卑族的文化水準、有效發展了北朝的教育事業，更緩解了當時的民族隔閡和階級矛盾，終於促成西北方各民族陸續進入中原之後，種族與文化等方面上的一次大融合。可惜孝文帝於太和二十三年（499）在領兵南征期間染疾而猝逝，其後繼者的生活日益腐朽，再加上外戚或寵臣的專權和擅政，又逢關隴、六鎮之叛變，以及稍後的爾朱氏之亂，致使國家財政的入不敷出，朝政一片動盪紛亂。政治的日益黑暗，人民生活愈加艱苦，導致北魏最終走向衰弱一途，至最後一任國君——孝武帝元修〔註137〕，因討伐高歡不成，不得已西奔關中，依附宇文泰集團，卻又於永熙三年（534）被權臣宇文泰所殺害。

　　北魏政權在宣告結束之前，縱有宣武帝元恪（孝文帝次子）於正始四年（507），為了遵循並延續孝文帝的「播文教以懷遠人，調禮學以旌俊造」之

---

〔註137〕《魏書》作出帝，《北史》、《北齊書》作孝武帝。蓋西魏諡號為孝武皇帝，東魏則稱為出皇帝。參《魏書·出帝紀》、《北史·魏本紀·孝武帝紀》、《北齊書·文襄元后列傳》、《北齊書·王昕傳》及其所附〈校勘記〉等處。詳見《魏書》卷十一〈帝紀〉第十一〈出帝〉，頁 281、《北史》卷五〈魏本紀〉第五〈孝武帝〉，頁 168～169、（唐）李百藥撰，楊家駱主編：《北齊書》（臺北：鼎文書局，1975 年）卷九〈列傳〉第一〈文襄元后〉，頁 125、《北齊書》卷三十一〈列傳〉第二十三〈王昕〉，頁 416、423（〈校勘記〉）。

志〔註138〕，始依照前代舊制而設置國子、立太學，並分別樹立小學於四門〔註139〕；於延昌元年（512），再度下詔督促以盡快完成國子學、太學與四門學的興建與安置等作業〔註140〕。捨此而外，北魏文教事業已概無可觀，學術文化等方面亦至此衰竭不振。

吾人亦可依史傳的清楚記載，一窺北魏之學術、文教等方面，自孝文帝、宣武帝之後，由盛轉衰的光景。依《魏書・儒林列傳》所云，北魏之「儒林轉興」，是在「世祖始光三年春」之後、亦即太武帝的執政期間。及至獻文帝、孝文帝時期，《魏書・儒林列傳》載錄其學術人才、教育體制與學校師生人數等，皆最為詳盡，足見北魏的學術、文教等事業，在當時二位國君的執政期間最為興盛，是《魏書・儒林列傳序》更以「斯文鬱然，比隆周漢」稱美孝文帝一朝〔註141〕。

不過，迨至宣武帝時期，北魏之學風除了偶有些許建樹之外，大體上即是在時興時廢的過程中，逐漸轉衰、每況愈下：

> 世宗時，復詔營國學，樹小學於四門，大選儒生，以為小學博士，員四十人。雖黌宇未立，而經術彌顯。時天下承平，學業大盛。故燕齊趙魏之間，橫經著錄，不可勝數。大者千餘人，小者猶數百。州舉茂異，郡貢孝廉，對揚王庭，每年逾眾。神龜中，將立國學，詔以三品以上及五品清官之子以充生選。未及簡置，仍復停寢。正光二年，乃釋奠於國學，命祭酒崔光講《孝經》，始置國子生三十六人。暨孝昌之後，海內淆亂，四方校學所存無幾。永熙中，復釋奠

〔註138〕《魏書・世宗紀》記載元恪於正始四年六月下詔，詔曰：「高祖德格兩儀，明並日月，播文教以懷遠人，調禮學以旌儁造，徙縣中區，光宅天邑，總霜露之所均，一姬卜於洛涘。戎繕兼興，未遑儒教。朕纂承鴻緒，君臨寶曆，思模聖規，述遵先志。今天平地寧，方隅無事，可敕有司準訪前式，置國子，立太學，樹小學於四門。」參《魏書》卷八〈帝紀〉第八〈世宗宣武帝〉，頁204。

〔註139〕孝文帝、宣武帝時，又增設了四門小學，形成了國子學、太學、四門小學三學並立之制。但孝文帝、宣武帝的四門小學位置不同。此可參高明士：《中國中古的教育與學禮》，頁18～23。

〔註140〕《魏書・世宗紀》記載宣武帝元恪於延昌元年夏四月詔曰：「遷京嵩縣，年將二紀，虎闈闕唱演之音，四門絕講誦之業。博士端然，虛祿歲祀，貴遊之冑，歎同子衿，靖言念之，有兼愧慨。可嚴敕有司，國子學孟冬使成，太學、四門明年暮春令就。」規定國子學要在年底的孟冬使成，太學、四門則必須在明年的暮春令就，嚴令相關單位必須盡速完成朝廷交辦之任務。參《魏書》卷八〈帝紀〉第八〈世宗宣武帝〉，頁211～212。

〔註141〕以上詳參《魏書》卷八十四〈列傳〉第七十二〈儒林〉，頁1842。

於國學；又於顯陽殿詔祭酒劉廙講《孝經》，黃門李郁說《禮記》，中書舍人盧景宣講《大戴禮·夏小正篇》；復置生七十二人。及遷都於鄴，國子置三十六人。至於興和、武定之世，寇難既平，儒業復光矣。〔註142〕

依史傳所論，雖然北魏的文教事業在宣武帝的執政時期，暫時遇到「黌宇未立」的窘境，所幸宣武帝願意繼續積極地推動，故尚有「經術彌顯」、「學業大盛」、「橫經著錄，不可勝數」等之榮景。

不過，自神龜年間（518～520），亦即孝明帝時代的中期以後，學校體制似僅剩形式而已，及至孝明帝正光二年（521），尚能於國學處舉行祭祀先聖之禮儀、詔命祭酒崔光主持並講述《孝經》，表示執政者對文教事業仍能稍加投以關注。但不到幾年的光景，亦即孝明帝孝昌年間（525～528）之後，卻因「海內淆亂」而出現「四方校學所存無幾」的狀況。其後，一直到孝武帝永熙年間（532～534），亦即北魏的元修政權被宣告滅亡之前，再度勉強維持住國家當有的學校體制，至東、西魏對立其間，「遷都於鄴」的東魏亦僅在維持基本形制，雖史傳記載東魏在興和（539～542）、武定（543～550）之世，因「寇難既平」而有「儒業復光」的跡象，然而此時距離文宣帝高洋的取代東魏、建立北齊（550）的時間，亦不遠矣！

## 二、曇花一現的西魏文教事業

北魏政權在永熙於三年（534）宣告結束之後，中國北方一度被兩位權臣所把持，分別是宇文泰集團所掌控的「西魏」（535～557），以及高歡掌控的「東魏」（534～550），並為北朝時期分裂的二大政治集團，且兩大集團幾經征戰，並無決定性之勝負，大致以潼關、黃河一帶為疆界。鮮卑化的漢人高歡，欲為將來個人的帝位鋪路，故擁立孝文帝年僅十一歲的曾孫元善見為帝，是為東魏孝靜帝，建都於鄴城，並以高歡大丞相府所在地晉陽為別都，世稱「東魏」，與宇文泰所掌控的西魏對立，十六年之後又被北齊所取代。而被後世稱作「西魏」政權者，是由鮮卑宇文部後裔宇文泰所掌控，宇文泰是漢化鮮卑人，其殺害孝武帝元修之後，擁立孝文帝的孫子元寶炬為帝，是為西魏文帝，並建都於長安，經歷兩代三帝，二十二年之後被北周所取代。直言之，

---

〔註142〕《魏書·儒林列傳序》。參《魏書》卷八十四〈列傳〉第七十二〈儒林〉，頁1842～1843。

北魏政權分裂之後，東魏乃至北齊政權，主要是由高歡等高氏家族所把持；西魏乃至北周政權，則由宇文一氏所主宰。

北魏分裂為二之後，東魏政權因承繼北魏泰半的士子人才，故初期之學術文化，原本較為昌盛，誠非西魏可以比擬；且東魏建立初期，據有原屬梁朝的江南區域，以及黃河南北一帶，舉凡疆域、國力、經濟、甚至軍事實力，皆遠勝於西魏。惟日後東魏、北齊在朝中持續政爭不斷，益之以控制西魏政權之宇文泰，在掌權的二十二年間，施以德治教化為主、法治為輔的政策方針，並曾在行台設學，積極地在思想文化上推崇儒學，又在滅江陵之後，面對自願北來、抑或被俘之學人與文士，諸如王褒、庾信、宗懍等人，也禮遇有加，其後更命令盧辯仿《周禮》更改官制，實行北周六官制，甚至政府文告也仿先秦體。由是，在宇文泰的努力之下，再加上主張不苛不暴、而「法不阿貴」的法律政策，不僅西魏境內的百姓得以安居樂業，學術文化與經濟生產等，亦日漸恢復，甚至屢屢勝過東魏，創造了西魏乃至北周期間，統轄境內的政治尚稱清明、文教事業蓬勃而百姓安泰富足之景象。

## （一）積極推廣儒學教育

依史傳記載，宇文泰在建立西魏政權之後，即「崇尚儒學，明達政事」，也要求變更、並嚴格執行各項政策法令，以求國家朝政之穩定；又通過學校教育的施行，培養大批儒學士人，作為政權的支柱。蓋宇文泰及其一同創業之西魏功臣，大多出於北方顯貴或豪族，是西魏、北周宇文氏集團成員雖多出身軍旅，但文化素養本高於建立東魏政權的高歡及其屬從。《周書・儒林列傳序》：

> 及太祖受命，雅好經術。求闕文於三古，得至理於千載，黜魏、晉之制度，復姬旦之茂典。盧景宣學通羣藝，修五禮之缺；長孫紹遠才稱洽聞，正六樂之壞。由是朝章漸備，學者向風。〔註143〕

雅好儒術的宇文泰，在秉政的二十二年期間，以德治教化作為治國主軸，故其積極推崇儒學，並在京師長安設立國子學，延請當時的儒學大師盧誕，作為國子祭酒〔註144〕，又重用漢人蘇綽，以儒家倫理道德為核心，制定頒布《六

---

〔註143〕《周書・儒林列傳序》。參（唐）令狐德棻撰，楊家駱主編：《周書》（臺北：鼎文書局，1975年）卷四十五〈列傳〉第三十七〈儒林〉，頁806。

〔註144〕《周書・盧誕傳》：「太祖又以誕儒宗學府，為當世所推，乃拜國子祭酒。」參《周書》卷四十五〈儒林列傳〉第三十七〈盧誕傳〉，頁807。

條詔書》（《為政之法六條》），在統轄境內積極地推行與落實，與當時東魏政
權的高歡，縱容鮮卑權貴貪殘亂政，形成強烈的對比。尤其太祖宇文泰之後
的繼任者，如：世宗、高祖等，也皆能繼續致力與支持文教事業〔註 145〕，故
西魏一代，也尚能出現興盛一時的學術文化風潮。

### （二）重用漢人士族

西魏出現政治清明、學術興盛的榮景，其中一個原因是宇文泰在掌控政
權的期間，能重用蘇綽、盧辯、盧誕等漢人士族；利用是輩的治國、治學長
才，以管理西魏之政務，而這些漢人士族，亦多是儒術的奉行者，又或「累
世大儒」的家族出身。例如京兆武功人（今陝西武功）蘇綽（497～546），史
傳記載其「少好學，博覽羣書，尤善算術」，時任汾州刺史的從兄蘇讓，將他
推薦給宇文泰，日後更官拜大行台左丞，其參掌西魏機密、為朝廷擬訂治國
大綱，更是宇文泰革新政治時的最主要執行者與支持者〔註 146〕。「武功蘇氏」
誠屬當時關中的世家大族之一，宇文泰對蘇綽極其信任與重用，而蘇綽對西
魏政治與學術文化最大的貢獻，是在宇文泰大力支持下，擬制《為政之法
六條》，並於大統七年（541）九月，以詔書的形式頒行於世，故稱《六條詔
書》。此詔書之內容十分廣泛，包括：政治、經濟、思想、文化各個方面，
但仍有一套主要綱目：「先治心、敦教化、盡地利、擢賢良、恤獄訟、均賦
役。」〔註 147〕

蘇綽制定的《六條詔書》，實是當時西魏最主要的政治綱領，更可謂「當
時行政官吏的新經典」〔註 148〕，且依詔書「先治心、敦教化」等論述，足見

---

〔註 145〕《周書・儒林列傳序》：「世宗纂曆，敦尚學藝。內有崇文之觀，外重成均之
　　　　職。握素懷鉛重席解頤之士，間出於朝廷；圓冠方領執經負笈之生，著錄於
　　　　京邑。濟濟焉足以踰於向時矣。泊高祖保定三年，乃下詔尊太傅燕公為三老。
　　　　帝於是服袞冕，乘碧輅，陳文物，備禮容，清蹕而臨太學。袒割以食之，奉
　　　　觴以酳之。斯固一世之盛事也。其後命輶軒以致玉帛，徵沈重於南荊。及定
　　　　山東，降至尊而勞萬乘，待熊生以殊禮。是以天下慕嚮，文教遠覃。衣儒者
　　　　之服，挾先王之道，開黌舍延學徒者比肩；勵從師之志，守專門之業，辭親
　　　　咸甘勤苦者成市。雖遺風盛業，不逮魏、晉之辰，而風移俗變，抑亦近代之
　　　　美也。」參《周書》卷四十五〈列傳〉第三十七〈儒林〉，頁 806。
〔註 146〕詳見《周書・蘇綽傳》。參《周書》卷二十三〈列傳〉第十五〈蘇綽傳〉，頁
　　　　381、394 等處。
〔註 147〕詳見《周書・蘇綽傳》。參《周書》卷二十三〈列傳〉第十五〈蘇綽傳〉，頁
　　　　382～390。
〔註 148〕錢穆：《國史大綱》上冊，頁 293。

其以儒家倫理道德為核心，要求各級官吏自身必須恪守儒家道德規範、利用儒家學說修身，以端正個人之思想與行為，始能感召百姓、作為百姓的表率，促使百姓生活在此種儒家美德的教育環境中，而錢穆更直言，當時宇文泰、蘇綽君臣二人的政治理論根據，其所悉心討究、亟欲推行者，正是傳統的《周禮》〔註149〕。換言之，當國家社會上的氛圍一片心和志靜，邪僻之念自然不生，進而能重返和諧、淳樸的社會環境，故云：「躬行仁義，躬行孝悌，躬行忠信，躬行禮讓，躬行廉平，躬行儉約，然後繼之以無倦，加之以明察。」、「行此八者，以訓其民。是以其人畏而愛之，則而象之，不待家教日見而自興行矣。」〔註150〕此外，依《六條詔書》中的「盡地利」所云：「人生天地之間，以衣食為命。食不足則饑，衣不足則寒。饑寒切體，而欲使民興行禮讓者，此猶逆坂走丸，勢不可得也。」、「是以古之聖王，知其若此，故先足其衣食，然後教化隨之。」等語〔註151〕，也可發現宇文泰、蘇綽依據傳統儒家「先富後教」的觀念，以積極勸課農桑、獎勵耕植等施政措施，待百姓溫飽富足，始予以教化。

「欲革易時政」是宇文泰命蘇綽擬制《六條詔書》的最大目的，故史傳記載蘇綽草擬《六條詔書》之後：「太祖甚重之，常置諸座右。又令百司習誦之。其牧守令長，非通六條及計帳者，不得居官。」〔註152〕此足見宇文泰極重視《六條詔書》，不僅作為個人的座右銘，更命令百官學習背誦，若不能通曉此詔書，則「不得居官」。又：「自有晉之季，文章競為浮華，遂成風俗。太祖欲革其弊，因魏帝祭廟，羣臣畢至，乃命綽為〈大誥〉，奏行之。」〔註153〕為了矯正當時浮華的文風，宇文泰命蘇綽根據《尚書》中〈大誥〉一文的格式，模仿文字簡練流暢的先秦文體，制定文體格式以作為文章範例，並於大統十一年（545）宣示群臣，明令往後之文章乃至於公文、政府文告等，皆要依循此體。

除了《六條詔書》與〈大誥〉文體，宇文泰亦曾命蘇綽更改官制：「初，太祖欲行《周官》，命蘇綽專掌其事。未幾而綽卒，乃令辯成之。」〔註154〕

〔註149〕錢穆：《國史大綱》上冊，頁294。
〔註150〕《周書·蘇綽傳》。參《周書》卷二十三〈列傳〉第十五〈蘇綽傳〉，頁383。
〔註151〕《周書·蘇綽傳》。參《周書》卷二十三〈列傳〉第十五〈蘇綽傳〉，頁384。
〔註152〕《周書·蘇綽傳》。參《周書》卷二十三〈列傳〉第十五〈蘇綽傳〉，頁391。
〔註153〕《周書·蘇綽傳》。參《周書》卷二十三〈列傳〉第十五〈蘇綽傳〉，頁391。
〔註154〕《周書·盧辯傳》。參《周書》卷二十四〈列傳〉第十六〈盧辯傳〉，頁404。

可惜蘇綽於大統十二年（546）未成而卒，改由盧辯繼成其事。宇文泰對於蘇綽的過世，亦萬分痛惜，史傳云其「痛惜之，哀動左右」、「親於車後酹酒」、「舉聲慟哭，不覺失匕於手」，描述宇文泰親率百官送棺槨出城外，並且扶棺痛哭，悲嘆道：「尚書平生為事，妻子兄弟不知者，吾皆知之。惟爾知吾心，吾知爾意。方欲共定天下，不幸遂捨我去，奈何！」〔註155〕舉手投足之間，實充分展現一位統治者的愛才與惜才，以及痛失賢才的不捨之情。

再如盧辯、盧誕，皆是范陽涿（今河北省涿州市）人，上文述及宇文泰「以誕儒宗學府，為當世所推」，其特地延請當時的儒學大師盧誕，作為國子祭酒。而盧辯則是出身於數代學習儒學的范陽盧氏大族，是史傳以「累世儒學」稱之。盧辯的家族成員，多是北朝各代的重要官員，且其高祖盧偃，正是西晉司空從事中郎盧諶的兒子；其祖父盧輔，在北魏官至幽州別駕；其父盧靜，在北魏擔任太常丞一職；其兄弟盧景祚、盧景融、盧景裕、盧光等人，也皆是任官於北朝的著名大儒〔註156〕。史傳記載盧辯「少好學，博通經籍」，於正光初年被舉薦為秀才之後，即擔任太學博士，其後更為《大戴禮記》作注，故同為當世「碩儒」之其兄盧景裕，曾以「昔侍中注《小戴》，今爾注《大戴》，庶纂前修矣」勉勵盧辯，嘉許其纂集家族先輩的著述之功勞〔註157〕。

---

〔註155〕《周書・蘇綽傳》。參《周書》卷二十三〈列傳〉第十五〈蘇綽傳〉，頁395。

〔註156〕如：盧景裕是北魏、東魏官員，其專心於經學，在魏節閔帝元恭初年，即被授任國子博士，並參與音韻的訂正工作。之後被范陽家族成員逼迫參與謀反，起義對抗高歡，以響應西魏元寶炬，但是被高歡的部屬賀拔仁平定。不過高歡久聞盧景裕之經學明達、德行顯著，故對他禮遇有加，甚至延請盧景裕以教導其子。高澄亦任盧景裕為丞相，在府第中開課講學，普泰初年，又被授任國子博士。事見《魏書・盧景裕傳》、《北史・盧景裕傳》、《北史・儒林列傳序》與《資治通鑑・梁紀》等處，詳參《魏書》卷八十四〈儒林列傳〉第七十二〈盧景裕傳〉、《北史》卷三十〈列傳〉第十八〈盧同傳〉所附〈盧景裕傳〉，頁1098～1099、《北史》卷八十一〈列傳〉第六十九〈儒林上〉，頁2705。以及（宋）司馬光撰，（元）胡三省注：《資治通鑑》第六冊，卷一百五十八〈梁紀十四〉，頁4899。又：盧光歷仕北魏、西魏與北周，其精通三禮，於大統六年（540），攜帶家眷西入關中，宇文泰對他禮遇有加，授任丞相府記室參軍，賜予范陽縣伯的爵位，不久授任行台郎中，專門掌握書記。武成二年（560），則監管營造宗廟，不久擔任陝州總管府長史。事見《周書・盧光傳》，參《周書》卷四十五〈儒林列傳〉第三十七〈盧光傳〉，頁807～808。

〔註157〕《周書・盧辯傳》。參《周書》卷二十四〈列傳〉第十六〈盧辯傳〉，頁403。

　　盧辯在北魏孝武帝執政時期，即被授予官職，待宇文泰掌控政權，因知其通曉儒家學術，故備極禮遇、並委以重任，《周書》記載：「太祖以辯有儒術，甚禮之，朝廷大議，常召顧問。」、「尋除太常卿、太子少傅。魏太子及諸王等，皆行束脩之禮，受業於辯。」〔註158〕又《北史》亦載：「周文帝以辯有儒術，甚禮之，朝廷大議，常召顧問。遷太子少保，領國子祭酒。」〔註159〕除了每每召盧辯以諮詢、商議國家大事，更將其升任至太子少保，並且兼任國子祭酒等教育性質的職務，也正因為如此，是日後西魏太子元欽和諸王等人，皆拜盧辯為師以學習儒術。依這些史料，可見西魏統治階層對盧辯的尊崇與敬仰。

　　盧辯最重要的二項政績，是建立「六官制度」與「專掌儀制」。大統十二年（546），本當執行統整、更訂官制的蘇綽未成而卒，宇文泰改命盧辯繼成其事：「依《周禮》建六官，置公、卿、大夫、士，並撰次朝儀，車服器用，多依古禮，革漢、魏之法。事並施行。」〔註160〕除了接任蘇綽未能完成之政務，盧辯更奉命「專掌儀制」：「大統初，儀制多闕。太祖令憕與盧辯、檀翥等參定之。」〔註161〕、又：「及周閔帝受禪，彥之與少宗伯盧辯專掌儀制。」〔註162〕蓋北魏孝武帝被迫逃亡、投靠宇文泰之後，政局實已一片混亂，朝廷的各種禮儀與制度，或者頓時中斷；或者逐漸湮沒失落：「自魏末離亂，孝武西遷，朝章禮度，湮墜咸盡。辯因時制宜，皆合軌度。」〔註163〕故盧辯與辛彥之、薛憕、檀翥仔細參定之後，在遵循古代禮儀的前提下，依據不同時期的具體情況，分別採取適當措施來處置，是其所重新制定之禮儀制度等，皆能合乎當世當有的法度規與範。依上述之建立「六官制度」與「專掌儀制」二事，足見「累世儒學」出身的盧辯，極擅長於禮儀典制等方面。

　　宇文泰在掌控西魏政權的期間，起用蘇綽、盧辯、盧誕等人，是輩或者是漢人世家大族；或者是累世的儒學大家，其以儒家的道德禮教、倫理綱常、儀典制度等觀念為本，除了協助宇文泰處理政務，更積極宣傳此種思維模式，

〔註158〕《周書・盧辯傳》。參《周書》卷二十四〈列傳〉第十六〈盧辯傳〉，頁403。

〔註159〕《北史・盧辯傳》。參《北史》卷三十〈列傳〉第十八〈盧同傳〉所附〈盧辯傳〉，頁1100。

〔註160〕《周書・盧辯傳》。參《周書》卷二十四〈列傳〉第十六〈盧辯傳〉，頁404。

〔註161〕《周書・薛憕傳》。參《周書》卷三十八〈列傳〉第三十〈薛憕傳〉，頁684。

〔註162〕《隋書・辛彥之傳》。參（唐）魏徵等撰，楊家駱主編：《隋書》（臺北：鼎文書局，1975年）卷七十五〈列傳〉第四十〈儒林列傳・辛彥之傳〉，頁1708。

〔註163〕《周書・盧辯傳》。參《周書》卷二十四〈列傳〉第十六〈盧辯傳〉，頁404。

以約束時人的行為與思想，從而有效地維持並穩定了統治秩序。

## 三、欲振乏力的北周和北齊二政權

　　北朝的文教事業，在北魏孝文帝之後，幾乎徒剩形式，縱有掌握西魏政權的宇文泰，曾經力圖振作，始在政治、經濟、文化學術等方面，出現短暫的榮景，惟宇文泰接管政權二十二年之後，於 556 年（無年號）〔註164〕病逝，宇文一氏家族為了爭奪執政權，相互內鬥、彼此殺害，經歷一連串慘烈鬥爭，最後宇文泰長子宇文覺建立北周，建都長安，又旋即被殺害，西魏政權亦宣告結束，正式進入朝政紛爭更熾、極盡昏天暗地的北周時期（557～581）〔註165〕。而東魏政權方面，自高歡接管政權之後，發動多次戰爭、四處東征西討，益之以朝中內鬥與爭權不斷，武定五年（547）正月，高歡病死，其子高澄繼任大丞相，接續高歡之權力以掌控東魏政權，然而武定七年（549）又在鄴城家中（今河北臨漳鄴鎮一帶）被人刺殺，改由其弟高洋接掌大權，並於隔年（550）廢東魏孝靜帝、自立為王，國號齊，年號天保，是為北齊文宣帝。

　　北齊文宣帝高洋於執政初期，尚能勤於政事，使得北齊擁有短暫的強盛國力，在文教事業的推展上，亦曾經詔令「郡國修立黌序，廣延髦俊，敦述儒風。」、「其國子學生，亦依舊銓補。」〔註166〕但是僅三十餘歲的文宣帝

---

〔註164〕「大統」（西元 535 年正月～551 年十二月）是西魏文帝元寶炬的第一個年號，然其死後繼任的廢帝元欽、恭帝元廓，皆無自己的年號，宇文覺取代西魏稱帝後，亦未使用年號，必須至北周明帝宇文毓時，從 559 年八月起，始重新使用年號「武成」。

〔註165〕雖宇文覺在名義上建立北周，然不久即被殺害，蓋宇文泰病逝之後，其嫡長子宇文覺，本承襲宇文泰實權、接管西魏政權，然而隔年宇文泰之姪宇文護，逼迫西魏恭帝元廓禪讓，擁立宇文覺為大周天王、建立北周，宇文護則為大司馬。不過，宇文覺不滿宇文護之專權，欲策動政變不成，反被宇文護殺害，宇文護又改擁立其庶兄宇文毓（宇文泰庶長子），是為北周明帝。幾年後，明帝宇文毓被毒殺，宇文護又擁立其堂兄弟宇文邕（宇文泰之第四子），是為北周武帝。此時北周雖名義上是武帝執政，然而實際上自宇文覺建立北周之始，皆是宇文護掌握實權，主宰北周將近十五年，待武帝天和七年（572）三月，宇文護因為過於強勢的施政作為，導致威望大降，武帝乘機誅殺宇文護、重新奪回政權，五年之後（577）北周滅北齊，雖然統一華北，但不久（581）又有楊堅接受禪讓、代周稱帝，改國號隋，北周一代的二十四年紛爭，正式宣告結束。

〔註166〕《北史‧齊本紀‧顯祖文宣帝》。參《北史》卷七〈齊本紀中〉第七〈顯祖文宣帝〉，頁 247。

卻在晚期縱情於奢侈、糜爛的酒色生活，三十四歲即過世。文宣帝逝後，北齊的統治階級內部，更是日益混亂，歷經廢帝、孝昭帝、武成帝、後主高緯，以及幼主高恆等五任帝王之後，於西元 577 年被北周消滅，享國二十八年。

總的來說，北周的宇文一族，宗室之間相互殘殺、內鬥不斷，國祚僅二十四年；北齊六帝中，除了孝昭帝高演，餘下的五任帝王，或者昏庸無能、或者荒淫亂政，在國君皆怠於朝政之下，亦僅維持國祚二十八年。換言之，北齊與北周二代，由於朝中內政紛爭不斷、帝王不思國事，對外更是連年交兵，民不聊生之下，更遑論禮教文化、學術教育等事業的推展，學校僅依制設置而已。例如北周、北齊均設有太學博士，北齊太學生二百人；而北周武帝宇文邕，則曾於保定三年（563）親臨太學；北齊廢帝高殷，年輕時「富於春秋」、「貫綜經業」，曾於擔任太子監國時「集諸儒講《孝經》」〔註167〕，但是不僅文宣帝高洋對其之偏於柔懦性格表示不滿，十五歲即位，一年之後便被高演發動政變而廢掉；至於北齊孝昭帝高演，其在上任之後「擇其令典，考綜名實」、又能「觀察風俗，問人疾苦，考求得失，搜訪賢良。」並於皇建元年（560）詔令「國子寺可備立官屬，依舊置生，講習經典，歲時考試。」〔註168〕是北齊六帝之中，才德兼備、文治武功皆盛之明君，可惜即位翌年，年僅 27 歲的孝昭帝，便因墜馬事故重傷而死，在位時間僅兩年。

此外，北齊曾經創建國子寺，可謂中國古代教育制度即將蛻變之徵兆。國子寺下領國子、太學、四門三學，此三學之制度，源自北魏，惟北齊之「四門學」統於國子寺，當非設於四門，或仿自北魏孝文帝太和二十一年劉芳所議之制，由其博士二十人、助教二十人、學生三百人〔註169〕，以及博士之品階為「正九品」〔註170〕而論，北齊的「四門學」，與北魏一樣或仍是小學性質〔註171〕。而北周除了太學之外，另有露（路）門學、虎門學，也係為貴族子弟的學校，故相較於北齊政權，北周的官學似有略加盛行之傾向，但是整體

---

〔註167〕《北史・齊本紀・廢帝》。參《北史》卷七〈齊本紀中〉第七〈廢帝〉，頁 263～264。

〔註168〕上引諸例，詳見《北史・齊本紀・孝昭帝》。參《北史》卷七〈齊本紀中〉第七〈孝昭帝〉，頁 269。

〔註169〕詳見《隋書・百官志》。參《隋書》卷二十七〈志〉第二十二〈百官中〉，頁 757。

〔註170〕與北魏太和二十三年制為「第九品」相近。

〔註171〕以上詳參高明士：《中國中古的教育與學禮》，頁 22。

來說，由於內政紛亂、對外連年交兵，世道每況愈下，北周、北齊大多不遑
文事，學校大抵僅是依照制度而設置的形式而已，其後甚至名存而實亡，學
生入學的目的，或有為了逃丁避役、或竟有被差逼充員者，二政權底下的學
校教育與文教事業，也因此每每落得人存而政舉、人亡而政息的欲振乏力之
光景，其後北周滅北齊，統一華北（577），四年之後（581）又有楊堅接受禪
讓、代周稱帝、改國號隋，正式結束魏晉南北朝政局。

　　值得一提者，是北周在與北齊對峙之際，也是北周政權境內道、釋二教
之爭尤烈的時候。當時北齊政權因崇尚佛教，故有北齊文宣帝敕令境內道士
全數染剃、「自號神仙者，並上三爵臺，令其投身飛逝」之史事〔註172〕；北周
政權則是崇尚儒術，是北周武帝曾經召集群臣、沙門與道士，齊聚於朝廷論
辯，最後以「儒教為先，道教為次，佛教為後」作為定論，甚至「斷佛、道
二教」並敕令二教教徒還俗，回歸百姓身分。蓋考察今日史傳之記載，則北
周境內關於儒、釋、道三方的辯論，實已持續數年之久，《周書・武帝紀》對
這一串的相關事件之始末，記載甚詳，本文以表格釋之：

**表一：《周書・武帝紀》所載三教論爭的歷史故實**

| 北周武帝紀年 | 西元紀年 | 歷史事件 |
|---|---|---|
| 天和三年八月 | 568 | 癸酉，帝御大德殿，集百僚及沙門、道士等，親講《禮記》。 |
| 天和四年二月 | 569 | 戊辰，帝御大德殿，集百僚、道士、沙門等，討論釋、老義。 |
| 建德二年十二月 | 573 | 癸巳，集群臣及沙門、道士等，帝升高座，辨釋三教先後，以儒教為先，道教為次，佛教為後。 |
| 建德三年五月 | 574 | 丙子，初斷佛、道二教，經像悉毀，罷沙門、道士，並令還民。 |

〔註172〕《續高僧傳》：「及文宣受禪，齊祚大興，天保年中。釋、李二門交競優劣。
　　　　屬道士陸修靜妄加穿鑿，廣制齋儀，靡費極繁，……。天監三年下勅捨道，
　　　　帝手制疏，文極周盡。修靜不勝其憤，遂與門人及邊境亡命，叛入北齊，又
　　　　傾散金玉贈諸貴遊，託以襟期，冀興道法。帝惑之也，乃出勅召諸沙門與道
　　　　士對挍道術。……文宣處座目驗臧否。其徒爾日皆捨邪從正，求哀濟度；未
　　　　發心者勅令染剃，故斬首者非一，自號神仙者，並上三爵臺，令其投身飛逝，
　　　　悉委尸於地。」詳參（唐）釋道宣：《續高僧傳》（臺北：文殊出版社，1988
　　　　年）第四冊，卷二十三〈護法上・釋曇顯〉，頁740～741。

由上表可知，北周武帝於三教論爭之初期，尚能以親自講述儒家經典；討論佛、道二教教義等方式，一方面表明個人崇尚儒教的態度；一方面促進儒、釋、道三方的融會。惟數年之後，仍主觀評斷了三教之先後深淺，甚至利用更強硬的手段，擬欲禁斷佛、道二教。由是，誠如湯用彤所云，佛、道二教在此一時期的「鬥爭」，最終落得兩敗俱傷的結果〔註173〕。《續高僧傳》亦詳載此事：

> 至天和四年，歲在己丑，三月十五日，敕召有德眾僧、名儒道士、文武百官二千餘人於正殿，帝昇御座，親量三教優劣廢立。眾議紛紜，各隨情見較其大抵，無與相抗者。至其月二十日，又依前集，眾論乖咎，是非滋生，並莫簡帝心，索然而退。至四月初，敕又廣召道俗，令極言陳理。又敕司隸大夫甄鸞，詳佛、道二教，定其先後淺深同異。鸞乃上〈笑道論〉三卷，合三十六條，……文極詳據，事多揚激。至五月十日，帝又大集群臣，詳鸞上論，以為傷盡道士，即於殿庭焚之。……至建德三年，歲在甲午，五月十七日，乃普滅佛、道二宗，……。〔註174〕

又：

> 及法滅之後，帝遂破前代關東西數百年來官私佛法，掃地並盡，融刮聖容、焚燒經典，禹貢八州見成寺廟出四十千，並賜王公，充為第宅，三方釋子減三百萬，皆復軍民，還歸編戶。〔註175〕

湯用彤認為，北周武帝當是秉持「勵精圖治，最重儒術」之觀點，而且「儒教為先者，乃帝歷來之宗旨」〔註176〕，雖然其措施與北魏太武帝廢佛、滅佛等手段相比，確實寬容與溫和許多；「經像悉毀」、「罷沙門、道士，並令還民」等作法，也誠然與肆意殺戮的方式有別，卻也仍能得見獨裁專制政權底下，學術傳播與宗教信仰的主觀限制，但是另一方面，更足以說明北周武帝崇尚儒術、欲以儒教為政權首要項目的態度。

---

〔註173〕湯用彤：《漢魏兩晉南北朝佛教史》下冊，頁538～539。
〔註174〕（唐）釋道宣：《續高僧傳》第四冊，卷二十三〈護法上·釋道安〉，頁 751 ～754。
〔註175〕（唐）釋道宣：《續高僧傳》第四冊，卷二十三〈護法上·釋靜藹〉，頁745。
〔註176〕詳參湯用彤：《漢魏兩晉南北朝佛教史》下冊，頁539、542。

# 第肆章　魏晉南北朝建立「廟學」雛形

## 第一節　官學的設置與儒學教育的推展

漢武帝採納董仲舒「興太學，置明師，以養天下之士」的建言，宣示「罷
黜百家，獨尊儒術」的統治方針之後，造就了有漢一代在整體文教事業上的
「尊儒」與「重學」，故當世不論中央太學或地方州縣學，其教育內容均以儒
學為主體，這本是學術界的普遍共識。此等「尊儒」與「重學」二項觀點，
著實也被魏晉南北朝的許多執政階層所繼續承襲，從而成為魏晉南北朝的一
項政治傳統。

### 一、魏晉南北朝的政治傳統──「尊儒」與「重學」

早在魏代初期，魏明帝於太和二年（228）的詔書即提及：「尊儒貴學，
王教之本也。」〔註1〕繼而在其任內，兩度下詔「貴學」與「尊儒」；時至西
晉時期，武帝採納傅玄的諫言：「夫儒學者，王教之首也。尊其道，貴其業，
重其選，猶恐化之不崇；……。」〔註2〕自此特重禮義教化和拔擢人才之道；
又東晉王導奏請晉元帝興學時，也曾經強調了學校教育的「正人倫」、「明五
教」與「化成俗定」等重要功能〔註3〕，元帝不僅欣然採納，日後更下詔以公

〔註1〕《三國志·魏書·明帝紀》。參《三國志·魏書三》卷三〈明帝紀〉第三，頁
94。
〔註2〕《晉書·傅玄傳》。參《晉書》卷四十七〈列傳〉第十七〈傅玄傳〉，頁1319。
〔註3〕《晉書·王導傳》。參《晉書》卷六十五〈列傳〉第三十五〈王導傳〉，頁1747
～1748。

開聲明：儒學乃「經國之務，為政所由」〔註4〕，而當世之散騎常侍戴邈（生卒年不詳），其在上表以陳述恢復「禮學」、振興學校教育的重要性時，除了強調：「帝王之至務，莫重於禮學。是以古之建國，教學為先。國有明堂辟雍之制，鄉有庠序黌校之儀，……。」也特別提點了「夫儒道深奧，不可倉卒而成」的道理〔註5〕。此足以得見官方的學校教育，與儒家教化之間的緊密關係，故即便當時的東晉政權，仍處於強敵環伺的境地，但是王導、戴邈等人，仍極力提倡學校教育的發展，或許在是輩的觀念中，唯有落實儒家的道德倫常、禮俗教化，方是國家政權實現統一與強盛等目標的理想路徑。

時至成帝咸康三年（337），國子祭酒袁瓌、太常馮懷，鑒於王敦、蘇峻的先後奪位政變之後，時局喪亂、禮制陵遲，故上疏奏請設校招生，奏文開篇即云：「臣聞先王之教也，崇典訓，明禮學，以示後生，……。」其後復云孔孟的「道化洙、泗」、「誨誘無倦」，使得「仁義之聲，於今猶存，禮讓之風，千載未泯」等道理，更強調了當世「疇昔陵替，喪亂屢臻，儒林之教暫頹，庠序之禮有闕」、「國學索然，墳卷莫啟，有心之徒，抱志無由」的真實景況〔註6〕。觀袁、馮二氏所論，也皆是再三強調政治、社會的良善風俗之推動，有賴於學校教育與儒家教化的落實，此足以證明統治階級之倡導官方教育事業，即是在倡導儒家禮教、尊崇儒家學術。

五胡十六國時期與南北朝各代的情況亦復如是，當世有志建立強盛、穩固政權的諸帝王，無不以儒術為本，尤其十六國時期的北方部族諸國以及日後的北朝初期君主，其為了取法漢族的社會文化，為了入主中原之後能襲仿當地的統治方式，故利用傳統儒學作為核心的思維模式，是舉凡社會倫常觀、道德價值觀，乃至於宗法制度、封建型態等，皆成為是輩在統治國家時，所亟欲學習和模仿的範本。

依此，十六國時期到北朝一代，諸多有謀略的統治者、諸多較具穩固和勢力的政權，當國家的整體情勢趨於穩定之際，每每重新確定儒學的統治地位；積極發展官方教育事業，藉以推崇與弘揚儒業；而君臣之間也總是在強調治國主張或者提出施政措施時，多處援引儒家經典或觀念，以凸顯政令或

---

〔註4〕《晉書‧荀崧傳》。參《晉書》卷七十五〈列傳〉第四十五〈荀崧傳〉，頁 1978。
〔註5〕散騎常侍戴邈所論，詳參《宋書‧禮志》。《宋書》卷十四〈志〉第四〈禮一〉，頁 358～360。
〔註6〕上引袁、馮二氏的奏書內容，詳參《宋書‧禮志》。參《宋書》卷十四〈志〉第四〈禮一〉，頁 362～363。

諫言上的合理性。這不僅是十六國時期到北朝一代，入主中原的北方部族統治者的想法，若是利用宏觀的視角加以考察，則此種政治運作模式，實已成為傳統中國的各個時代底下，即便歷經改朝換代、政權交替之後，仍然幾乎不變、誠然有跡可循的一種歷史循環。直言之，包括魏晉南北朝在內，「尊儒」與「重學」幾乎已是中國古代歷任政權的政治傳統。

## 二、魏晉南北朝儒學教育落實概況

　　誠如上述，中國古代設置官方教育機構之最大目的，是為了落實儒家的學術文化與禮教觀念；是為了表達統治階級對於儒家的禮教風俗、倫常道德等觀念的重視程度。蓋漢代乃至於魏晉南北朝時期，甚或往後歷代執政者，皆一致認為儒家思想有助於鞏固國家政權、穩定社會人心，故無不把弘揚儒學、推展儒業，作為施政之首務。反之，儒家學術不能振、教育事業不能興，大至喪國、小至亂世，也自是有志建立強盛且穩固政權者的普遍共識。因此，儒家思想不再單純僅是一種學術文化，不再僅是一種宗教性的個人品格目標或理想，其在傳統專制、獨裁的政權環境中，幾乎保證了封建社會制度存在的合理性，也滿足了執政階層的統治思想，符合執政階層的治國原則。若依此論，則儒學或儒家思想「實質上是一種有很強政治性和實踐性的社會原則和社會理想」、始終「與封建社會的政治實踐緊密相關」〔註7〕。直言之，儒學一直是執政階級在治國化民、選才擇士時的首選，只要封建性質的社會型態不變，國家政權就離不開傳統儒家體系的支撐；古代官學的設置，實際上正是統治階級落實儒學、儒教的一種具體展現。這即是說，古代的官學等國家教育機構，足以體現一個政權或朝代在儒家學術思想、禮俗文化等方面的重視程度。職是之故，若欲考察魏晉南北朝在儒教方面的落實概況，則當代對於官學的建置、推廣與執行，自是最重要的研究指標。

　　在魏晉南北朝之前的漢代政權，即十分崇尚儒術、重視學校教育，從漢武帝設立「太學」以來，漢室之官方文教事業日漸昌盛，儒家學術亦始終風行不輟，時至東漢中葉，太學生已多達三萬餘人，由此可見兩漢儒家教育事業之發達。唯東漢末年天下大亂，先有黨錮之禍，繼之以黃巾之亂與董卓擅權，乃至群雄割據等種種事件，各類文教事業頹毀殆盡、崇儒之風日衰，漢代的學校教育因此逐漸蕭條與廢弛。

---

〔註7〕上引二語，分別徵引自劉振東：《中國儒學史：魏晉南北朝卷》，頁34、435。

　　所幸三國分立的動盪年代，曹魏、西蜀與東吳諸政權，仍力圖在百廢待舉之際，振興文教事業。是曹操在輔佐漢室時，即積極提倡儒學，並且下令郡國各置學官，以聚集生徒講授，儒家教育事業始復。其後，又有魏文帝於黃初二年（221）詔復孔子之祀、於黃初五年（224）重新設立太學，制定《五經》課試之法，其官方文教事業自此初具規模，太學生人數也因此得以復增至數百人，迨至魏明帝太和、青龍年間，魏代太學諸生已逾千人。直言之，由於曹魏政權的發展官方教育事業、倡導儒家學術文化，對於當時歷經動亂的政治社會之恢復儒學的地位，具有相當程度的作用。西蜀政權亦設立太學，並且任用譙周等著名凥儒作為「勸學從事」、「典學從事」，也設有「儒林校尉」、「典學校尉」等教職，更有孟光、許慈等學者，專門掌管國家禮制；東吳政權則依循舊制，置學官、立《五經》博士，並命典型的傳統儒家人物韋昭為中書郎、出任博士祭酒以掌管國子學，而丁孚、鄭劄、張昭、孫邵、闞澤等朝臣，也奉命在承襲舊時漢制的基礎上，「間有損益」地為吳國訂定禮儀典章制度。

　　由此可見，或許三國的西蜀與東吳政權，其皆因國祚甚短之故，未能發展出更為完備的官方文教體制，不過仍能一如日後結束三分天下的曹魏政權，有意識地主動建立太學博士制度，盡力地振興國家的教育事業；試圖延請當世碩儒、聘用典型儒者，出任官職或掌管教育事業。此外，三國時期的諸政權，也願意主動重振儒家的傳統禮制、留意儒家學術的發展，其大抵皆是在漢室舊制的基礎上，加以增損於各自政權的朝綱、朝儀等典章制度中，而這些三國諸政權的朝廷大員，日後也或有被代魏而立的西晉政權所繼續聘用者。職是，即便今日學者認為，三國時期的文教事業、儒教之推廣，以及問學風氣等方面，實遠遜於兩漢時代〔註8〕，不過誠如柳詒徵所謂：「三國之時，公私學校雖遜於兩漢，然亦未盡廢絕。」〔註9〕時至西晉初期，其太學即設置有博士十九人、太學生三千人，迨至泰始年間中葉，司馬氏政權已全然穩固，官方教育事業亦自能持續地穩定發展，是當世之太學生，已達七千餘人，西晉可謂推廣學校教育、尊崇儒家學術、並強調建立禮樂制度著力頗深的政權。東晉元帝置博士九人而不立學校，迨至成帝始立國學，其後孝武帝復增之，惟品課無章，世多譏之。不過此也足以說明魏、晉二代的官方教育

---

〔註8〕林瑞翰：〈魏晉的儒學〉，《臺大歷史學報》第18期（1994年12月），頁75。
〔註9〕柳詒徵：《中國文化史》，頁411、文末注13。

事業，雖幾經國家社會的動盪喪亂而時有盛衰興替，卻也始終未嘗廢絕。

另外，晉武帝除了下詔整頓太學，以導正教育內容空疏、諸生不務學業而學風敗壞等情況，也另外成立國子學，使其與太學分立——五品以上官員子弟和貴族子弟入國子學；庶人子弟入太學，從而造就了中央官學具有「雙軌並行」的教育規模與特色，爾後國子學的地位，甚至有逐漸凌駕於太學的趨勢。晉武帝的「國子學」與「太學」分立制度，其體制被東晉、北魏、梁、陳，以及隋唐等朝所承襲，成為日後諸多政權所通行的國家教育制度。

值得一提者，是雖然晉武帝增設「國子學」，旨在分士庶、別貴賤，不過若是從儒家學術的傳播與發揚等面向而論，則「國子學」與「太學」的教學目標誠屬一致，例如晉武帝以後，關於擔任國子博士的條件與職責，規定已甚為詳盡：「昔咸寧、太康、元康、永嘉之中，侍中、常侍、黃門之深博道奧，通洽古今，行為世表者，領國子博士。一則應對殿堂，奉酬顧問；二則參訓門子，以弘儒學；三則祠、儀二曹，及太常之職，以得藉用質疑。」〔註10〕由此可見，國子博士除了供備政治諮詢，以及參與祭典的顧問外，更肩負了弘揚儒學的責任，此本是官方教育事業所特重的教學使命。

就中央官學的發展體制而論，漢、魏之世皆僅有太學，迨至西晉之後，已有號為「二學」的國學與太學，二者的體制雖然類似，不過因招生學生的資格條件有別，從而造就了中國的中央官學教育「雙軌並行」的模式。可惜官學教育發展至東晉南朝時期，由於政權交錯、外患內亂頻傳，社會亦動盪紛擾不休，除了東晉孝武帝採納謝石建議而重建首都建康之國學，並增建不少師生活動與住宿之地；宋武帝劉裕的力圖興學、文帝劉義隆的禮遇當世宿儒、獎掖官學師生，與開設以「儒學館」為首的「四學」學官體系；梁武帝蕭衍重新設置五經博士，詔令復興國子學，稍後又設立「士林館」以廣納學者，並多次親自視察官學的興辦情形、考核諸生受業成果，從而造就東晉南朝一代，短暫地出現過規模較為宏大、學風較為興盛的光景。捨此而外，餘下的統治者或者無暇顧及，或者偏重於軍事設施，又或者本有意推展卻未成而卒，使文教事業欲振乏力，終究無法徹底實施或執行，造成中央官學體制雖不致全廢、卻也無常，往往僅是相承設置，也不因廢學而罷其學官，卻也誠然流弊甚多、品課無章，師生素質亦是良窳雜陳、蘭艾同生，始終無法回復魏晉初、中期的興盛榮景。

---

〔註10〕《宋書‧禮志》。參《宋書》卷十四〈志〉第四〈禮一〉，頁360。

　　與東晉南朝相比，十六國時期乃至北朝一代的官方教育事業之建置、儒家學術文化之推廣，顯然較為興盛。蓋這些域外部族受到傳統儒學的影響著實甚久，社會風氣亦習染儒家禮教頗深，其政權的領導者更泰半久慕中原文化、醉心儒家學術，故即便連年交兵、政權交錯，造成政治社會極大的動亂，各時期的政權亦國祚甚短，往往迅速建國之後、旋即又被消滅或替換。不過，諸如前趙的劉曜、後趙的石勒、前燕的慕容皝、前秦的苻堅、後秦的姚興、北燕的馮跋諸君主，仍願意在動盪紛擾之際，主動興辦學校、推廣儒家的文化與教育，甚至禮遇或重用漢族儒士，對於中原學術文化之延續與推展、儒家思想與觀念的普及，確實有一定程度的貢獻。

　　時至鮮卑魏氏結束五胡十六國混亂局面、建立北朝，其初期之歷任統治者，諸如開國君主道武帝、明元帝、太武帝、孝文帝等人，皆有意識地積極推動學校教育、留心儒家學術和禮俗教化、重用儒學大家與漢族士人，更明白宣示了統治階層堅持崇儒、重儒的態度；施行儒家禮樂制度、宗法制度的決心。此無疑進一步強化了儒學在國家、社會等處的地位，使之影響的層面得以不斷地深入與擴大，且稍後歷任之統治者，又能在此基礎上，繼續實行此類措施，終於促使北朝能有極為興盛的學術環境。尤其北魏孝文帝的全面實行推動漢化；大量起用漢人儒士；擴大官方教育機構、開創「國子學、太學、四門小學」三學並立的新體制，使得北魏的文教事業較前代更為繁榮。職是，由於北魏中期以前的諸君主，能主動推廣學校教育、提倡儒家思想，並留心於風俗禮教等方面的落實成效，故著實推動了儒學思想的傳播、有效培養了大批儒家治世思維的人才，從而促使北朝的學術與社會風氣，皆能昌明興盛而勝於南朝。

　　最後，北朝末期的二大政權，係東魏乃至北齊政權，以及西魏乃至北周政權，分別由高歡等高氏家族、宇文一氏所把持。北魏分裂之後，控制西魏政權之宇文泰，因為本身雅好儒術，又能以德治教化作為治國主軸，更在京師長安設立國子學，積極推崇儒學，其不僅延請當時的儒學大師盧誕作為國子祭酒，也重用蘇綽、盧辯等漢人士族，以儒家倫理道德為核心，制定朝政綱領和禮儀制度，從而促使西魏一代，也尚能出現興盛一時的學術文化風潮，文教事業蓬勃之景象，甚至屢屢勝過東魏。

　　不過，西魏政治清明、學術興盛之短暫榮景，到了北周、北齊時代已不能復見，蓋宇文一氏所把持的西魏乃至北周政權，日後宗室之間屢屢相互內

鬥、殘殺，文教事業誠已欲振乏力。高氏家族所把持的東魏乃至北齊政權，對外興兵黷武、對內則政爭不斷，而北齊諸帝或者昏庸無能，或者荒淫亂政，大抵怠於朝政、不思國事，更遑論禮教文化、學術教育等事業的推展。依此，在政權紛擾、連年交兵的情況之下，實已民不聊生、世道每況愈下的北周、北齊二政權，其泰半的學校機構僅是依制設置而已，爾後北周先滅北齊、統一華北，復有楊堅接受禪讓、代周稱帝、改國號隋，自此正式結束紛亂的政局。

　　總的來說，雖然與前代相比，魏晉南北朝的政治社會較為動盪混亂，時有干戈兵戎、殺伐虐害等人禍，但是在朝政紛擾、變亂之際，由於其歷任國君多半仍能力圖興學、提倡儒家文化與教育，從而促使儒教、儒術得以持續在國家與社會之中，不斷地獲得延續。蓋儒學自漢代以來被確定作為社會的統治思想之後，經學實成為官方所認定的學問，而漢末魏晉乃至南北朝的諸政權，其不論是在中央設立太學、國子學；或者在地方實施的庠序之教、甚或是民間的私家教育，也大抵皆以儒家經典作為最主要的內容。故客觀來說，魏晉南北朝的儒家的學術文化、倫常道德與禮教制度等方面，誠然持續發展，只是就宏觀的歷史角度而論，此時期的儒學發展，在中國學術、思想、文化史上，皆處於相對衰落的狀態，儒術與儒業，僅是原本思想文化上「獨尊」的局面被打破，或者淪為欺世盜名的工具與政治勢力在冠冕堂皇地規範外在虛偽、空洞形式時的一種手段，但其作為統治思想與社會思潮的主流地位，並未曾動搖。

### 三、官學與儒學以及「廟學」的緊密聯繫

　　筆者於上文大致總結了魏晉南北朝的官方文教事業發展概況，以及當世的官學體制發展底下，對於儒家學術思想與禮教風俗文化等方面的傳播，藉此說明傳統官學體制與儒家教育事業之間的密切聯繫；設置官學的最主要目的，即是在發揚儒家的學術、禮教等思想，而統治階層當然也欲藉由官學的設置，表達國家政權對於儒學思想和儒家禮教的重視。

　　換言之，中國傳統的官方文教事業、尤其是官學體制，其不論盛衰興廢，仍必然與當世的儒學、儒術之傳播與發展，有極大程度的關聯性。當國家動亂紛爭、政權交錯，許多有志於結束喪亂世道、鞏固國家政權、穩定社會人心的統治者，仍能有意識地弘揚儒學、推展儒業，藉由振興學校教育以傳播

儒家思想，魏晉南北朝諸帝王以儒術為治國方針的態度，即是鮮明的例證，而儒學在此一時期，亦因此得以如今日學者所謂的「仍然是超乎各種社會思潮之上的一種客觀存在」、「仍然存在著一個傳統儒學影響所造成的文化場」，當世的各種社會思潮，也因此在無形中「都是在這個場的張力範圍之內存在和發展的」〔註11〕

　　另一方面，當國家安定、國力強盛，統治階級願意偃武修文之際，官學體制自能更有餘裕地持續並穩定的發展，而儒家教育事業也因此得以有效地落實於國家社會的各個面向。這也正是今日學者楊吉仁在論述三國兩晉的學校教育時，最後能總結道：「三國鼎立時代，魏國帝王是極端重視與提倡儒術的，所以其學術之成就，與人才之培養也較吳、蜀兩國為盛。」〔註12〕這些論述，實足以作為本文所謂「官學體制」與「儒家學術」緊密聯繫的一項重要輔證。

　　至於筆者於下文擬欲論述的「廟學」教育制度，也誠然與「官學體制」、「儒家學術」密切相關。蓋「廟學」教育制度是儒家體系所獨有、亦是特有的一種傳承和傳播方式，其透過奉祀孔子等儒家聖賢，以表達對儒家學術思想、儒家道德信仰等方面的尊崇，此種教育制度在魏晉之後，逐漸依附於官學體系之中，成為官方教育事業中不可或缺的一環，甚至連帶影響了兩宋書院與民間私學等部分。而象徵儒學統治地位的官方教育事業，當然也亟欲利用「廟學」制度，揭示國家政權對於儒家的學術思想、倫常道德、禮樂教化等方面的重視；儒學、儒教更是藉由官學體制、「廟學」制度而得以獲得極為有效的弘揚與傳播，此正是今日學者能因此而謂：「廟學是官學，它與官僚政治密不可分。」〔註13〕直言之，「廟學／官學／儒學」實具有極為密切的關聯性，三者交互影響、彼此依附，不斷地相互成就了另外二者。依此，魏晉以降的教育事業，逐漸發展出一套普遍通行的運作機制、亦即「廟學／官學／儒學」三位一體的建置模式：「官學」為了傳承儒教，必然有「廟學」的建置；「廟學」為了凸顯其兼具教學與祭祀的獨特性，必然會在「官學」中形成特定、甚或固定的建築佈局，此無疑又連帶影響了「官學」的建築配置方式；官學體系與「廟學」制度，皆為魏晉以後的儒學之傳播與發展，奠定極大的貢獻。

〔註11〕劉振東：《中國儒學史：魏晉南北朝卷》，頁33。
〔註12〕楊吉仁：《三國兩晉學校教育與選士制度》，頁38。
〔註13〕胡務：《元代廟學：無法割捨的儒學教育鏈》，頁165。

## 第二節　儒學與「廟學」制度

　　筆者於上文總結了魏晉南北朝的官方文教事業發展概況，以及當世的官學體制底下，對於儒家學術思想與禮教風俗文化等方面的傳播，藉此陳述官方文教機構的設置，與儒家教育事業的推展之間的密切聯繫。蓋儒學一直是執政階級在治國化民、選才取士時的首選，而古代中國設置官方文教機構之最大目的，也是為了落實儒家的學術文化與禮教觀念；是為了表達統治階級對於儒家的禮教風俗、倫常道德等觀念的重視程度。

　　至於「廟學」教育制度，則是儒家體系所獨有且特有的一種傳承和傳播方式，係藉由兼具「教學」與「祭祀」二種場地空間與教育模式，亦即教導儒家學術與思想；奉祀孔子等儒家聖賢，表達對其學說內容、道德信仰等方面的尊崇與敬仰。此種教育制度在魏晉之後已逐漸發展，並依附於官學體系之中，成為官方教育事業中不可或缺的一環，甚至連帶影響了兩宋書院與民間私學等部分；而官方教育事業，當然也亟欲利用「廟學」制度，揭示國家政權對於儒家的學術思想、倫常道德、禮樂教化等方面的重視；儒學、儒教更是藉由官學體制、「廟學」教育制度而得以獲得極為有效的弘揚與傳播。

　　由是觀之，古代官學的設置以及魏晉之後所日漸發展的「廟學」教育制度，皆是統治階級落實儒學、儒教的一種具體展現。「官學」為了傳承儒教，必然有「廟學」的建置；「廟學」為了凸顯其兼具教學與祭祀的獨特性，必然會在「官學」中形成特定、甚或固定的建築佈局，這是魏晉以降的教育事業在「廟學」教育制度、「官學體制」與「儒家學術」緊密聯繫之後，所逐漸發展出來的一套普遍通行之運作機制。

　　職是，本文亦依此歸結出「廟學／官學／儒學」三位一體的經營模式，三者交互影響、彼此依附，不斷地相互成就了另外二者的密切關聯性，此也正是筆者研究魏晉南北朝「廟學」教育制度之前，必須考察當代對於官學的建置、推廣的過程以及其具體執行的程度，一方面藉此勾勒出魏晉南北朝在儒教方面的落實情況；一方面更希冀透過這種研究的方式和視角，得以更清楚地呈現魏晉南北朝「廟學」制度的發展理路。

### 一、「廟學」教育制度釋義

　　今日在中國境內，甚或華人的主要生活區域裡，現存的孔子廟實高達上

千餘座，而且一般來說，在中國本土的孔子廟，除了山東曲阜孔子故里的曲阜孔廟〔註 14〕以及浙江衢州的衢州孔廟，是孔氏後裔祭祀孔子的家廟規制，餘下縣級以上的孔子廟，包括歷代京城和地方縣市的孔廟，皆是「廟學合一」的規制〔註 15〕，誠屬教育學子、培養人才的學校園地，它除了具有一般宗教性質的廟宇之祭祀儀禮，更重要者，是包含了諸多教育和學術等活動，此類立「學」以教，亦立「廟」以祀的「廟學相依」、「依廟立學」或「依學立廟」之教育模式，即是本文最主要的研究範疇。蓋此種「廟學」制度是中國傳統學制與儒家教育的落實等方面，一項極為重要的特徵，其在魏晉南北朝初具雛形之後，自唐代已完成制度化、普及化的完整體制，成為中國的官學——從中央的國子監到地方的州縣學，在學制上的一種主要型態。而且直至明清以降，皆無太大變動。更甚者，也由於文化的流衍與傳播，是鄰近中國的韓國、日本及越南等地區，也同樣受到此種學制的影響，故今日東亞地區的十九世紀以前之縣級以上孔子廟，一般說來都是學校，「廟學」教育制度，自成為傳統東亞文化圈的共通要素之一。

今日考察辭典中對於「廟學」條的解釋，是「設於廟內之學校」〔註 16〕。這一句看似簡而易懂的描述語，背後卻隱含了極為深刻的歷史意義與漫長的歷史進程，其不僅牽涉了複雜的政治環境、學術氛圍、教育制度、宗教祭祀、傳統儀禮與文化傳承等諸多因素，在不同的時空背景下也肇生不同的變化，更深深地影響了中國、以至於東亞諸國的傳統文教事業。

職是之故，舉凡近世中國、臺灣、香港以外的東亞國家之學者，也紛紛投入關於這一方面的研究，例如日本學者牧野修二在論述元代「廟學」和「書院」的規模時，曾云：「廟學（元代）即郡縣學，它是以文廟（先聖廟、宣聖廟、孔子廟）為精神中樞，並依附於文廟而設置的儒學。」〔註 17〕中國學者胡務則認為「廟學」即儒學，是依附於孔廟傳授儒家理論為宗旨的學校〔註 18〕。臺灣學者高明士也云：「簡單說，所謂『廟學』教育制度，指學校以文廟

---

〔註 14〕 筆者於下文皆稱之以「闕里孔子廟」。
〔註 15〕 此可參高明士的考察及其論述，詳見氏著：《東亞傳統教育與法文化》，頁 43、64～69。
〔註 16〕 林尹、高明主編：《中文大辭典》第三冊（臺北：華岡出版部，1973 年，第一次修訂版），頁 1323。
〔註 17〕 牧野修二著、趙剛譯：〈元代廟學和書院的規模〉，《齊齊哈爾師院學報》，1988年第 4 期，頁 74～79。
〔註 18〕 胡務：《元代廟學：無法割捨的儒學教育鏈》，頁 164。

為主軸而展開的儒教主義教育。」〔註19〕學者們口中的「文廟」即是孔子廟，可見所謂「廟學」，實指在學校體制中，另外設置祭祀孔子的廟宇，此亦是宋代人士所謂的「即廟設學」之「廟學合一」形式。「廟」是祭祀園地，「學」是學校的教學區域，亦即「講堂」，自元明以降則通稱為「明倫堂」〔註20〕，正因為它是在教授知識學問的學校之中，又專門設立祭祀的場所——孔廟，而孔廟之內，也通常會依此設立一專門教導釋奠禮儀，並授以道德禮教的課程，從而造就了「廟」制和「學」制的兩相結合，成為一兼具祭祀、教育二項功能的重要學術文教之處，此即「廟學」的基本定義。

　　換言之，所謂「廟學」教育制度，概指以孔子廟為主軸而展開的傳統儒教教育學制，此種學校制度是由「廟」的祭祀空間與「學」的教學空間所共同構成，其中不論「廟」制或「學」制，皆自有其具備的教育意義：前者具有提倡儒家道統、宣揚聖賢品格的功能，旨在利用對於儒家聖賢的奉祀、瞻仰，提供學生士子對於精神範式的效法與追循，以及人格薰陶的作用；後者的價值意義，則如同一般的學校空間，具有知識與教養的功能，其提供道德、倫理等教化，以及實質的學識涵養和教學內容。職是之故，當「廟／學」二制合一之後，它的主要範疇誠然必須被定成是一處教學場所、學校園地，更是中國傳統儒家教育的其中一種呈現形式；它必須以教育的面向、抑或兼具教育與祭祀二種面向的角度去理解，誠非僅利用一般單純宗教性質的寺廟系統視之，是即便現今臺灣臺南的孔廟，也是當時全臺灣的第一所學校，儒家的教育思想與理念，更因為這所學校而得以逐漸地廣泛散播至臺灣各處。

## 二、以儒教為主軸的「廟學」教育制度

　　今日學者認為，中國教育史的特質，可以說是「由『學』到『廟學』的發展過程。」〔註21〕蓋「廟學」著實與儒家禮教息息相關，可謂另一種儒學在官方或民間具體落實的形式。因此，今日學界研究「廟學」制度，泰半將其置於傳統教育和禮教等範疇上作討論，並且視「廟學」為一種學校園地、

〔註19〕高明士：《東亞傳統教育與法文化》，頁58。
〔註20〕「明倫堂」之名，典故出自《孟子‧滕文公上》：「夏曰校，殷曰序，周曰庠，學則三代共之，皆所以明人倫也。」蓋取其「明人倫」的學校教育功能，此足以說明後世所謂「明倫堂」，實為儒者講習、倡明人倫道德之所。職是，中國古代除了官學體制以外，諸如：嶽麓書院等宋代書院，誠屬教育組織，故亦多設置有「明倫堂」。
〔註21〕語出高明士，參氏著：《東亞傳統教育與法文化》，頁43。

學校空間，代之以宗教系統、寺廟性質等方面的角度，而吾人在查閱宋、元以降的地方志，若要得見孔子廟的相關記載，也確實必須從「學校」欄中始能尋得，並非見於一般寺廟的欄目。例如宋代周應合《(江蘇省)景定建康志》等方志類書籍，普遍將孔子廟歸於「學校」志或「儒學」志；元代馬端臨的類書《文獻通考》則歸在「學校」類；又元代徐碩《(浙江省)至元嘉禾志》亦將「廟學」體制歸類在「學校」條，並云：「廟以崇先聖，學以明人倫」〔註22〕由此可見，孔子廟在中國知識份子的心目中，或者宗教與教育並重；甚或教育性質實已大於宗教意義。

由是觀之，所謂「廟學」教育制度，實際上就是指學校以孔子廟作為主軸，進而開展出以儒學思想、儒家禮教為主的教育體系。尤其「廟學」的建置與其制度、儀式等的相關規劃，亦足以作為一個時代對於儒學思想之重視程度的一個側寫。故本文也擬欲藉由魏晉南北朝「廟學」制度的建置概況，以此作為當時儒家學術並未間斷發展的一項旁證。

## 三、形成「廟學」制度的契機——官學的祭祀活動

中國古代的寺廟，往往會在當地自然形成一區域性的文教場所，是彼時傳統社會的文化、秩序等，賴以維繫之處，乃至地方上的慈善及娛樂活動等，也經常在寺廟舉行。這即是說，它在本身的宗教性質之外，經常附加了諸多教育活動，故歷代許多高僧一方面精通典籍、一方面從事教化工作；士人學子們利用其環境以就近請益、習讀，也是常見之事。孔子廟的作用與功能亦復如是，而以孔子廟為主軸所形成的「廟學」教育制度，則是更進一步地將「廟學文化」拓展成正規的官方事業，使之成為中國特有的一種教育學制。

### （一）孔子之前的學校祭祀活動

### 1. 關於「釋奠」與「釋菜」二種古代官學祭祀儀禮

「禮」的相關活動，始終是傳統中國教育的核心課題，在孔子成為祭祀對象之前，周代學宮即有祭祀先師、先聖的禮節和儀式，《周禮·春官宗伯》記載：「春，入學，舍采合舞。」〔註23〕此處所謂「舍采（菜）」即是「釋菜」

---

〔註22〕（元）徐碩《(浙江省)至元嘉禾志》（臺北：成文出版社據元代徐碩鈔本影印，1983 年）卷七「學校」條，頁 7426。

〔註23〕（清）阮元校勘：《十三經注疏》第三冊《周禮注疏》卷二十三〈春官宗伯〉第三〈大胥〉，頁 353 上。

之禮，鄭玄於《周禮‧春官》此處下注云：「舍，即釋也。采讀為菜。始入學，必釋菜，禮先師也。菜，蘋蘩之屬。」〔註24〕又：

> 舍采謂舞者皆持芬香之采（菜）。或曰，古者士見於君，以雉為摯。見於師，以菜為摯。菜，直謂疏食菜羹之菜。或曰，學者皆人君、卿大夫之子，衣服采飾。舍采（菜）者，減損解釋盛服，以下其師也。〔註25〕

另外，《禮記‧學記》：「大學始教，皮弁祭菜，示敬道也。」〔註26〕鄭玄於此語下注云：「祭菜，禮先聖先師。菜，謂芹藻之屬。」〔註27〕可見「釋菜」在古代文獻中，亦可被稱作「舍采」、「祭菜」等，是周代官學始立學堂、或者生徒士子甫入學時，以「疏食菜羹」、「蘋蘩芹藻之屬」奠祭先師之禮。

又《禮記‧文王世子》記載：「凡學：春，官釋奠於其先師，秋冬亦如之。」、「凡始立學者，必釋奠於先聖先師。」〔註28〕鄭玄於〈文王世子〉此語下注有「周公若孔子」一語，寥寥數字，甚為難解，不過考察唐代孔穎達之疏：「云『先聖，周公若孔子』者，以周公、孔子皆為先聖，近周公處祭周公，近孔子處祭孔子，故云『若』。」〔註29〕可以得見孔穎達個人以及其解釋鄭玄所欲表達者，皆並未完全認定此處所謂「先聖」必然是指涉孔子。再考察清代的孫希旦在《禮記集解》中，對於「先聖」與「先師」的解釋：「制作禮樂以教後世者，先聖也，若堯、舜、禹、湯、文、武、周公是也。承先聖之所作以教於大學者，先師也，若伯夷、后夔是也。」〔註30〕此足見除了周公、孔子之外，舉凡堯、舜、禹、湯之輩，也皆是常被納入「先聖」行列的人物；而

〔註24〕 （清）阮元校勘：《十三經注疏》第三冊《周禮注疏》卷二十三〈春官宗伯〉第三〈大胥〉，頁353上。

〔註25〕 （清）阮元校勘：《十三經注疏》第三冊《周禮注疏》卷二十三〈春官宗伯〉第三〈大胥〉，頁353上。

〔註26〕 《禮記‧學記》。參（清）阮元校勘：《十三經注疏》第五冊《禮記注疏》卷三十六〈學記〉第十八，頁650上。

〔註27〕 （清）阮元校勘：《十三經注疏》第五冊《禮記注疏》卷三十六〈學記〉第十八，頁650上。

〔註28〕 《禮記‧文王世子》。參（清）阮元校勘：《十三經注疏》第五冊《禮記注疏》卷二十〈文王世子〉第八，頁394下、395上。

〔註29〕 上引鄭注與孔疏，詳參（清）阮元校勘：《十三經注疏》第五冊《禮記注疏》卷二十〈文王世子〉第八，頁395上～395下。

〔註30〕 （清）孫希旦：《禮記集解》（北京：中華書局，1989年）卷二十〈文王世子〉第八，頁560。

相傳替古代舜帝掌樂的官員后夔、唐虞時代能通曉禮儀的禮官伯夷〔註31〕，也常被後人歸屬於「先師」之流，這自是歷代宿儒與學者的普遍共識。

此外，雖然誠如宋代陳祥道《禮書》所謂：「古者釋奠，或施於山川、或施於廟社，或施於學。」〔註32〕清代孫希旦《禮記集解》亦云：「立學禮重，故祭及先聖；四時常奠禮輕，故惟祭先師。」〔註33〕又清代學者戴鈞衡〈書院雜議四首‧祀鄉賢〉：

> 古者始立學，必釋奠於先聖先師。其餘各學，亦四時有釋奠先師之典。是非徒以尊德尚道也，其將使來學者景仰先型、欽慕夙徽，以砥礪觀摩而成德，而亦使教者有所矜式，而不敢苟且於其間。〔註34〕

依上引諸條文獻資料，可以得見傳統的「釋奠」之禮，或許不僅只專行於學校，舉凡相關之自然萬物、廟屋祠宇等，皆可納入其祭祀範疇；「立學」與「四時」所施行的「釋奠」之禮，在祭祀的對象上也略有區別，不過總是維繫在與「學」、「學習」相關的事務；祭祀對象也總能與「學習」主體相關的先師先聖之頂禮崇敬密切聯繫，其主要目的當然正是戴鈞衡所謂的培養「尊德尚道」等精神，為後世提供「景仰先型、欽慕夙徽」、足以「砥礪觀摩」與「有所矜式」的典範。今日學者也認為，在周代學校出現的祭祀，主要是一種對行業祖師的祭祀，其對象包括先聖、先師與先賢〔註35〕，不過可以確定者，是中國的學校教育體制裡，自古即有祭祀「先聖」與「先師」之內容。

孔穎達除了說明周代當時的「釋奠」，不一定以孔子為「先聖」外，更重要的是接續此語之後的言論，其在《禮記‧文王世子》此處繼續疏云：「此論

---

〔註31〕 張衡〈東京賦〉：「伯夷起而相儀，后夔坐而為工。」三國時期吳國名臣薛綜（約176～243）注云：「后夔，舜臣，掌樂之官。」詳參龔克昌、蘇瑞隆等評注：《兩漢賦評注》（濟南：山東大學出版社，2011年），頁643、659等處。又唐代潘存實〈賦得玉聲如樂〉詩：「后夔如為聽，從此振琮琤。」收於（清）清聖祖：《全唐詩》（臺南：平平出版社，1974年）第八冊，卷四百九十，頁5551。

〔註32〕 （宋）陳祥道撰：《禮書》卷九十四〈釋奠〉，收於（清）紀昀等編纂：《景印文淵閣四庫全書》第130冊〈經部〉第124〈禮類〉，頁586下。

〔註33〕 （清）孫希旦：《禮記集解》卷二十〈文王世子〉第八，頁560。

〔註34〕 （清）戴鈞衡〈書院雜議四首‧祀鄉賢〉，收於（清）佚名編：《桐鄉書院志》卷六〈藝文〉。轉引自趙所生、薛正興主編：《中國歷代書院志》（南京：江蘇教育出版社，1995年）第九冊，頁766上～766下。

〔註35〕 此採李申的論述。參李申：《中國儒教史》上卷（上海：上海人民出版社，1999年），頁27～39。

四時在學釋奠之事。」、「凡學者，謂《禮》、《樂》、《詩》、《書》之學，於春、夏之時，所教之官各釋奠於其先師。秋、冬之時，所教之官亦各釋奠於其先師，故云『秋冬亦如之』。」〔註36〕又：

> 此明諸侯之國，天子命之使立學者，必釋奠於先聖先師，及行事之時，必用幣而行禮。諸侯言始立學，必釋奠於先聖先師，則天子始立學，亦釋奠於先聖先師也。〔註37〕

依孔穎達之疏語所論，教授課程的老師，會在學宮舉行祭典、按時祭祀，尤其「立學」時的釋奠更為重要，其儀禮當適用於天子、諸侯之國，誠屬最隆重之祭禮，而且天子必須親臨釋奠。

這即是說，「釋奠」本為中國古代學校的一項重要祭祀典禮，故按照鄭玄的說法，實指「設薦饌酌奠而已，無迎尸以下之事」，且亦誠如《荀子・禮論》所謂：「禮有三本：天地者，上之本也；先祖者，類之本也；君師者，治之本也。……故禮上事天，下事地，尊先祖而隆君師，是禮之三本也。」是「三禮」中的「君師」之禮〔註38〕。蓋周代官學始立學堂，或者學子甫入學時，必須行使以菜蔬設祭的「釋菜」之禮；在春、秋二季以及特定的時節，則行有設薦俎饌酌而祭的「釋奠」之禮。「釋奠」與「釋菜」皆是祭祀先聖先師的常行固定之禮儀，更可謂「學」中最隆重的禮儀，二者的祭祀對象均為先聖先師，惟舉行的時間與場合有所區別，此也足見古代學宮即已具有類似於「廟學」的兼備教育和祭祀之功能，而「釋奠」此種春、秋二祭，甚或必須四時致祭的祀禮方式，也確實被歷朝各代所因襲，並且幾乎持續沿習以至於今日。

換言之，這一類祭禮在周代以前，本是一國家大事，統治者也通常會親臨釋奠、積極舉辦並參與是類祭禮活動，目的除了展現統治者本身對於學術、文教等事業的尊崇，當然也希望國家所培育之莘莘學子，有一值得追尋與效法的理想對象或目標。也正因為如此，這些官方的祭禮及其相關活動，據說後來也泰半被記載在今已幾乎亡佚的《大戴禮記》之〈學禮〉篇，成為漢代

---

〔註36〕（清）阮元校勘：《十三經注疏》第五冊《禮記注疏》卷二十〈文王世子〉第八，頁395上。

〔註37〕（清）阮元校勘：《十三經注疏》第五冊《禮記注疏》卷二十〈文王世子〉第八，頁395上。

〔註38〕《荀子・禮論》。參（清）王先謙撰，沈嘯寰、王星賢點校：《荀子集解》（北京：中華書局，1988年）卷第十三〈禮論篇〉第十九，頁349。

政府興學時，官方教育機構所依循的一項教育活動。

### 2.「學禮」是最隆重的古代官學禮儀

推測《大戴禮記·學禮》的內容，當是一記載祭祀活動、配合於官方教育活動的重要文獻，隱含著後世逐漸發展出來的「廟學」制度的粗略樣貌。這也是近世乃至於今日學者，皆重視古代官學中關於「學禮」方面的研究〔註39〕，蓋「學禮」是古代官學中最隆重的禮儀，生徒學子在學校園地「行學禮」，並通過行使「學禮」，對學校園地本身，或者學校園地所標舉的祭祀對象等，表達尊重、崇敬之意。由此可見，自古即有的「學禮」與「行學禮」，既是宗教活動，也是教育活動，故足以作為筆者所謂「廟學」教育制度的發端。

可惜最早記載行使「學禮」禮儀的〈學禮〉篇之實際內容，卻於日後幾乎亡佚，導致世人無法一窺其所規定的禮儀等事項，清代學者秦蕙田《五禮通考》：「古《禮經》有〈學禮〉一篇，見於《大戴禮》，賈誼《新書》所引，惜其文不傳。」〔註40〕今日考察《漢書》的記載，則賈誼確實曾經援引〈學禮〉內容，藉以說明天子入學之禮，再考察今日現存的《大戴禮記》之〈保傅〉篇，文中亦有提及〈學禮〉篇內容，所載文字與賈誼《新書》所援引的內容大致無異〔註41〕，是清代學者王聘珍認為，不幸散佚的〈學禮〉，當是《大戴禮記》的其中一篇〔註42〕。此外，漢武帝「興太學」時，也曾命弟子員前

---

〔註39〕 如：高明士在《東亞傳統教育與法文化》特開專章：〈「學」與「學禮」〉，藉以論述古代官學中的「學」與「學禮」，參高明士：《東亞傳統教育與法文化》，頁45～47。周愚文則是在論述宋代的地方官學時，特別介紹宋代「廟學」制度下、行使學禮時之主要儀式與內容，參周愚文：《宋代的州縣學》（臺北：國立編譯館，1996年），頁178～181。

〔註40〕 （清）秦蕙田：《五禮通考》第十三冊，卷一六九〈嘉禮·學禮〉，頁10133。

〔註41〕 《漢書·賈誼傳》記載賈誼曾經援引〈學禮〉篇而謂：「帝入東學，上親而貴仁，則親疏有序而恩相及矣；帝入南學，上齒而貴信，則長幼有差而民不誣矣；帝入西學，上賢而貴德，則聖智在位而功不遺矣；帝入北學，上貴而尊爵，則貴賤有等而下不踰矣；帝入太學，承師問道，退習而考於太傅，太傅罰其不則而匡其不及，則德智長而治道得矣。此五學者既成於上，則百姓黎民化輯於下矣。」事見《漢書》卷四十八〈賈誼傳〉第十八，頁2248～2249。《大戴禮記》之〈保傅〉篇所援引的〈學禮〉篇內容，亦大致與賈誼《新書》記載的文字無異，可參《大戴禮記·保傅》，詳見（漢）戴德撰，黃懷信主撰，孔德立、周海生參撰：《大戴禮記匯校集注》上冊，頁339～343。

〔註42〕 清代王聘珍《大戴禮記解詁》云：「〈學禮〉者，《禮古經》五十六篇中之篇名也。」詳參（清）王聘珍：《大戴禮記解詁》（臺北：漢京文化事業公司，1987年）卷三〈保傅〉第四十八，頁52。

往博士官處受業、同時兼習禮儀，此正是晉代學者摯虞所謂：「漢初置博士，而無弟子。後置弟子五十人，與博士俱共習肄禮儀。」〔註43〕由此可見漢武興學時，「學禮」確實是一重要的官學教育活動。此足以推測至少在漢代以前，〈學禮〉的內容仍能為世人所得見，惟或許誠如今日學者所謂「因世道衰微，禮樂崩壞」〔註44〕，最終導致〈學禮〉的佚失。

　　不過，吾人仍能從今日存留且可徵的若干文獻資料，幾乎肯定地推斷出〈學禮〉篇所規定的內容，不僅是周代、乃至於漢代中葉以前，官方教育活動的要項，更是彼時的祭祀活動，配合於官方教育活動的重要記載資料，誠然隱含著近似於「廟學」教育制度的粗略樣貌。此外，更足以證明，即便教育史的持續發展，雖是一種「淡化宗教色彩」的過程，使其「止於儀式」〔註45〕，亦即蛻變了官學教育中的祭祀活動而成為純粹的精神性象徵，使其祭祀之大旨，歸於教育性的意義，但是中國的傳統教育活動之起源，正猶似筆者於下文所欲論述的「廟／學」模式一般，總無法跳脫祭祀等相關活動，往後更誠然與宗教密不可分，此自是中國文教事業一直以來的共通之處。職是，「不語怪力亂神」的孔子在從事教學時，仍對宗教性的禮儀與傳統的祭祀，表達一定程度的重視；東漢光武帝建國之後，於洛陽修建太學：「建武五年，乃修起太學，稽式古典，籩豆干戚之容，備之於列，服方領、習矩步者，委它乎其中。」〔註46〕此足見當世官方教育機構的教學活動中，實已明文規定了學校應當遵循的祭祀儀禮，旨在希冀生徒、士子能透過是類的方式與過程，充分習得當學、當懂之禮。而朱熹身處中國「廟學」教育制度已然普遍落實的宋代，其亦曾云：

　　　　熹惟國家稽古命祀，而禮先聖、先師於學宮，蓋將以明夫道之有統，
　　　　使天下之學者，皆知有所鄉往而幾及之。非徒脩其墻屋，設其貌象，
　　　　盛其器服，升降俯仰之容，以為觀美而已也。〔註47〕

〔註43〕杜佑《通典》注引晉代摯虞《決疑》。參（唐）杜佑：《通典》卷五十三〈禮〉十三〈沿革〉十三〈大學〉，頁1464。

〔註44〕高明士：《中國中古的教育與學禮》，頁535。

〔註45〕語出高明士。參高明士：《中國中古的教育與學禮》，頁536。

〔註46〕《後漢書·儒林傳·序》。參《後漢書》卷七十九上〈儒林列傳〉第六十九上，頁2545。

〔註47〕朱熹：〈信州州學大成殿記〉，《晦庵先生朱文公文集》第五冊，卷八十。收於（宋）朱熹撰，朱傑人、嚴佐之、劉永翔主編：《朱子全書》（上海：上海古籍出版社，合肥：安徽教育出版社，2002年）第二十四冊，頁3806。

又馬端臨《文獻通考》:「古者入學則釋奠於先聖、先師,明聖賢當祠之於學也。」﹝註48﹞古代「釋奠先聖先師」的祭祀制度,以及日後於孔子廟所舉行的祀孔祭禮等活動,真正目的皆如朱子、馬氏所云一般,是希望天下士子能藉此以耳濡目染聖賢的學問和品格;進而把追隨、取法聖賢的行誼,視為個人畢生的榮耀與成就,此種祭祀機制也當是朱子所謂「今祭孔子必於學」的真諦﹝註49﹞。因此,古代傳統的這種祭、政、教合一;視祭祀活動為教育活動的模式,更包括了〈學禮〉篇對學制與禮制的相關規定,本當視為「廟學」制度的發端。

## (二)祭祀孔子是傳統中國重要的政教活動

誠如上述,吾人自可得見,「祭政合一」本是周代以降的傳統模式,而且祭祀活動也包含了教育方面的活動,今日甚至有學者直以「由於周以前是祭政合一,所以祭祀活動也是教育活動。」﹝註50﹞、「教育活動本來是包含在祭祀活動中展開的」﹝註51﹞等論見,來稱述古代「教育/祭祀」二者之不可截然區分的緊密關係。迨至孔子過世之後,其故宅被孔氏後裔與弟子們奉為「廟」﹝註52﹞,並將孔子生前的「樂服禮器」、「衣冠琴車書」收藏於此處,此即今日孔廟的所在地;往後更「世以家學相承,自為師友」,按時奉祀、世代相傳,許多儒生亦皆在此地「講禮、鄉飲、大射」﹝註53﹞,孔子家廟遂成為一提供學習禮樂文化的場所,並具有供人瞻仰、祭拜和舉行儀式等奉祀與

---

﹝註48﹞ 馬端臨《文獻通考》卷四十三〈學校考四‧祠祭褒贈先聖先師〉條末按語。參(元)馬端臨:《文獻通考》,頁411上。

﹝註49﹞ 朱子以「氣類」相感解說「今祭孔子必於學」,藉此陳述孔子「祭如在,祭神如神在」的祭祀精神。參朱熹:《朱子語類》第一冊,卷三〈鬼神〉。收於(宋)朱熹撰,朱傑人、嚴佐之、劉永翔主編:《朱子全書》第十四冊,頁176～177。

﹝註50﹞ 高明士:《中國中古的教育與學禮》,頁535。

﹝註51﹞ 蕭永明:《儒學、書院、社會:社會文化史視野中的書院》(北京:商務印書館,2012年),頁333。

﹝註52﹞ 在周代禮制中,天子七廟,諸侯五廟,大夫三廟,士一廟,庶人祭於寢、亦即不得立廟。詳參(清)孫希旦:《禮記集解》卷十三〈王制〉第五,頁343。而被司馬遷《史記‧孔子世家》稱為「布衣」的孔子,其歿後卻可以立廟,關於孔子歿後立廟資格的研究與考證,可參黃進興:〈解開孔廟祭典的符碼——兼論其宗教性〉,《文化與歷史的追索——余英時教授八秩壽慶論文集》(臺北:聯經出版事業公司,2009年12月),頁538。

﹝註53﹞ 《史記‧孔子世家》。參《史記三家注》下冊,卷四十七〈孔子世家〉第十七,頁773下。

文教的功能〔註54〕。

　　雖然當時在孔子故宅所設立之廟，主要仍屬家族性的私廟，或謂後世所稱「祠堂」的性質而與今日吾人所認知的「孔廟」性質有所不同〔註55〕，不過自此以降，學在廟中、廟中有學的「廟學合一」形式，已始初顯端倪，今日觀司馬遷在《史記・孔子世家》的贊語中自云：「余讀孔氏書，想見其為人。適魯，觀仲尼廟堂車服禮器，諸生以時習禮其家，……。」〔註56〕司馬遷自敘其目睹收藏於「仲尼廟」的衣冠書車禮器等，以及「諸儒亦講禮、鄉飲、大射於孔子塚」的盛況〔註57〕，頗能促使吾人想見當時的情景。尤其孔子生前深受弟子愛戴，其過世之後，許多與孔氏並無血緣關係的弟子，紛紛主動為之廬墓、服喪（或謂「服心喪」）數年〔註58〕，以遵循《禮記》所謂「事師

〔註54〕 據孔繼汾：《闕里文獻考》記載：「先聖之歿世，弟子葬於魯城北泗上。即葬，後世子孫即所居之堂為廟，世世祀之。然塋不過百畝，封不過三版，祠宇不過三間。」參（清）孔繼汾述，孔子文化大全編輯部編輯：《闕里文獻考》（濟南：山東友誼書社，1989年）第一冊，卷十一〈林廟〉第二之一，頁207。又《闕里文獻考》記載，孔子歿後，其子孫「即宅為廟，藏本服禮器，世以家學相承，自為師友，而魯之諸生，亦時習禮其家」。參（清）孔繼汾述，孔子文化大全編輯部編輯：《闕里文獻考》第一冊，卷二十七〈學校考〉第八之一，頁617。此不僅是「廟、學合一」形式的發端，亦為孔氏家學的開端。又《史記・孔子世家》：「孔子葬魯城北泗上，弟子皆服三年。三年心喪畢，相訣而去，則哭，各復盡哀；……。弟子及魯人往從塚而家者百有餘室，因命曰孔里。魯世世相傳以歲時奉祠孔子塚，而諸儒亦講禮、鄉飲、大射於孔子塚。孔子塚大一頃。故所居堂弟子內，後世因廟藏孔子衣冠琴車書，至於漢二百餘年不絕。」參《史記三家注》下冊，卷四十七〈孔子世家〉第十七，頁773上～773下。

〔註55〕 此可參閱黃進興的研究與考證，參黃進興：〈解開孔廟祭典的符碼——兼論其宗教性〉，《文化與歷史的追索——余英時教授八秩壽慶論文集》（臺北：聯經出版事業公司，2009年12月），頁537～539。

〔註56〕 《史記・孔子世家》。參《史記三家注》下冊，卷四十七〈孔子世家〉第十七，頁774上。

〔註57〕 《史記・孔子世家》。參《史記三家注》下冊，卷四十七〈孔子世家〉第十七，頁773下。

〔註58〕 《史記・孔子世家》：「孔子葬魯城北泗上，弟子皆服三年。三年心喪畢，相訣而去，則哭，各復盡哀；……。」參《史記三家注》下冊，卷四十七〈孔子世家〉第十七，頁773上。孔子過世後，眾弟子為之廬墓、守喪三年，子貢更服喪六年，此事亦可參朱熹《四書章句集注・孟子集注》之說解，收於（宋）朱熹撰，朱傑人、嚴佐之、劉永翔主編：《朱子全書》第六冊《四書章句集注・孟子集注・滕文公章句上》，頁317。而孔子弟子埋葬孔子一事，也可參《孔子家語》之說解：「孔子之喪，公西赤掌殯葬焉。」見楊朝明編：《孔

無犯無隱，左右就養無方，服勤至死，心喪三年」之禮〔註 59〕，是誠如今日學者所云：「其廟雖為祠堂，實溢於家廟之性質。」〔註 60〕

尤其中國自唐宋之後，孔子儼然成為儒學道統的代表，是中國傳統知識份子的代言人，而歷代統治者為了倡導儒家學說的足以安邦立國；為了表示對文教、學術的尊重，必然會積極參與祭孔祀典等工作，故大抵在承平時期，它是國家於春、秋二季定期舉行的常典；在非常時期，是新任帝王登基或皇朝改朔易色的必行儀禮，益之以統治者經常前往具備「廟學」體制的學校，視察學子及其讀書環境，從而促使「廟學」充滿了政教合一的鮮明內容，此誠如元末明初的程徐（？～1370），其在上疏給明太祖時的奏章中所謂：「孔子以道設教，天下祀之，非祀其人，祀其教也，祀其道也。」〔註 61〕建議國君切勿停辦天下通祀孔子的事務；明代太史楊起元亦記載，一名儒者周雙溪，因為上司的怠忽祭孔祀典，憤而激烈譴責：

> ……鄉飲酒者，國之賓禮也，而有司失之慢，況出門乎？丁祀先師，
> 國之大祭也，而有司失之略，況使民乎？周雙溪先生為靜江司訓爭
> 之上官，可謂知本。〔註 62〕

對於時下的這位儒者周雙溪，能因為祭孔的相關事宜而理直氣壯地「爭之上官」，身為史官的楊起元，對其言行舉止表示贊同，甚至以「知本」稱美周氏。

清代雍正皇帝更在諭禮部時直言：「孔子之教在明倫紀、辨名分、正人心、端風俗，……而受其益者之尤在君上，朕故表而出之。」〔註 63〕上文所引舉諸例，皆足見祭孔一事，似乎已與帝國的運行不可分割。職是之故，歷朝各代帝王多深知孔學、儒教在政治、民間文化、社會風俗等方面上的重要

---

子家語通解・終記解第四十》（臺北：萬卷樓，2005 年），頁 466。

〔註 59〕 （清）孫希旦：《禮記集解》，頁 165。

〔註 60〕 黃進興：〈解開孔廟祭典的符碼——兼論其宗教性〉，《文化與歷史的追索——余英時教授八秩壽慶論文集》（臺北：聯經出版事業公司，2009 年 12 月），頁 539。

〔註 61〕 《明史・錢唐傳》。參（清）張廷玉撰，楊家駱主編：《明史》（臺北：鼎文書局，1998 年）卷一百三十九〈列傳〉第二十七〈錢唐傳〉，頁 3982。

〔註 62〕 明代楊起元：《證學編》第一篇〈冬日記〉，收入四庫全書存目叢書編纂委員會編：《四庫全書存目叢書》（臺南：莊嚴文化公司，1995 年），子部，第 90 冊，卷三，頁 9 下。

〔註 63〕 （清）乾隆五年敕編：《世宗憲皇帝聖訓》卷四，收於（清）紀昀等編纂：《景印文淵閣四庫全書》第 412 冊〈史部〉第 170〈詔令奏議類〉，頁 53 下。

性，故不僅不敢怠慢和忽視，更欲利用此治術，促使「政／教」得以相輔相成，「廟學」教育制度也依此自成為中國古代社會的一項重要官方學制。

另外，值得一提者，是古代傳統的孔子廟之性質和實際作用，誠與一般宗教所祭祀的神祇不同，更與西方世界的教堂甚異，孔子廟所舉行的祭孔祀典，其參與者僅止於統治階層、朝廷命官或相關地方首長，以及在典禮中負責陪祭的官學之儒生士子，尋常百姓則不得隨意參拜，更不得任意興建孔子廟，而且自從漢代高祖巡幸經過魯地，開啟帝王祭孔的先例之後，遂成為日後歷朝各代的一項上行下效之慣例，當地官員甫上任之際，亦會親至闕里孔子廟以進行晉謁之禮〔註64〕。迄至元代初期，元成宗更正式詔令地方官員「到任先詣先聖廟拜謁」〔註65〕，此處所謂「先聖廟」，則誠然已是泛指遍布於中國各處的地方上之孔子廟〔註66〕。至於「廟學」教育制度的建置，則更加不同於西方教會學校。蓋歐洲教會在中古時期興辦的學校，例如法國的巴黎大學等，其隸屬於教會，具有濃厚的宗教性；中國「廟學」教育制度則直接隸屬於國家或政府，孔子廟中的主神——孔子，更非有求必應、隨時提供民眾膜拜祈求的超驗型神祇，祂僅是人間言行舉止的典範，是士人在知識與品格上的學習、效法對象；中國「廟學」教育制度建置之大旨，是希望學子在接受教育的同時，又能瞻仰儒家聖賢的人格與學問，其平時即能與廟中的聖賢為鄰，通過這些祭祀對象，以尋求自身值得學習與效法的榜樣，並期勉自己有朝一日，亦能步入如同聖賢一般的道德、學養兼備之境地。尤其中國古代的孔子廟之建置及其存在，至少在魏晉以降，誠然受到歷代國家政權的高度重視與保護，它的存在價值，也總是代表著官方所認同的教育與學術等

---

〔註64〕漢高祖祭孔一事，記載於《史記·孔子世家》，詳見筆者於下文之說解。參本文第肆章〈魏晉南北朝建立「廟學」雛形〉，頁155。

〔註65〕明代呂元善《聖門誌》記載：「成宗大德初，敕到任先詣先聖廟拜謁，方許以次詣神廟，著令。」參（明）呂元善纂輯，孔子文化大全編輯部編輯：《聖門誌》（濟南：山東友誼書社，1990年）卷四〈禮樂〉，頁841～842。元成宗鐵穆耳於大德初年即下詔此令，足見元代建立之初，當也致力於「廟學」制之推廣。

〔註66〕自東晉孝武帝於京畿另立孔子廟，刻意比擬闕里孔子廟，以對外宣示其政權在文化傳承上的正統性，日後歷朝各代的政權紛紛競相仿效，待至北朝諸政權與隋唐二代於地方官學普設孔子廟，是中國的中古時期以後，孔子廟誠已逐漸普遍於中國各地。此詳見筆者於下文之說解。參本文第肆章〈魏晉南北朝建立「廟學」雛形〉，頁163。以及本文第伍章〈魏晉南北朝「廟學」對於後代學制等方面的演變與影響〉，頁186～187、192等處。

方面之權威性，此種精神層面上的意義，更與一般宗教性質的廟宇祠堂有很大的分別。

最後，是上文綜合陳述了儒家學術、官方政教體系與「廟學」制度的緊密關係，而此種緊密連結的關係，又能置於「王域」和「聖域」方面的問題作為思考，亦即「廟學」教育制度的政治背景，以及其對古代中國君主專制極權的社會環境之影響。今日學者高明士說：

> 中國自秦漢以後的專制皇權，在以天制君失效後，若無設計以孔子
> 為代表的學問神作為教育力量出來制君，則中國的專制統治，除非
> 被推翻，否則將是暗無天日。〔註67〕

高氏提供了一值得深拓的課題，蓋君主皇權所設置的官方教育事業屬於「王域」；孔子廟隨著廟制而建立的祭祀制度，以及其所代表的聖賢品格典範，則屬於「聖域」。「廟學」教育制度可謂是在「王域」的恩許之下，另外成立的一塊「聖域」，其包含在「王域」之內，卻又因為教育的自主性之追求，而能稍微獨立於「王域」之外。這是高氏所謂：「聖域一旦建立，便成為神聖不可侵犯，同時也是傳統讀書人的庇護所。」〔註68〕也就是說，由於以儒教為主軸的「廟學」教育制度能得以開展，在一定程度上具有制約君權的作用，其提供一政治以外的儒家式教育力量，作為「上天」以外，用以制衡君主專權的一種方式，此亦或如周愚文所謂：「廟學制除了原先教育的涵意外，更增添了政治的色彩。它是儒生對抗君權的一種巧妙手段。」〔註69〕

## 第三節 「廟學」制度初具雛形

中國「廟學」制度的體制完備與普及化，當始於唐代太宗貞觀年間。蓋唐代的「廟學」教育制度，不僅「廟」制、「學」制皆有完備的建置體系，而且全面普及到國家的各州、縣學等地方教育事業。至於「廟學」制度的初具雛形，則可以歸功於魏晉南北朝的一些統治階層，諸如曹魏政權對於闕里孔子廟，以及其所代表的學術文化、祭祀儀禮與教化傳統等方面之重視；東晉孝武帝的首建「廟學」制度雛型，完成「廟學相依」的建築格局配置，與南北朝諸政權的持續承襲與開展等，由於上述的這些歷史發展過程，促使唐代

---

〔註67〕高明士：《東亞傳統教育與法文化》，頁44～45。
〔註68〕高明士：《東亞傳統教育與法文化》，頁44～45。
〔註69〕周愚文：《中國教育史綱》，頁23。

的太宗等統治者，能在此基礎上，建立制度完備、發達而且普及至地方教育
事業的「廟學」制度，並為此種傳統官方教育學制，奠定穩固的基礎。

## 一、「廟學」制度的發端──曹魏政權對闕里孔子廟的重視

### （一）魏文帝主動重修孔廟

　　孔子廟在漢代立國之初，雖然其本質仍屬私廟性質的「家廟」，但在統治
者的心目中，似乎已有「官廟」的地位〔註70〕，《史記》記載漢高祖劉邦稱帝
之後，曾經巡幸天下，其經過魯地孔宅時，使用「太牢」之禮以祭祀孔子，
之後「諸侯卿相至，常先謁然後從政」〔註71〕。蓋即便連素來「不好儒」的
劉邦〔註72〕，都願意特地以太牢祭祀孔廟，用實際的行動來表示對孔子的尊
崇，是漢高祖開此先例以後，凡各地官員經過魯地，或當地的地方官甫上任
之際，皆會主動到孔廟前，行晉謁之禮，從而成為一上行下效的固定慣例，
是統治者、或謂官方所支持的祭典，更促使孔廟逐漸蛻變成具有官廟性質的
意識形態，成為以官方為主導的一種祭祀典禮。換言之，原本僅止於家族性
祭祀的孔子廟，在漢高祖開啟帝王祭孔的先例之後，也誠然開啟了其雖名為
家廟、卻實兼具官廟性質傾向的肇端。

　　《史記》所載漢高祖以「太牢」之禮祭祀孔子一事，約當在西元前 195
年前後，亦即孔子過世之後的將近三百年左右，當時劉邦已戰勝項羽而建立
漢代王朝，國家、社會等局勢亦日趨安定，促使漢高祖得以駕幸闕里、親謁
孔子廟，並開創了帝王親自祀孔的先例，更成為日後中國兩千多年來歷代君
王，亦即官方主導之祀孔的範式。又漢代在武帝「罷黜百家，獨尊儒術」的
文化政策之下，實已將儒學奉為正統；其於京城長安興建太學、置五經博士，
以儒家經學作為學校教育的基本內容，孔子的學術地位，更自此日增。另外，
東漢明帝於永平十五年「幸孔子宅，祠仲尼及七十二弟子。親御講堂，命皇

---

〔註70〕此採黃進興之論述。黃進興在說明「孔廟祭典的宗教性格」時認為，就孔廟
　　　　在祭祀方式及祭祀時之成員而論，其在漢代已領有官廟的地位。參黃進興：〈解
　　　　開孔廟祭典的符碼──兼論其宗教性〉，《文化與歷史的追索──余英時教授
　　　　八秩壽慶論文集》（臺北：聯經出版事業公司，2009 年 12 月），頁 554。
〔註71〕《史記·孔子世家》。參《史記三家注》下冊，卷四十七〈孔子世家〉第十七，
　　　　頁 773 下。
〔註72〕《史記·酈生陸賈列傳》記載：「沛公不好儒，諸客冠儒冠來者，沛公輒解其
　　　　冠，溲溺其中。與人言，常大罵。未可以儒生說也。」參《史記三家注》下
　　　　冊，卷九十七〈酈生陸賈列傳〉第三十七，頁 1095 下。

太子、諸王說經。」〔註73〕其途經孔子故宅時，除了祭祀孔子，亦兼祭其七十二弟子，是今日學者所謂「首開（孔子）弟子從祀於師的先例」、「其時七十二弟子應屬附祭關係」〔註74〕。

　　這即是說，魯地的孔廟自設立之後，似乎已成為當地一提供學習禮樂文化的場所，亦即不斷朝向「廟、學合一」發展的傾向，益之以漢代之後諸位帝王的重視，故至西漢年間，孔廟已逐步轉化成具有官廟的意識形態；是被納入官方所認可並且主動支持的一種祭典。而東漢初年則更形成了七十二弟子配享孔子的祭孔制度，孔子也被稱為「先師」，日後更被尊為「先聖」，從而成為以政權統治者為主導的官方尊崇與膜拜的對象，是今日考察東漢禰衡的〈顏子碑〉碑文「配聖饋，圖辟雍」等諸句頌語〔註75〕，亦足作為此事之輔證。職是，孔廟的祭祀制度，以及顏回等七十二弟子配享孔子的祭孔祀典，在東漢末年已初見一些固定的常規。

　　唯東漢末年的政治動亂與社會紛擾，而孔廟的屋舍建築以及原有的祀典儀式，在幾經戰亂之後亦隨之「毀而不脩」，是魏文帝於黃初二年（221），詔令重新修葺：

> 詔曰：「昔仲尼資大聖之才，懷帝王之器，當衰周之末，無受命之運，在魯、衛之朝，教化乎洙、泗之上，淒淒焉，遑遑焉，欲屈己以存道，貶身以救世。……遭天下大亂，百祀墮壞，舊居之廟，毀而不脩，襃成之後，絕而莫繼，闕里不聞講頌之聲，四時不睹蒸嘗之位，斯豈所謂崇禮報功，盛德百世必祀者哉！其以議郎孔羨為宗聖侯，邑百戶，奉孔子祀。」令魯郡脩起舊廟，置百戶吏卒以守衛之，又於其外廣為室屋以居學者。〔註76〕

依上引史料，至少可得見三事：第一，是孔廟遭逢東漢末年的天下大亂之後，一如其他廟宇，實已損壞破敗、百廢待興，故魏文帝一方面派遣吏卒守衛、以方便孔廟的重新修葺作業；一方面也在廟外擴建屋舍、學舍，提供設教講

---

〔註73〕《後漢書・明帝紀》。參《後漢書》卷二〈顯宗孝明帝紀〉第二，頁118。

〔註74〕黃進興：〈解開孔廟祭典的符碼——兼論其宗教性〉，《文化與歷史的追索——余英時教授八秩壽慶論文集》（臺北：聯經出版事業公司，2009年12月），頁548。

〔註75〕禰衡：〈顏子碑〉，收入高明編：《兩漢三國文彙》（臺北：中華叢書編輯委員會，1960年），頁2250。

〔註76〕《三國志・魏書・文帝本紀》。參《三國志・魏書二》卷二〈文帝紀〉第二，頁77～78。

學的學者居住。第二，是魏文帝除了詔令重新修葺孔廟之外，其更在意「闕里不聞講頌之聲，四時不睹蒸嘗之位」，換言之，重修孔廟的最主要目的，當然是亟欲恢復其「教學」與「祭祀」的二項功能。第三，是始創「宗聖侯」的封號，並任命孔子的後代——孔羨，擔任祀奉孔子廟、管理並照顧孔子後嗣的宗聖侯一職。

孔子廟從漢代以降，已有逐漸發展成「廟、學合一」的趨勢，若再綜合本文之上述三點，足見魏文帝有意在漢代的基礎上，更加充實闕里孔子廟的文教功能，其在孔子廟周邊「廣為室屋」，也似乎開啟了中國「依廟而立學」的先例，更擴大了最初「塋不過百畝，封不過三版，祠宇不過三間」環境的規模〔註77〕。所以今日甚至有學者認為，魏文帝在孔子廟外興建學舍，實已「形成了孔子廟和學校合一的格局」〔註78〕。

### （二）祭孔祀典受到魏明帝與當代政府上層官員的重視

魏代之前，漢室封贈孔子後裔的爵號，一般為「褒成侯」或「褒亭侯」〔註79〕，《三國志‧魏書‧文帝本紀》記載魏文帝「以議郎孔羨為宗聖侯」，曹植〈制命宗聖侯孔羨奉家祀碑〉亦云：「以魯縣百戶命孔於廿一世孫議郎孔羨為宗聖侯，以奉孔子之祀。」〔註80〕宗聖侯成為魏代對孔子後裔的專門封號，是負責奉祀孔廟、照顧孔子後嗣的世襲爵職。

迨至魏明帝執政，魯國國相上書建議，請求贈予宗聖侯在祭祀用的牲畜

---

〔註77〕 「塋不過百畝，封不過三版，祠宇不過三間」一語出自《闕里文獻考》。參（清）孔繼汾述，孔子文化大全編輯部編輯：《闕里文獻考》第一冊，卷十一〈林廟考〉第二之一，頁207。

〔註78〕 徐梓：《元代書院研究》，頁147。

〔註79〕 起初孔子的後裔，在漢代是授予博士職，至孔子第十四代孫——孔福（一作孔吉），因其父孔霸上書漢元帝，請求為孔子奉獻祭祀，漢元帝准許此事，並下詔：「其令師褒成君關內侯霸以所食邑八百戶祀孔子焉。」待至孔霸過世，孔福繼承襲封為「關內侯」的爵位，此是襲封世爵以奉孔子祀之始，事見《漢書‧孔光傳》，參《漢書》卷八十一〈匡張孔馬傳〉第五十一，頁3364～3365。其後孔子第十六代孫——孔均，於漢平帝元始元年被改封為「褒成侯」，是《漢書‧平帝紀》所謂：「封周公後公孫相如為褒魯侯，孔子後孔均為褒成侯，奉其祀。追諡孔子曰褒成宣尼公。」參《漢書》卷十二〈平帝紀〉第十二，頁351。自孔均襲封的「關內侯」在西漢末年被改封為「褒成侯」之後，有漢一代的孔子後裔，大致上皆襲襲此爵號而無太大變動。

〔註80〕 （魏）曹植：《曹子建全集》（臺北：清流出版社，1976年）卷六〈制命宗聖侯孔羨奉家祀碑〉，頁4。

祭品，並且提議官銜、職等相對較高的「長吏」等高級官員，當一起前往敬
奉祭祀，《三國志・魏書・崔林傳》：

> 魯相上言：「漢舊立孔子廟，襃成侯歲時奉祠，辟雍行禮，必祭先師，
> 王家出穀，春秋祭祀。今宗聖侯奉嗣，未有命祭之禮，宜給牲牢，
> 長吏奉祀，尊為貴神。」制三府議，博士傅祗以《春秋傳》言立在
> 祀典，則孔子是也。宗聖適足繼絕世，章盛德耳。至於顯立言，崇
> 明德，則宜如魯相所上。林議以為「宗聖侯亦以王命祀，不為未有
> 命也。周武王封黃帝、堯、舜之後，及立三恪，禹、湯之世，不列
> 於時，復特命他官祭也。今周公已上，達於三皇，忽焉不祀，而其
> 禮經亦存其言。今獨祀孔子者，以世近故也。以大夫之後，特受無
> 疆之祀，禮過古帝，義逾湯、武，可謂崇明報德矣，無復重祀於非
> 族也。」〔註81〕

景初年間，由於魯相的建議，魏明帝下令司馬、司空、司徒三公之府，討論
此事。依上引資料，當時一位名為傅祗的博士認為，依《春秋傳》的說法，
則孔子本當受享祭祀的禮儀，而宗聖侯擬承繼斷絕祿位的世家，其本意是欲
頌揚孔子的盛德而已！故傅祗支持魯國國相的意見。而時任司空、又被封為
安陽鄉侯的崔林（？～244）則反對此說，雖然史傳未能記錄魏明帝最後的處
理方式，但是從《三國志・魏書・崔林傳》的特意記載此事件，特別說明魏
明帝下令「三公」討論「宗聖侯」在祭祀儀禮方面的相關事宜，與其所需之
物資和費用等問題，足見魏明帝與當世的魏代上層官員，確實很慎重地看待
孔廟在祭祀儀禮等方面的問題，此自是魏代政權對於對祭孔祀典的高度重視
之明證。

### （三）魏少帝派遣太常以祭祀孔子

魏少帝曹芳時期，多次派遣掌管宗廟禮儀與祭祀的太常，前往辟雍以祭
祀孔子。依《三國志・魏書》記載，曹魏政權於正始年間屢次「以太牢祭孔
子於辟雍」：

> （正始）二年春二月，帝初通《論語》，使太常以太牢祭孔子於辟雍，
> 以顏淵配。
>
> （正始）五年春二月，詔大將軍曹爽率眾征蜀。夏四月朔，日有蝕

---

〔註81〕《三國志・魏書・崔林傳》。《三國志・魏書二十四》卷二十四〈崔林傳〉第
二十四，頁681。

之。五月癸巳，講《尚書》經通，使太常以太牢祀孔子於辟雍，以
顏淵配；賜太傅、大將軍及侍講者各有差。

（正始七年）冬十二月，講《禮記》通，使太常以太牢祀孔子於辟
雍，以顏淵配。〔註82〕

魏少帝以「正始」作為年號一共歷時十年，期間至少有三次派專人以祭祀孔
子，並以顏淵配享孔子。魏正始十年（249），司馬懿發動政變，起兵控制雒
邑，是為高平陵之變，同年上書改年號為「嘉平」，獨攬軍國大權，魏少帝自
此成為傀儡皇帝。

或許正因為曹魏政權在使用「嘉平」作為年號的六年裡，實權先後由曹
爽、司馬懿和司馬師掌握，朝廷陷入嚴重的政治內鬥，根本無暇顧及民生、
文化、教育等社會議題，是不再得見統治者祭祀孔子的相關記載，迨至司馬
炎取代曹魏政權而建立西晉王朝，史傳中才又得以復見統治者興修孔廟、詔
令舉行祭孔祀典的相關資料。如《晉書》記載：

及武帝泰始三年十一月，改封宗聖侯孔震為奉聖亭侯。又詔太學及
魯國，四時備三牲以祀孔子。〔註83〕

從漢代孔霸「以帝師賜爵」而被封為「褒成侯」，到魏文帝改封孔羨為「宗聖
侯」，以至於晉武帝泰始三年（267）又將孔子第二十二代孫——孔震，再改
封為「奉聖亭侯」，除了爵位名稱和賞賜的食邑戶數稍有差異之外，爵位的職
掌內容基本上並無太大變動。

這表示西晉武帝司馬炎，亦能對於孔廟的祭祀儀禮、孔氏後裔的子嗣傳
承等方面，表示相當程度的關注。唯西晉王朝的國祚大抵51年，期間又歷經
多次嚴重的動盪與紛擾，是除了晉武帝司馬炎在立國初期的一些修孔廟、興
祀典、封世襲爵位等措施，捨此而外，實已無可觀之處。

至於東晉在孝武帝司馬曜之前，亦一如西晉時期的光景，《晉書》記載：
「明帝太寧三年，詔給奉聖亭侯孔亭四時祠孔子祭直，如泰始故事。」又：「元
帝太興二年，皇太子講《論語》通。太子並親釋奠，以太牢祠孔子，以顏回
配。」〔註84〕史傳僅以寥寥數筆，即帶過的元帝司馬睿、明帝司馬紹對於祭

〔註82〕以上三例，詳參《三國志‧魏書四》卷四〈三少帝紀〉第四，頁119、120、
121。
〔註83〕《晉書‧禮志》。參《晉書》卷十九〈志〉第九〈禮上〉，頁599。
〔註84〕以上詳見《晉書‧禮志》。參《晉書》卷十九〈志〉第九〈禮上〉，頁599。

孔祀典的幾項措施，尤其明帝時期的史事，更以「如泰始故事」一語，直接略述過去。必須迨至孝武帝的「增造廟屋」等措施，將學校的校地結合孔廟的建物，不僅恢復了孔廟在曹魏初期的興盛榮景，更依此發展出中國「廟學」制度的雛形。

## 二、「廟學」制度的雛形始自東晉

### （一）新式教育體制──「廟學」制度的形成

誠如上述，由於漢代以及曹魏統治者的重視，促使原本僅是「家廟」、「私廟」性質孔子廟，蛻變成具有官方的意識形態、以官方為主導的一種官廟性質之祭祀典禮，是今日學者所謂「獲得家廟與公廟的雙重性格」〔註85〕。而東晉孝武帝在以教學功能為主的學校空間中，特地建置專供祭祀的孔子廟，則是中國新式教育體制──「廟學」制度以及其建築格局等方面的發展雛形，更促使原本初具官方意識形態的孔子廟，正式深化而成為具備政治涵義、象徵文化傳承的「官廟」性質，孔子廟本身亦至此成為中央官學的祭祀園地。

西晉的潘尼〈釋奠頌〉：「掃壇為殿，懸幕為宮。夫子位於西序，顏回侍於北墉。」〔註86〕記載了西晉元康三年（293）的一次釋奠儀式。從史傳記載的這一則文獻，可以得見在當時的官學中，祭祀孔子、舉行釋奠儀節，是一極為正式和慎重之事，而且更是學校的固定慣例。另外，〈釋奠頌〉的這一段文字，更足以印證西晉時期的學校建物，尚無專門祭祀孔、顏等聖人的廟宇，即便尚未建置廟宇，但知識份子會在太學「掃壇為殿」以奉祀孔、顏等聖人。高明士認為，這是在「太學的正廳」設立祭壇、進行祭祀禮儀：「顯然這個時候還沒有建置廟宇，當時因為新創立國子學，為配合新設學館，所以在太學『掃壇為殿』祭祀，……。」而此種「孔子牌位是坐西朝東，取賓位之禮」、「顏回則侍於北牆朝南」的祭禮方式，高氏亦推測其淵源可能來自西漢末年王莽興學時，於太學「殿堂」的禮儀〔註87〕。依此，吾人自能得見在西晉時期、或謂東晉孝武帝之前，當國子學等太學體制尚未建置專門祭祀孔子的廟

---

〔註85〕黃進興：〈解開孔廟祭典的符碼──兼論其宗教性〉，《文化與歷史的追索──余英時教授八秩壽慶論文集》（臺北：聯經出版事業公司，2009 年 12 月），頁546。

〔註86〕《晉書‧潘岳傳》所附〈潘尼傳〉的潘尼〈釋奠頌〉。參《晉書》卷五十五〈列傳〉第二十五〈潘岳傳〉所附〈潘尼傳〉，頁 1510。

〔註87〕以上論述與觀點，是高明士的研究成果，詳參高明士：《東亞傳統教育與法文化》，頁 47。

宇時，中央官學裡舉行祭孔儀式的實際狀況。

　　東晉孝武帝太元九年（384），時任尚書令的謝石（327～389）上書，建議「請興復國學，以訓冑子；班下州郡，普修鄉校」：

> 立人之道，曰仁與義。翼善輔性，唯禮與學。雖理出自然，必須誘導。故洙、泗闡弘道之風，《詩》、《書》垂軌教之典。敦《詩》悅《禮》，王化以斯而隆；甄陶九流，羣生於是乎穆。世不常治，道亦時亡。光武投戈而習誦，魏武息馬以修學，懼墜斯文，若此之至也。大晉受命，值世多阻。雖聖化日融，而王道未備。庠序之業，或廢或興。遂令陶鑄闕日用之功，民性靡素絲之益，亹亹玄緒，繄焉莫抽，臣所以遠尋伏念，寤寐永歎者也。今皇威遐震，戎車方靜，將灑玄風於四區，導斯民於至德。豈可不弘敷禮樂，使煥乎可觀。請興復國學，以訓冑子；班下州郡，普修鄉校。〔註88〕

謝石認為，自肥水之戰勝後，如今「皇威遐震，戎車方靜」，國家朝政與社會局勢雖已日趨於昇平安定，可惜前代以來的「庠序之業，或廢或興」，故建議孝武帝重建首都建康的國學，並在中央和地方普及學校事業，以振興教育，提倡禮樂。

　　史傳記載謝石提出的興學建議，被孝武帝所採納：「烈宗納其言。其年，選公卿二千石子弟為生，增造廟屋一百五十五間。」〔註89〕其就原本的太學舊址，增建數百間廟屋，並在太元十年（385）二月，完成上述的建置，藉以提供具有公卿及二千石身分的官員子弟入學受業的機會。

　　清代學者秦蕙田認為，中國於京師設置孔子廟，當在北魏孝文帝元宏時期〔註90〕，不過今日學者則認為，此處的「廟屋」建築，當指孔子廟、國子學與諸生省（即博士省），且即便在謝石的上書內容中，未見國學中建置孔廟之議，不過從翌年完成的「廟屋」一事而論，君臣之間在自從謝石上書後，到完成廟屋的建築之前，顯然有一番討論，而其結論即在國學中建置孔子廟〔註91〕，此種論述誠然推翻了原本秦蕙田於《五禮通考》的觀點。

---

〔註88〕《宋書·禮志》。《宋書》卷十四〈志〉第四〈禮一〉，頁364～365。

〔註89〕《宋書·禮志》。《宋書》卷十四〈志〉第四〈禮一〉，頁365。

〔註90〕秦蕙田《五禮通考》於《北史·魏本紀》所載之「太和十三年七月立孔子廟」一語下注云：「蕙田案：此京師立孔廟之始。」詳參（清）秦蕙田：《五禮通考》第十冊，卷一百二十一〈吉禮·祀孔子〉，頁7349。

〔註91〕以上論述，是高明士的觀點。詳參氏著：《東亞傳統教育與法文化》第貳章〈廟學與東亞傳統教育〉，頁49、54。

　　若依此論，則東晉孝武帝的「增造廟屋」，實是中國自古以來學制上的一大變化，蓋此種建築與設置方式，遂成為中國「廟學」制度的發展雛形——在學校的校地裡設置孔子廟，從而完成廟中有學、學中有廟的初步建構，可謂中國自漢武帝興太學以來，首次在中央官學旁，建置孔子廟的具體紀錄。至此之後，東晉國子學的博士、生員在祭祀孔子等儒家聖賢時，已非如西晉太學的「掃壇為殿」模式；不需要在太學內部的一隅、或謂正廳，設立祭壇以進行祭祀禮儀，而是前往國子學旁的孔子廟等「廟屋」建築物，在專門奉祀孔子的廟宇中，進行相關的祭禮。

　　另外，《晉書‧五行志》曾記載一條史料：「義熙九年五月，國子聖堂壞。天戒若曰，聖堂，禮樂之本，無故自壞，業祚將墜之象。」〔註92〕指東晉安帝司馬德宗時期「國子聖堂」等建築物無故毀壞，是「業祚將墜之象」，利用此種徵兆以說明東晉安帝「未及十年而禪位」的主因〔註93〕。雖然在今日的現代人眼光中，此等論述或許屬於無稽之談，不過若就另一種視角來看待這一段文獻，自能發現其將「國子學」、「聖堂」（孔子廟）並舉，足見東晉孝武帝的國子學中建置孔子廟，誠然確有其事；亦足證此種「廟、學合一」、「廟、學相依」之制，自東晉孝武帝十年（385）起，乃至東晉安帝義熙九年（413）五月為止，已維持至少二十八年，這是東晉孝武帝以降，「廟學」教育制度在初具雛形之後，持續存在於當代的一項旁證。

　　尤其孝武帝在太元十年（385）二月「增造廟屋」，創建初具雛形的「廟學」制度之後，又在翌年（太元十一年，西元 386 年）於京畿另建一座名為「宣尼廟」的孔子廟，作為追謚孔子後裔孔靖之的孔氏家廟，是《晉書》記載：「（太元十一年）秋八月庚午，封孔靖之為奉聖亭侯，奉宣尼祀。」〔註94〕又唐代許嵩《建康實錄》：「（太元十一年）八月庚午，詔封孔靖之為奉聖亭侯，奉宣尼祀。立宣尼廟，在故丹楊郡城前隔路東南。」〔註95〕此座位於建康的宣尼廟，儼然成為曲阜孔子廟的「分廟」，雖然東晉的建康從此出現了兩座孔子廟，唯二廟的性質略有不同，國子學中的孔子廟是東晉中央官學，亦即學校的一部分；另建於建康京畿的宣尼廟，則屬於孔氏家廟，由孔子後裔承祀，

〔註92〕《晉書‧五行志》。參《晉書》卷二十七〈志〉第十七〈五行上〉，頁829。
〔註93〕《晉書‧五行志》。參《晉書》卷二十七〈志〉第十七〈五行上〉，頁829。
〔註94〕《晉書‧孝武帝紀》。參《晉書》卷九〈帝紀〉第九〈孝武帝〉，頁235。
〔註95〕（唐）許嵩撰，張忱石點校：《建康實錄》卷九〈晉中下‧烈宗孝武皇帝〉，頁283。

以比擬山東曲阜的孔廟〔註96〕。

　　或有學者認為，孝武帝在山東曲阜的孔廟以外，刻意另外興建一宣尼廟，旨在對外宣示，東晉在文化傳承上的正統性〔註97〕，也有學者從政權、文化與地域性的多重視角，將孝武帝的諸項措施，界定為「孔廟的外地化」的序幕，如：黃進興說：「經漢代一朝，孔子之教蛻變為官方的意識形態，而深為統治者所倚重。……復因魏晉南北朝之際，戰亂頻仍，闕里祖廟數度荒廢，導致外地政權於闕里之外，競立孔廟，促成孔廟的的外地化。」黃氏認為，代表南移政權的孝武帝，其於京畿另立孔廟、詔封孔子後裔，始促成往後南、北政權分峙時，兩邊的統治者各自尋訪聖人後裔、分別在各自的京城立孔廟，遂成為常見的趨勢〔註98〕。不過，正因為孝武帝在國學中建置孔廟，又於京畿另立孔廟，一方面促成「廟學」教育制度的逐漸開展；一方面也對「廟學」的建築格局方面產生一些影響。其特地在京師立廟的舉動，雖然實際上是欲強化東晉在文化上的正統性，也是對當時的北方政權進行一定程度的抗衡或號召，致使政治意圖甚為明顯，然而力圖維持住奉祀至聖先師的傳統，以接續儒教在文化上的傳承，也實有相當程度的正當性，是諸如上述的措施，確實在中國儒學教育發展史上，自有其重大的價值和意義。

## （二）東晉「廟學」的建築體制和格局

　　孝武帝在國子學中建置孔子廟並「增造廟屋」，從而形成了往後歷朝各代的「廟學」之基本建築體制，以及其在配置上大致的格局。蓋除了《宋書》，許嵩《建康實錄》亦記載：「（太元）十年春，尚書令謝石以學校陵遲，上疏請興復國學於太廟之南。」〔註99〕並於下文注引陳朝顧野王《輿地志》：

　　　　案：《輿地志》：在江寧縣東南二里一百步右御街東，東逼淮水，當

---

〔註96〕關於上述二廟的不同性質等相關研究與考證，高明士已有詳盡之說解，筆者不再累述，詳參高明士：《東亞傳統教育與法文化》第貳章〈廟學與東亞傳統教育〉，頁49～52。

〔註97〕高明士說：「（東晉孝武帝）另建孔子廟（宣尼廟），以比擬曲阜的孔廟，使東晉雖處偏安之地，猶可宣示文化傳承之正統性。」參高明士：《東亞傳統教育與法文化》第貳章〈廟學與東亞傳統教育〉，頁54。

〔註98〕此採黃進興的論述，其「孔廟的外地化」見黃進興：〈解開孔廟祭典的符碼——兼論其宗教性〉，《文化與歷史的追索——余英時教授八秩壽慶論文集》（臺北：聯經出版事業公司，2009年12月），頁546。

〔註99〕（唐）許嵩撰，張忱石點校：《建康實錄》卷九〈晉中下・烈宗孝武皇帝〉，頁277。

時人呼為國子學。西有夫子堂，畫夫子及十弟子像。西又有皇太
子堂，南有諸生中省，門外有祭酒省、二博士省，舊置博士二人。
〔註100〕

可見當時宰相謝石上書請復國學之後，孝武帝採納其建議，並於國子學之
西建置孔子廟，亦即在國子學之西增建「夫子堂」等廟屋，產生「廟、學
相依」與「左學右廟」的具體格局，從而形成中國「左學右廟」的廟學制度
首例。

　　雖然當時「廟學」的體制僅出現在國子學，亦即中央官學，其尚未普遍
擴展至地方官學；日後歷朝各代之「廟」與「學」的關係位置，偶爾也因當
地地形或者特殊的地理環境而有所不同，產生「前廟後學」、「左廟右學」的
格局配置，尤其中國傳統古禮以「左」為尊，此是《周禮》能謂「左祖右社」
〔註101〕，在固有觀念的宗廟在左、社稷於右的基本建置體系中，「左廟右學」
似乎方是較為正確和傳統的建築配置，例如唐代官學中的「廟學」體制，即
是「左（東）廟右（西）學」的配置〔註102〕。而東晉初具雛形的「廟學」制
度，其所採用的「左學右廟」配置，雖然並非吾人所認知的「左祖右社」之
基本圖式〔註103〕。不過，正因為孝武帝首開此等措施，建置了「廟」與「學」
關係位置的首例，促使北魏、北齊乃至於往後的隋唐各代，皆能在大體沿襲
此體制的基礎上，再予以增補或更易。

　　這即是說，從「廟學合一」形式的初顯端倪，歷經漢代的持續承襲與發

〔註100〕許嵩《建康實錄》注引（南朝陳）顧野王《輿地志》。參（唐）許嵩撰，張忱
　　　　石點校：《建康實錄》卷九〈晉中下・烈宗孝武皇帝〉，頁277。
〔註101〕詳參《周禮・冬官考工・匠人》之說解。參（清）阮元校勘：《十三經注疏》第
　　　　三冊《周禮注疏》卷四十一〈冬官考工記〉下〈匠人〉，頁642下～643上。
〔註102〕參高明士：《唐代東亞教育圈的形成：東亞世界形成史的一側面》，頁192。
〔註103〕值得一提者，是如今中國「廟／學」的關係位置，以「前廟後學」配置者最
　　　　多，其次是「左學右廟」配置者，一般吾人所認為的「左廟右學」之制當是
　　　　基本圖式的情況，在如今中國「廟／學」的關係位置中，反而數量最少。高
　　　　明士根據《宋元地方志》、《新修方志叢刊》、《中國方志叢書》等數部方志著
　　　　作，以及附有建築平面圖的「廟學」者為據，針對中國32個省級行政區中的
　　　　25個省，進行「廟／學」關係位置的抽樣調查。高氏的研究報告指出，在中
　　　　國（包括臺灣）的「廟學」建制中，並未發現「前學後廟」的「廟／學」配
　　　　置，至於數量最多者是「前廟後學」的配置，計有258例，幾乎占據大半數
　　　　量；其次是「左學右廟」者，計有120例；餘下是「左廟右學」者，計有109
　　　　例。以「左／右」配置「廟／學」者，加總之後229例，尚不及「前廟後
　　　　學」的數量。詳參高明士：《東亞傳統教育與法文化》，頁65～68。

展，再到魏文帝開創了闕里孔子廟的「依廟而立學」先例，時至東晉孝武帝的諸項措施，誠然促使闕里孔子廟、國子學之西的孔子廟，以及京畿的宣尼廟，已經逐漸形成了「依廟立學」的基本建置、「廟學相依」的建築格局，而「廟學」教育制度也從此劃入中央官學，亦即國子學的體制之內。再歷經東晉以後的南、北各朝的發展，迨至唐代貞觀年間，唐太宗的正式詔令州、縣學，普設孔子廟，促使「廟學」教育制度從中央官學擴及至地方學校，成為地方官學在辦理文教相關事業時的一種普遍規劃。此後歷朝各代、不論中央或地方，孔子廟總是能與學校緊密結合、環環相扣，而今日學者更直以「『廟學制』從闕里孔廟『依廟立學』之先例，躍入地方普遍『依學立廟』的榮景。」〔註104〕評述此般景象。

### （三）「廟學」納入傳統「官學」的範疇

「廟學」制度可謂東晉孝武帝所創辦的一種新式教育學制，雖然甫建置之時僅是初具規模，不過正因為自漢代高祖的開啟帝王祭孔之先例，乃至於曹魏統治者對於闕里孔子廟的相關傳統文化和儀禮等方面，表現極大的關注，促使原本僅是「家廟」、「私廟」性質的闕里孔子廟，逐漸成為以官方為主導、並且具有明顯的官廟性質。迨至東晉孝武帝分別於國子學、京師設置孔子廟，前者形成了中央官學中「廟學相依」、「廟學合一」的格局，從而首建了「廟學」教育制度的雛型；後者則旨在宣示東晉政權於文化上的正統性。

這即是說，漢、魏二朝的闕里孔子廟，雖已具有官廟的意識形態，但整體上仍屬於地方型、私廟性質的家廟，東晉孝武帝的這兩項措施，則著實促使「孔子廟」的定位，徹底轉變成具備政治意義、象徵文化傳承的官廟，更從此確定躍身而成為官方在施予教化、培訓學子禮儀的場所。尤其國子學本屬當時官方最首要的教育事業，在政府最重要的學校空間中，特地建置專供祭祀的孔子廟，這一方面代表了孔子廟舉行的祭孔祀典，已經從曹魏時期的確定屬於以官方為主導，從此成為中央官學的一種專門祭祀儀禮，實屬國家級別的祭祀系統，而孔子廟本身，當然亦自此成為中央官學的祭祀園地。另一方面，孔子廟更依此被納入中央官學的體制裡，再歷經北朝諸政權與隋唐二代的逐步拓展，促使「廟學」教育制度能進一步地普及至地方官學，成為

---

〔註104〕黃進興：〈解開孔廟祭典的符碼──兼論其宗教性〉，《文化與歷史的追索──余英時教授八秩壽慶論文集》（臺北：聯經出版事業公司，2009 年 12 月），頁 546。

往後歷代政權在興辦教育事業時，一種固定的、常態的學制規劃。

值得一提者，是當「廟學」被納入傳統「官學」的範疇之後，此種教育學制的內涵以及其對於中國政治與社會環境的影響，複雜的層面實極為深廣，畢竟它牽涉了「祭祀／教育／政治」等諸多方面，誠如今日學者所謂：

> 教育追求自主性的具體成果，就是在學校內建置孔廟，以及隨著廟制而建立祭祀制度（如配享、從祀等），使學校在王域之內，另外成立「聖域」。雖然這種聖域的建立，來自皇權的恩許，只是聖域一旦建立，便成為神聖不可侵犯，同時也是傳統讀書人的庇護所。〔註105〕

對於東晉孝武帝在發展「廟學」制度的諸項措施，確實營造了高明士所謂的「聖域」，而孔子也隨著落實在中央官學的祭孔祀典，因此被提升至猶似儒家的「學問之神」、「教育之神」等「守護神」地位，實非僅是先秦那位「聖人」、「老師」等形象的孔子。更重要者，是吾人若以高氏所謂「追求教育的自主性」的論述觀之，則東晉孝武帝儼然符合此種觀點中的幫襯力量，亦即東晉孝武帝誠然協助了當時追求教育自主性的知識份子，若依此論，則孝武帝確實功不可沒。不過筆者認為，即便「聖域」是來自皇權的恩許，然而高明士所謂的「王域」與「聖域」，本不互相衝突，在中國傳統的政教合一時代裡，政治、教育、宗教往往無法簡單分割，與其說是東晉孝武帝的恩許，不如視作一種順應時勢潮流、是順水推舟的舉動；是促成「王域」與「聖域」有相輔相成的契機，原本已是政教合一的中國，也因為初具雛形的「廟學」制度，出現更明顯的「祭、政、教合一」特色。

## 三、南北朝對於東晉「廟學」制度的承襲

### （一）「興廟以立學」成為南、北二朝的慣例

自從東晉孝武帝在國子學之西增建「夫子堂」等廟屋、促使孔子廟劃入中央官學的範疇以後，不僅初步形成了中國「廟、學合一」、「廟、學相依」的「廟學」教育制度，而「興廟以立學」也自成為南、北二朝的固定模式；是被當時的統治與掌權者，視為理所當然的一種慣例。

這種「興廟立學」的「廟學」模式，當然不會僅落實在國子學中的孔子廟，舉凡山東曲阜固有的闕里孔子廟；東晉孝武帝等統治者為了宣示王朝在文化傳承的正統性而於京城周邊另立的孔子廟等，都必定是「興廟立學」以

---

〔註105〕高明士：《東亞傳統教育與法文化》，頁44。

實行「廟學」制度之處。例如東晉孝武帝於太元九年到十年（384～385）期間，採納尚書令謝石的建議並完成「增造廟屋」諸項措施之後，又有謝石的同僚——清河人李遼（生卒年不詳），在數年後再次上奏，文中亦有「興復聖祀，修建講學」之請：

> 清河人李遼又上表曰：「臣聞教者，治化之本，人倫之始，所以誘達羣方，進德興仁，……。自中華湮沒，闕里荒毀，先王之澤寢，聖賢之風絕。自此迄今，將及百年。造化有靈，否終以泰，河、濟夷徙，海、岱清通，黎庶蒙蘇，卨藻奮化。而典訓弗敷，《雅》、《頌》寂蔑，久淪之俗，大弊未改。……事有如賒而急，實此之謂也。亡父先臣回，綏集邦邑，歸誠本朝。以太元十年，遣臣奉表。路經闕里，過觀孔廟，庭宇傾頓，軌式頹弛，萬世宗匠，忽焉淪廢；仰瞻俯慨，不覺涕流。既達京輦，表求興復聖祀，修建講學。至十四年十一月十七日，奉被明詔，采臣鄙議，敕下兗州魯郡，準舊營飾。故尚書令謝石令臣所須列上，又出家布，薄助興立。故鎮北將軍譙王恬版臣行北魯縣令，賜許供遣。二臣薨徂，成規不遂。陛下體唐堯文思之美，訪宣尼善誘之勤，矜荒餘之凋昧，愍聲教之未浹。愚謂可重符兗州刺史，遂成舊廟，蠲復數戶，以供掃灑。並賜給《六經》，講立庠序，延請宿學，廣集後進，……。」〔註106〕

值得注意者，是李遼上表所述之處，是指山東曲阜的闕里孔子廟。蓋西元383年淝水之戰後，前秦苻堅慘敗，東晉政權於隔年乘勝北伐，成功收復黃河、秦嶺以南故土，諸如青州、兗州、冀州等地，而山東曲阜即是在東晉政權僑置南兗州時的控制區域內。

　　此正是太元十七年（392）十二月時，李遼能在東晉政權曾經淪陷的故土，又在北伐獲勝之後而得以實際控制的僑制機構——南兗州境內「路經闕里，過觀孔廟」之故。當李遼途經闕里孔子廟，目睹其「庭宇傾頓，軌式頹弛」的荒廢、毀壞模樣，不禁感慨涕淚，回到京城之後，即上表請求朝廷能在闕里孔子廟「興復聖祀，修建講學」。另外，由上述之文獻記載可知，李遼「興復聖祀，修建講學」的具體建議有二：其一，是請求朝廷下令南兗州府修建孔子廟，並指定當地的數戶人家，專門負責日常的灑掃。其二，是能延續以往的舊例，繼續開辦學校、招收學生、聘請教師，促使闕里孔子廟能恢

〔註106〕《宋書·禮志》。《宋書》卷十四〈志〉第四〈禮一〉，頁366。

復往日榮景。

　　雖然李遼在上表的奏章中，甚至用了「事有如賒而急，實此之謂也」一語，亦即此項「興復聖祀，修建講學」的事務，看似可以從長計議，實際上卻需要儘快地辦理！可惜誠如史傳所謂「又不見省」，李遼的奏章並未獲得朝廷的回應。換句話說，正因為東晉孝武帝對於李遼的上表，沒有做出任何的反應，又或謂闕里孔子廟位於暫時僑置的南兗州境內，故文化、教育等事業，並非東晉政權在此處的首要施政策略，否則孝武帝的「廟學」制度雛形，當不啻只有在國子學的夫子堂、京畿的宣尼廟二處得以落實，必能再包含闕里孔子廟，就今日的眼光以看待這一段歷史，確實甚為可惜！

　　李遼在太元十七年（392）的「興復聖祀，修建講學」之請，雖然未能獲得當時東晉政權的回應而得以實現，不過當初李遼的修復闕里孔子廟之建議，仍能於改朝換代的四十餘年之後，在南朝劉宋政權中得到落實的機會。《宋書・文帝本紀》：

> （元嘉十九年）十二月丙申，詔曰：「胄子始集，學業方興。自微言泯絕，逝將千祀，感事思人，意有慨然。奉聖之胤，可速議繼襲。於先廟地，特為營造，依舊給祠置令，四時饗祀。闕里往經寇亂，黌校殘毀，並下魯郡修復學舍，採召生徒。昔之賢哲及一介之善，猶或衛其丘壟，禁其芻牧，況尼父德表生民，功被百代，而墳塋荒蕪，荊棘弗翦。可蠲墓側數戶，以掌洒掃。」魯郡上民孔景等五戶居近孔子墓側，蠲其課役，供給洒掃，並種松柏六百株。〔註107〕

南朝劉宋時期，是南朝版圖最大的朝代，其在最強盛時，最北端的統治地區可達秦嶺、黃河一帶而與北魏政權相鄰；南朝宋文帝劉義隆的執政期間，亦是南朝政治較為清明、社會趨於穩定的時期，其被後世稱美的「元嘉之治」（約424～453），堪稱南北朝治世的典範。此是南朝宋文帝能在吏治澄清、國家整體經濟大幅提升之際，於元嘉十九年（438）實施「於先廟地，特為營造」、「並下魯郡修復學舍，采召生徒」等修復闕里孔子廟、並興廟以立學的諸項措施。

　　除了劉宋政權，餘下的國力普遍孱弱、國祚亦甚短之南朝齊、梁、陳三政權，其對於孔子廟的相關振興和修繕等事業，在史傳中也略有些許的記載，例如相對於齊、陳二朝而國祚稍長的南朝梁，是國力和國祚僅次於劉宋的南

---

〔註107〕《宋書・文帝本紀》。參《宋書》卷五〈本紀〉第五〈文帝〉，頁89～90。

朝政權，其在孔子廟的興修事務上，亦較能有餘力應付，是《南史》記載梁武帝蕭衍於天監四年（505）六月「立孔子廟」〔註108〕，《資治通鑑》則記以「初立孔子廟」〔註109〕，由此可推測梁武帝當是如同東晉孝武帝，是在闕里孔子廟之外，另立一座孔子廟，今日學者甚至直接推斷梁武帝蕭衍的「立孔子廟」，即是國子學中的「廟學」建置〔註110〕。而在位執政僅僅將近一年的梁敬帝蕭方智，則是在太平二年（557）正月「詔求魯國孔氏族為奉聖侯，並繕廟堂，供備祀典。」〔註111〕另外，在位執政亦僅一年的陳朝第三任皇帝——廢帝陳伯宗（554～570），其於光大元年（567）十二月「以儀同三司兼從事中郎孔英哲為奉聖亭侯，奉孔子祀。」〔註112〕唯陳伯宗是年幼即位，朝政皆由叔父安成王陳頊掌控，而陳朝幼主陳伯宗在光大元年時僅十餘歲，故推測襲封孔英哲爵位並詔令孔英哲奉祀孔子等舉動，概僅是朝政上的一般常規慣例。

　　綜合上述，足見東晉孝武帝建立「廟學」制度的雛形之後，南朝政權大體上皆相沿如是，尤其考察劉宋文帝的「修復學舍」等措施，以及梁、陳政權對於孔子廟的相關振興和修繕等事業，更可以得見「廟學」制度實已逐漸成為一種官方教育事業的常規慣例。北朝諸政權的狀況亦復如是，例如史傳記載北魏太武帝於始光三年（426）二月「起太學於城東，祀孔子，以顏回配。」〔註113〕；北魏孝文帝於延興三年（473）詔令孔子於魯郡的第二十八代

〔註108〕《南史・梁武帝本紀》：「（天監四年）六月庚戌，立孔子廟。」參《南史》卷六〈梁本紀上〉第六〈武帝本紀上〉，頁189。

〔註109〕《資治通鑑・梁紀》：「（天監四年）六月，庚戌，初立孔子廟。」參（宋）司馬光撰，（元）胡三省注：《資治通鑑》第六冊，卷一百四十六〈梁紀二〉，頁4550。

〔註110〕此是高明士的觀點。高氏認為梁武帝蕭衍於國子學建置孔子廟，參高明士：《中國中古的教育與學禮》，頁63。不過本文尚未能從史傳的文獻資料中，充分證明此說，雖然梁武帝「立孔子廟」、並承襲東晉孝武帝以降的「廟學」教育制度，是可以證明的歷史事實。但究竟梁武帝的「立孔子廟」是否位在國子學，本文尚無足夠的論據，故僅能將高明士的觀點援引在此處，備為一說。

〔註111〕《南史・梁敬帝本紀》：「（太平）二年春正月壬寅，詔求魯國孔氏族為奉聖侯，並繕廟堂，供備祀典。」參《南史》卷八〈梁本紀下〉第八〈敬帝本紀〉，頁249。

〔註112〕《南史・陳廢帝本紀》：「（光大元年）十二月庚寅，以儀同三司兼從事中郎孔英哲為奉聖亭侯，奉孔子祀。」參《南史》卷九〈陳本紀上〉第九〈廢帝本紀〉，頁284。

〔註113〕《北史・魏本紀・世祖太武帝》：「（始光三年）二月，起太學於城東，祀孔子，以顏回配。」參《北史》卷二〈魏本紀〉第二〈世祖太武帝〉，頁42。

孫——孔乘，封為「崇聖大夫」，並「給十戶以供灑掃。」〔註114〕、並於太和十六年（492）因為漢代嘗封孔子為宣尼公之故，為了延續中原地區的此項固有文教傳統，又特地將孔子廟改稱為宣尼廟〔註115〕。又：

> （太和十九年）庚申，幸魯城。親祠孔子廟。辛酉，詔拜孔氏四
> 人，顏氏二人為官。詔兗州刺史舉部內士人堪軍國及守宰政績者，
> 具以名聞。詔賜兗州人爵及粟帛如徐州。又詔選諸孔宗子一人封崇
> 聖侯，邑一百戶，以奉孔子祀。命兗州為孔子起園栢，修飾墳隴，
> 更建碑銘，襃揚聖德。〔註116〕

上文所引之史書內容，詳細地記述了北魏孝文帝於太和十九年（495）親臨山東曲阜的闕里孔子廟，除了祭祀孔、顏諸位儒家聖賢，也特地詔選當地的孔氏後裔，擔任祀奉闕里孔子廟、管理並照顧孔子後嗣的「崇聖侯」爵位。

依本文所列舉的太武帝、獻文帝，與孝文帝等統治者的諸項措施，足見北魏政權對於孔子廟的祭祀儀禮、孔子後裔奉祀於孔子廟等事務的重視。

此外，最重要的一項史料，是孝文帝於太和十三年（489）七月「立孔子廟於京師」〔註117〕，這足以證明北魏孝文帝承襲了東晉孝武帝以降的「廟學」教育制度，也在其中央官學——原稱國子學的中書省裡，建置了孔子廟。自此以後，朝廷在中央官學設立孔廟，實成為中國的南、北二朝之常規慣例，「廟學」制度當然也成為南、北二朝中央官學裡，不可或缺的教育事業。是史傳記載三十餘年之後，北魏孝文帝之孫，亦即北魏孝明帝元詡，在正光二年（521）三月「幸國子學，祠孔子，以顏回配。」〔註118〕此不僅是北魏政權在中央官學興辦「廟學」教育制度之明證，今日學者更因此而評以「北魏諸帝對孔子的祭祀和尊崇，提高了教育的社會地位。」、「廟學制度的創建，無

---

〔註114〕《北史・魏本紀・高祖孝文帝》：「（延興三年）壬子，詔以孔子二十八世孫魯郡孔乘為崇聖大夫，給十戶以供灑掃。」參《北史》卷三〈魏本紀〉第三〈高祖孝文帝〉，頁89～90。

〔註115〕《北史・魏本紀・高祖孝文帝》：「（太和十六年）丁未，改諡宣尼曰文聖尼父，告諡孔廟。」參《北史》卷三〈魏本紀〉第三〈高祖孝文帝〉，頁108。

〔註116〕《北史・魏本紀・高祖孝文帝》。參《北史》卷三〈魏本紀〉第三〈高祖孝文帝〉，頁113～114。

〔註117〕《北史・魏本紀・高祖孝文帝》：「（太和十三年）秋七月，立孔子廟於京師。」參《北史》卷三〈魏本紀〉第三〈高祖孝文帝〉，頁104。

〔註118〕《北史・魏本紀・肅宗孝明帝》：「（正光二年）三月庚午，幸國子學，祠孔子，以顏回配。」參《北史》卷四〈魏本紀〉第四，頁148。

論對當時教育的發展還是對後世社會來說，都產生了重要的影響。」〔註119〕著實對北魏「廟學」等諸項教育制度予以高度的評價。

北齊的開國皇帝文宣帝高洋，因在位初年尚能精勵圖治、留心政務，故國祚僅二十餘年的北齊政權，卻能於其統治初期，對於興修孔子廟、奉祀儒家聖賢等相關文教事業，表現一定程度的關注，《北史》：

> （天保元年）六月辛巳，詔改封崇聖侯孔長為恭聖侯，邑一百戶，以奉孔子祀，並下魯郡，以時修葺廟宇。又詔：吉凶車服制度，各為等差，具立條式，使儉而獲中。分遣使人致祭於五嶽、四瀆，其堯祠、舜廟下及孔父、老君等載於祀典者，咸秩罔遺。〔註120〕

《北齊書》對於文宣帝在天保元年的此事，同樣亦有相關記載：

> ……又詔封崇聖侯邑一百戶，以奉孔子之祀，並下魯郡以時修治廟宇，務盡褒崇之至。詔分遣使人致祭於五嶽四瀆，其堯祠舜廟，下及孔父、老君等載於祀典者，咸秩罔遺。〔註121〕

兩部史書都同樣述及文宣帝奉祀孔子、詔封孔氏後裔、興修魯郡的闕里孔廟等措施，也命人將祭祀孔子、太上老君、堯舜、天地四方神祇等相關儀禮，記載於典冊中。

北周政權在史傳的記載中，至少有二次君主釋奠的紀錄，第一次是在時稱西魏的文帝元寶炬，《周書》僅以寥寥數筆交代其於大統十三年（547），曾經「釋奠蒼頡及先聖、先師」〔註122〕。第二次則是在大象二年（580）三月，特許朝廷百官與民間百姓舉行大型的歡慶宴飲活動，並在期間同時下詔以進封孔子為「鄒國公」：「（大象二年）三月丁亥，賜百官及百姓大酺。詔進封孔子為鄒國公，邑數準舊，並立後承襲，別於京師置廟，以時祭享。」〔註123〕關於此事，《周書》實有詳盡的記載：

> （大象二年）三月丁亥，賜百官及民大酺。詔曰：「盛德之後，是稱不絕，功施於民，義昭祀典。孔子德惟藏往，道實生知，以大聖之

---

〔註119〕上引二語，參傅義漢：〈北魏教育探析〉，《雁北師範學院學報》第 19 卷第 3 期（2003 年 6 月），頁 20。
〔註120〕《北史·齊本紀·顯祖文宣帝》。參《北史》卷七〈齊本紀中〉第七〈顯祖文宣帝〉，頁 245～246。
〔註121〕《北齊書·文宣帝紀》。參《北齊書》卷四〈帝紀〉第四〈文宣〉，頁 51。
〔註122〕《周書·冀儁傳》。參《周書》卷四十七〈藝術列傳〉第三十九〈冀儁傳〉，頁 838。
〔註123〕《北史·周本紀·宣帝》。參《北史》卷十〈周本紀下〉第十〈宣帝〉，頁 378。

才，屬千古之運，載弘儒業，式敘彝倫。至如幽贊天人之理，裁成
禮樂之務，故以作範百王，垂風萬葉。朕欽承寶曆，服膺教義，眷
言洙、泗，懷道滋深。且褒成啟號，雖彰故實，旌崇聖績，猶有闕
如。可追封為鄒國公，邑數准舊。並立後承襲。別於京師置廟，以
時祭享。」〔註124〕

其記載北周統治者在舉行全國性的歡慶宴饗時，同時追封孔子、讚頌孔子的
盛德，也在「京師置廟」以按時祭享。

《北史》與《周書》所記載的這一段史事，頗值得玩味，蓋北周的第四
任皇帝——宣帝宇文贇，在歷史上本以暴虐昏庸、荒淫無度聞名，其在大象
元年（579）即宣布禪位於長子宇文衍（北周靜帝），自己則自稱「天元皇
帝」，但日後仍繼續於全國四處擇選美女來充實後宮；每當大臣有事朝見這位
「已經禪位」的皇帝時，還必須事先吃齋三天、淨身一天。宣帝宇文贇在禪
位之後的次年即過世，享年 22 歲，過世的時間大約是大象二年五月（西元
580 年 5 月 30 日至 6 月 27 日）前後。而北周靜帝宇文衍於大象元年（579）
內禪即位時，時年也僅七歲，是北周的末代皇帝，其於大象三年（581）就被
迫禪讓帝位給輔政大臣——楊堅，之後楊堅登基並建立隋朝，北周亦正式宣
告滅亡。

北周政權在「賜百官及百姓大酺」的同時，又「詔進封孔子為鄒國公」
的時間點，正是發生在筆者上述的歷史過程裡，亦即大象二年（580）三月。
當時正值宣帝禪位、年僅七歲的靜帝登基不久，而宣帝宇文贇本身也因縱欲
過度、健康惡化而即將駕鶴西去。當吾人瞭解北周的這一段紊亂、荒唐的歷
史背景後，或許就稍為能理解此種「賜百官及百姓大酺」、「詔進封孔子為鄒
國公」的光怪陸離之連結，而此一連串事件發生在七歲幼主掌政；因為懶於
理會朝政而偽稱「禪位」、本身又繼續縱情聲色而健康狀況極差之「退休統治
者」的這一段歷史時間點上，似乎亦不足怪了！

不過另一方面，此仍能足以證明孔子廟的相關奉祀儀禮、冊封孔氏後
裔、維護並修繕闕里孔子廟，以及「京師置廟」的「廟學」制度等相關的文
教事業，實是東晉孝武帝以降，南北二朝的常規慣例。職是之故，或許是為
了表示本身政權對於儒家教育的重視；或許僅是單純的承襲前代政權的文教
事業；甚或是出於宣示本身政權在中原文化傳承上的正統性，這些皆是促成

〔註124〕《周書·宣帝紀》。參《周書》卷七〈帝紀〉第七〈宣帝〉，頁123。

「廟學」教育制度歷久不輟的因素，是吾人自能得見，截至北周政權滅亡、亦即南北二朝結束之前，「廟學」教育制度著實成為中古時期官學體制內的一部分了。

### （二）北齊「廟學」已拓展至地方上的州、郡學

依上文所述，自從東晉孝武帝建置「廟學」教育制度的雛形之後，「廟學」實已成為中國的南、北二朝官方教育事業的常規慣例。唯當時「廟學」的體制，僅出現在國子學，亦即中央官學，其尚未普遍擴展至地方官學，待至北齊天保元年（550），文宣帝高洋詔令全國各地的郡學，皆於坊內設立「孔顏廟」，此是地方官學設立孔子廟之始，《隋書‧禮儀志》：

> 後齊制，新立學，必釋奠禮先聖先師，每歲春秋二仲，常行其禮。
> 每月旦，祭酒領博士以下及國子諸學生以上，太學、四門博士升堂，
> 助教以下、太學諸生階下，拜孔揖顏。日出行事而不至者，記之為
> 一負。雨霑服則止。學生每十日給假，皆以丙日放之。郡學則於坊
> 內立孔、顏廟，博士以下，亦每月朝云。〔註125〕

上文所引《隋書‧禮儀志》內容，除了描述當時北齊的官學裡「釋奠禮先聖先師」等儀禮和相關規定，尤其文獻的最末句：「郡學則於坊內立孔、顏廟」則實已清楚地點出北齊政權建置「廟學」於郡學一事。又清代潘相《曲阜縣志》更明確記載北齊天保元年（550），文宣帝高洋詔令「郡學於坊內立孔顏廟」〔註126〕，孔子廟由是逐漸遍及於北齊的外郡，雖然北齊政權於當時所頒布的學校相關禮制，僅止於郡學、尚未普及至各地縣學，且依今日學者的研究，當世之縣學，亦尚無明確規定必須建置孔廟〔註127〕，不過「廟學」仍然也因此正式地開始從中央官學，逐漸拓展到地方官學，從而開啟國家於地方教育事業建置「廟學」的發端。

這即是說，若是就中國「廟學」教育制度的發展而論，東晉孝武帝在中央官學建置孔子廟，創建了「廟學」制度的雛形，從而形成中國官方教育事業中的一種新式體制；北齊文宣帝詔令全國各地郡學，於坊內設立孔子廟，促使「廟學」制度從中央官學逐漸拓展至地方官學。職是，東晉與北齊政權

---

〔註125〕《隋書‧禮儀志》。參《隋書》卷九〈志〉第四〈禮儀四〉，頁181。
〔註126〕（清）潘相：《曲阜縣志》（乾隆三十九年刊本）（臺北：學生書局，1968年），卷二十一，頁11下。
〔註127〕詳參高明士的考證。高明士：《中國中古的教育與學禮》，頁537～539。

的這兩項文教事業方面的措施，在中國儒學教育發展史上，誠然具有相當重要的價值和意義。

# 第四節　相輔相成的「廟學」與地方官學

綜合筆者於上文之論述，足以得見中國的「廟學」教育制度，由於漢代以來的歷朝政權之重視，使之從最初僅是山東曲阜當地的祭祀活動，至東晉孝武帝時代的一些施政措施，從而成為中央官學的一部分，再歷經北齊政權的嘗試推廣到地方上的的州、郡學，促使往後的隋唐二代，能在此基礎上，將「廟學」制度全面普及到官方在地方上的教育事業。因此，吾人除了可以確定「廟學」制度在南、北二朝結束之前，實已成為中央官學體制內的一部分；是國家教育事業的常規慣例，亦自能從這種歷史進程，推論出「山東當地的文教中心→中央官學→地方官學」的發展軌跡，而孔子廟當然也從原本的私人祭祀性質之宗族家廟，逐漸被賦予官方的意識形態，進而徹底蛻變成具備政治意義、象徵文化傳承的官廟。

本文擬在餘下各章，論述「廟學」教育制度在隋唐以降的發展概況，以及宋代書院對其祭祀制度、建築體式等方面的承繼，一方面除了證明魏晉南北朝建立的「廟學」制度雛形，對於往後中國教育事業的重大影響；另一方面，也試圖強調北齊政權開啟了「廟學」制度拓展至地方教育事業的先例，促使唐代統治者有機會進一步地將其制度化、普及化，最終成為傳統中國官學：從中央的國子監到地方的州縣學，在學制上的一種主要型態，且在清末西學傳入之前，始終伴隨著國家教育事業而發展，自是傳統中國各地的不可或缺之文教機構。由此可見，「廟學」制度能普及到古代的全國各地，並且成為國家在落實地方教育——地方官學時，必然建置的一種固定學制，則北齊政權是一個重要關鍵，而唐代統治者更是不容忽視的主要推手。

職是，論述隋唐以後的「廟學」教育制度，必須無可避免地連帶述及到中國的地方教育事業，為了方便下文在陳述時的順暢性，故筆者擬在此章的最末一節，簡述魏晉南北朝以前、地方官學的發展概況，藉此連結唐代以後「廟學」制度在地方教育事業上普遍落實的情形。

## 一、魏晉以前的地方教育

今日或有學者認為，傳統中國官學之教育目的，在中央與地方二處的實

行理念不盡相同：「概括而言，中央主要是在培養國家領導人才，地方則是在善良風俗、教化百姓。」〔註128〕而中國地方教育由政府正式興辦，始自漢武帝時代：「至武帝時，乃令天下郡國皆立學校官」〔註129〕漢武帝詔令天下郡國設立「學校官」，在各郡興學以提倡教化，此當是受到蜀郡太守文翁（187 B.C.～110 B.C.）的影響：

> 文翁，廬江舒人也。少好學，通《春秋》，以郡縣吏察舉。景帝末，為蜀郡守，仁愛好教化，見蜀地辟陋有蠻夷風，文翁欲誘進之，乃選郡縣小吏開敏有材者張叔等十餘人親自飭屬，遣詣京師，受業博士，或學律令。減省少府用度，買刀布蜀物，齎計吏以遺博士。數歲，蜀生皆成就還歸，文翁以為右職，用次察舉，官有至郡守刺史者。又修起學官於成都市中，招下縣子弟以為學官弟子，為除更繇，高者以補郡縣吏，次為孝弟力田。常選學官僮子，使在便坐受事。每出行縣，益從學官諸生明經飭行者與俱，使傳教令，出入閨閣。縣邑吏民見而榮之，數年，爭欲為學官弟子，富人至出錢以求之。
> 繇是大化，蜀地學於京師者比齊魯焉。〔註130〕

地方官學俗稱郡國學校，最初是由地方官吏自行興辦，而史傳記載景帝末年有「通《春秋》」、「仁愛好教化」的蜀郡太守文翁，為了移風易俗、推行教化，故於漢景帝末年派遣郡吏中聰明敏慧者十餘人前往京城長安，就學受業於博士，文翁委託京城博士以培養這些蜀郡人才，或者研習儒經、或者學習律令。數年後，待這些官吏學成歸來，文翁皆委以官職，又在成都設立學校，使其充任郡學之師資，並招收郡內的子弟入學。且文翁為了鼓勵讀書與學習之風氣，是每回出入郡縣處理公事，必定偕帶幾位「明經飭行」的學子隨行，以出入官署、傳達教令。另外，郡內子弟學業有成者，文翁皆給予重用，或者派任郡縣屬吏；或者推薦至朝廷作官，由是蜀郡學風大盛，蜀郡官吏和人民更紛紛以進入郡學為榮。

　　當時漢景帝不僅嘉許文翁興學、化俗等措施的成效，更「令天下郡國皆立文學」〔註131〕。至漢武帝時代，則更欲推廣文翁的興學經驗，故延續其制，

---

〔註128〕周愚文：《中國教育史綱》，頁20。
〔註129〕《漢書‧循吏傳》。參《漢書》卷八十九〈循吏傳〉第五十九，頁3626。
〔註130〕《漢書‧循吏傳》。參《漢書》卷八十九〈循吏傳〉第五十九，頁3625～3626。
〔註131〕關於此事，《華陽國志》的〈蜀志〉與〈先賢士女總讚〉二處，皆有一些記載。
　　　　如：《華陽國志》卷三〈蜀志〉：「孝文帝末年，以廬江文翁為蜀守。……翁乃

天下郡國亦依此皆設立了「學校官」、初步建立了漢代的地方教育系統。而「好儒」的漢元帝，更曾經因為人才的用度不足，而在郡國「置《五經》百石卒史」〔註132〕。又平帝元始三年（3 A.D.），其時王莽秉政，朝廷頒布地方官學學制，要求各級地方政府普遍設學：「立官稷及學官。郡國曰學，縣、道、邑、侯國曰校，校、學置經師一人；鄉曰庠，聚曰序，序、庠置《孝經》師一人。」〔註133〕此足見漢平帝時代的廣立學官，甚至向下拓展至各處的鄉聚村落，並以《孝經》為主要教導內容。是迨至東漢時期，更在這些基礎上以廣立校舍、修庠序之教，故即便蠻陬僻壤，亦並有學校，正是班固〈東都賦〉所謂「四海之內，學校如林，庠序盈門」之景況。

可惜漢代的地方教育，其各項制度皆未能確實貫徹，實施情形亦常因地方官吏的良莠、開發的先後，而有推展上的嚴重落差。蓋漢代統治階層對於地方學校的興辦，並非施以嚴格、強制性質的政策，其興盛與否，通常取決於地方長官的意願，益之以學校與學官的名稱也未見統一，故整體來說，雖地方官學始創於景帝末年，又有武帝、元帝、王莽等人之繼續推廣，至東漢時期更曾經沿襲王莽之制而加以振興，但兩漢在地方辦學的成效，終究無法非常普遍；興辦起來的學校，又無法長久維持，終落得徒剩虛名。另外，漢代雖然以行政區劃分單位之大小，在各地建置不同的學校，承平時期固然可以收到成效，但是此制度一旦遭逢國政不穩、干戈擾攘的荒亂局勢，卻容易因為人口的流離與遷徙而虛實不一，導致此種學校制度，最終流為虛有其表〔註134〕。

---

立學，選吏子弟就學。……蜀學比於齊魯。巴、漢亦立文學。孝景帝嘉之，令天下郡國皆立文學。因翁倡其教，蜀為之始也。」又：《華陽國志》卷十〈先賢士女總讚〉：「太守文翁遣寬詣博士。……。於是蜀學比於齊魯。巴、漢亦化之。景帝嘉之，命天下郡國皆立文學。由翁唱其教，蜀為之始也。」以上詳參（晉）常璩撰，劉曉東等點校：《華陽國志》（濟南：齊魯書社，2000年）卷三〈蜀志〉，頁31、卷十〈先賢士女總讚〉，頁131。

〔註132〕《漢書·儒林傳》：「元帝好儒，能通一經者皆復。數年，以用度不足，更為設員千人，郡國置《五經》百石卒史。」參《漢書》卷八十八〈儒林傳〉第五十八，頁3596。

〔註133〕《漢書·平帝紀》。參《漢書》卷十二〈平帝紀〉第十二，頁355。

〔註134〕本文關於漢代依行政單位之大小而建置各級學校的辦法與措施，以及此制之現實缺點，是參考高明士的說法。詳參高明士：《中國中古的教育與學禮》，頁52～54。

## 二、魏晉南北朝的地方教育

漢末建安以後，中國曾經改變「依行政區單位」之制，改由依照地方基層之實際人口比率以設學，依《三國志》：「其令郡國各脩文學，縣滿五百戶置校官，選其鄉之俊造而教學之」一語〔註135〕，足見當時以五百戶至千餘戶的聚落，作為設置地方學校的標準，此實是地方基礎教育上的一大改進。至晉代武帝於泰始四年（268）之後頒布《泰始令》，明文規定以千戶左右的人數，作為設立小學之標準，始建立一隨著時代變遷而作彈性調整的學制。但是即便如此，魏晉時期由於戰禍四起，益之以曹魏、西晉等立國短促，相對於中央官學，魏晉南北朝的地方教育，較無可觀之處。蓋設置在州郡等處之地方學校，泰半在國家社會局勢穩定時開設，在動亂紛擾時則停閉，是自曹丕篡漢、乃至東晉滅亡的將近二百年（220～419）的時間中，雖然地方官學並未完全停止，卻也在時興時廢、若有若無、沒有固定準則與開設時間的情況下度過。故筆者於下文，僅大略地概述其在各時期的發展狀況。

首先，依上文所援引的曹操於建安八年（203）輔佐漢室期間，以漢獻帝的名義，下令「郡國各修文學，縣滿五百戶置校官，選其鄉之俊造而教學之」一事，以及魏明帝時期，大臣高柔上疏時提及：「太祖初興，愍其如此，在於撥亂之際，並使郡縣立教學之官。高祖即位，遂闡其業，興復辟雍，州立課試，於是天下之士，復聞庠序之教，親俎豆之禮焉。」〔註136〕等，足見曹操、曹丕父子，皆曾關注於地方教育，或者下令郡國各置學官；或者興復校舍與考試制度，於是曹魏初期的地方官學，尚能有一定程度之規模。至於西蜀與東吳二政權，亦曾設有鄉校學官，惟其規制、品員和職掌，多半無可詳考；雖然實與教育文化事業之推展有關，但是究竟如何推廣教育，由於史書記載欠詳，也甚難獲知其真實景況〔註137〕。由是觀之，相較於曹魏政權，則西蜀與東吳二政權的地方教育事業，實較無可觀之處。

---

〔註135〕《三國志・魏書・武帝紀》。參《三國志・魏書一》卷一〈武帝紀〉第一，頁24。

〔註136〕《三國志・魏書・高柔傳》。參《三國志・魏書二十四》卷二十四〈高柔傳〉第二十四，頁685。

〔註137〕由於西蜀與東吳二政權的地方教育事業，因為文獻史料之闕如，其規制、品員、職掌與教學方式，泰半無法詳考，近世之學者，亦僅能從有限的資料，加以略述與介紹而已。此可參周林根：《中國中古禮教史》，頁99、以及楊吉仁：《三國兩晉學校教育與選士制度》，頁20～21、38～40等處。

　　時至兩晉，雖有尚書令謝石於肥水之戰後，奏請東晉孝武帝「班下州郡，普修鄉校」，不過大抵來說，當世朝廷並未主動興辦地方官學，而是由部分地方鎮守，個別推動教育事業〔註138〕。例如東晉的國祚雖然較長，但朝中屢經政變，大權通常掌握在地方，故當時的地方教育，往往由封疆大吏自行提倡，致使全國頗不一致，是輩通常也沒有較統一、或者長久的辦學計劃，此誠如今日學者所謂：「晉州郡庠序學校之設，視督將、刺史、守令之精勤於學與否而有興衰之別。」〔註139〕益之以政權內有八王之亂、外有五胡之禍，政治動盪與社會紊亂之下，地方教育之不振，本屬必然，誠是可以想見的現象，是相較於曹魏時期，兩晉的地方教育事業，也就更無可觀之處了。即便西晉初期曾經於武帝泰始年間，因《泰始令》的頒布，使其對於地方官學的興辦，看似有了較為詳盡的規畫：當時規定每一千戶即設立一小學。唯此等教育學制，在關於西晉的所有歷史文獻中，並無更進一步的相關記錄，後世也未見有承襲此學制者，故實際上的推行程度，著實令人懷疑。唯一可以確定者，是兩晉時期確實立有地方官學，且時至南朝末期亦未嘗全然廢弛，而當世倡導州郡教育者，例如西晉有王沉、虞溥等人；東晉有虞亮、謝石、范汪、范寧諸輩，捨此而外，則甚多無法詳考〔註140〕。而往後的南朝時期，關於其地方教育事業，文獻史料等相關記載更是不詳，且往往是因人而興、人亡而廢；人存而政舉；人亡而政息，幾乎可謂是欲振乏力，例如馬端臨《文獻通考》對於南朝地方官學的記載，較重要者僅止於「梁武帝選學生，……分遣博士、祭酒到州郡立學。」〔註141〕一語，是以單就東晉至南朝時期而言，幾乎沒有實質性的地方教育事業而足供後世考察。

　　反觀和東晉政權形成對峙局面的五胡十六國，誠然較為重視地方教育事業，例如後趙明帝石勒在晚年時，為了培養國家的後備幹部，「命郡國立學官，每郡置博士祭酒二人，弟子百五十人，三考修成，顯升台府。」〔註142〕通過各郡皆設立學官的方式，學生必須接受三次考試始能畢業的規定，來加強當

---

〔註138〕宋大川、王建軍著，李國鈞、王炳照主編：《中國教育制度通史》（濟南：山東教育出版社，2000 年）第二卷（魏晉南北朝隋唐），頁 58～59。

〔註139〕楊吉仁：《三國兩晉學校教育與選士制度》，頁 79。

〔註140〕楊吉仁：《三國兩晉學校教育與選士制度》，頁 21～22、79～84 等處。

〔註141〕馬端臨《文獻通考》卷四十六〈學校考七〉。參（元）馬端臨：《文獻通考》，頁 431 上。

〔註142〕《晉書·石勒載記》。參《晉書》卷一百五〈載記〉第五〈石勒下〉，頁 2751。

地的教育工作，其後復有政權繼任者：原名石虎的後趙武帝石季龍，也為了
推廣儒學而下令「諸郡國立五經博士」﹝註143﹞，此可謂是對石勒在地方教育
政策的一種延續。再如前秦宣昭帝苻堅，曾有「廣修學官，召郡國學生通一
經以上充之」等相關政令﹝註144﹞，宣布郡國學生只要通曉一經或以上者，就
能獲得授職，藉此弘獎學風；後秦武昭帝姚萇，則是詔令：「諸鎮各置學官，
勿有所廢，考試優劣，隨才擢敘。」﹝註145﹞由此可見，五胡十六國的統治者，
確實能留心於地方文教事業，是輩藉由興辦郡國學校，以獎掖或提拔當地人
才，這不僅促進了地方上的讀學風氣，對於禮教文化方面的提倡，當然也有
一定程度的功效。

　　真正值得深究、且影響後世較深的地方官學制度，仍一如中央官學的情
況，是北朝的州郡學。北朝時期的北魏、北齊境內，皆設有州郡學，尤其依
今日所見之文獻史料而論，北魏初期的統治者，對於地方教育事業，實極為
重視：

> 世祖始光三年春，別起太學於城東，後徵盧玄、高允等，而令州郡
> 各舉才學。於是人多砥尚，儒林轉興。顯祖天安初，詔立鄉學，郡
> 置博士二人，助教二人，學生六十人。後詔：大郡立博士二人，助
> 教四人，學生一百人；次郡立博士二人，助教二人，學生八十人；
> 中郡立博士一人，助教二人，學生六十人；下郡立博士一人，助教
> 一人，學生四十人。﹝註146﹞

又《魏書》曾記載李崇上表曰：「仰惟高祖孝文皇帝稟聖自天，……列教序於
鄉黨，敦詩書於郡國。」﹝註147﹞依上引二資料，足見北魏地方官學之建置，
不僅趨於完備，亦頗具規模。

　　再如獻文帝在天安元年（466）即採取刺史李訢之建議，於統轄境內之各
郡設立「鄉學」（指郡學）﹝註148﹞，其後又採納高允之建議，在皇興二年

---

﹝註143﹞《晉書·石季龍載記》。參《晉書》卷一百六〈載記〉第六〈石季龍上〉，頁
　　　　2769。
﹝註144﹞《晉書·苻堅載記》。參《晉書》卷一百十三〈載記〉第十三〈苻堅上〉，頁
　　　　2888。
﹝註145﹞《晉書·姚萇載記》。參《晉書》卷一百十六〈載記〉第十六〈姚萇〉，頁2971。
﹝註146﹞《魏書·儒林列傳序》。參《魏書》卷八十四〈列傳〉第七十二〈儒林〉，頁
　　　　1842。
﹝註147﹞《魏書·李崇傳》。參《魏書》卷六十六〈列傳〉第五十四〈李崇傳〉，頁1471。
﹝註148﹞《魏書·顯祖紀》記載拓跋弘於天安元年（466 A.D.）：「初立鄉學，郡置博

（468）前後，議定全國學制並頒行於天下，其中地方官學部分，此學制將郡分成四種等級，並分別配置學官學生〔註149〕，杜佑《通典》亦記載：「獻文帝天安初，立鄉學，郡置博士二人，……。郡縣學始乎此矣。」〔註150〕依史傳所言，當是北魏全境設立郡國學之始〔註151〕。

近世的嚴耕望、陳道生、高明士等學者先進，更針對北魏的地方官學，作進一步的詳細考察，從而呈現出獻文帝、乃至於孝文帝的興辦地方官學，實是一具有計畫性、政策性的實行歷程〔註152〕。換言之，北魏地方官學之建置，是一循序漸進、經過階段性的分期實施而得以完成。此皆足見北魏欲在郡國普遍立學，以及興辦地方教育事業的積極與用心，更因此造就了當世興盛一時的學術風潮。

北朝的北齊時代，不僅中央官學已較為完備，在統轄境內的地方州郡，也設置了各級學校：「齊制：諸郡並立學，置博士助教授經，……諸郡俱得察孝廉，其博士、助教及遊學之徒通經者，推擇充舉。」〔註153〕或有學者認為，北齊在地方州郡立學，其學制當仿自北魏〔註154〕，但可以十足確定者，是北齊統治者亦能關注於地方教育事業，而且實是以儒學教育為主的教育系統，是史傳記載北齊文宣帝高洋，於天保元年（550）八月，詔令「郡國修立黌序，廣延髦俊，敦述儒風。」〔註155〕至於北周時期的地方官學，由於史載不詳，無法清楚得見並詳考其學制，唯依據近世學者之考證與推論，其州郡縣當皆

---

士二人、助教二人、學生六十人。」參《魏書》卷六〈帝紀〉第六〈顯祖獻文帝〉，頁127。

〔註149〕事見《魏書·高允傳》。《魏書》卷四十八〈列傳〉第三十六〈高允傳〉，頁1077～1078。

〔註150〕（唐）杜佑：《通典》卷五十三〈禮〉十三〈沿革〉十三〈大學〉，頁1467。

〔註151〕《魏書·高允傳》亦記載：「郡國立學，自此始也。」參《魏書》卷四十八〈列傳〉第三十六〈高允傳〉，頁1078。

〔註152〕這些學者皆普遍認為，北魏地方官學的建置，大致可分為三時期，其中獻文帝的興學，又可分成二個階段。詳參高明士：《中國中古的教育與學禮》，頁54～57。嚴耕望：《中國地方行政制度史：魏晉南北朝地方行政制度》（上海：上海古籍出版社，2007年）卷下（下冊），頁671～674。陳道生：〈北魏郡國學綜考〉，《大陸雜誌》第31卷第10期（1965年11月），頁10～14。

〔註153〕《北齊書·儒林列傳序》。參《北齊書》卷四十四〈列傳〉第三十六〈儒林〉，頁583。

〔註154〕高明士：《中國中古的教育與學禮》，頁57。

〔註155〕《北史·齊本紀·顯祖文宣帝》。參《北史》卷七〈齊本紀中〉第七〈顯祖文宣帝〉，頁247。

設置博士，不過整體的文教事業與成就，恐怕仍遜於北齊〔註156〕。

　　大體而言，由於魏晉南北朝的國家社會等局勢，常常處於動盪分裂等情況，造成地方教育事業在推展上的不易。所幸仍有一些有志之執政者，願意在朝政較穩定時，在統轄境內的各地興學，使地方官學不致於完全中斷，甚或在推動得宜、賦予學制以固定規範的情況下，其興學經驗更足以作為日後歷朝各代的模仿範本，例如隋唐的地方官學學制，其淵源即來自北朝的北魏、北齊〔註157〕。另外，漢魏南北朝的地方官學，其教育內容幾乎與太學、國子學等中央官學相同，皆特別重視儒教與經學方面的教導，正因為能首重儒教與經學方面的教導，自然對當世儒學在地方上的傳播，具有很大的作用。

## 三、北朝將「廟學」逐漸推廣至地方官學的主因

　　依上述，中國的地方教育事業，大約創始於西漢景帝末年，而正式由政府興辦的時間，則始自漢武帝時代，其後歷經元帝、王莽等人的推廣，益之以東漢時期的持續推廣，從而促使國家在地方上的教育事業，初具一定程度的規模。唯漢代的地方教育，由於當時各地開發程度的不同、政府的政策寬鬆、各項制度未能確實貫徹，以及執行政令的當地官員良莠不齊等諸多因素，不僅辦學的成效不彰、又無法長久維持，地方官學終究落得徒剩虛名的境地。至於漢末魏晉時期，則因為干戈擾攘、朝政不穩，造成各地人口的流離與遷徙狀況，無法確實掌握，益之以曹魏、西晉等政權的立國短促，是時期的地方教育事業，更無可觀之處。

　　這即是說，其實傳統中國的地方官學之創建，與孔子廟逐漸成為具備官方的意識形態，兩者的歷史時間大致相仿，可惜當時中國的地方官學未能普遍而有效的落實；另一方面，「廟學」制度在西晉以前也尚未建立，故即便漢末以降，孔子廟的祭孔祀典，已被納入官方所認可、並主動支持的一種祭典，成為統治者、或謂官方所主導祭祀典禮，而曹魏政權、西晉武帝司馬炎，也對於孔廟的建物修葺、祭祀儀禮，以及孔氏後裔的子嗣傳承等方面，表示一定程度的關注，不過這些措施也僅僅只能落實於當世唯一的一座孔子廟——山東曲阜孔子故居的闕里孔子廟。

---

〔註156〕嚴耕望：《中國地方行政制度史：魏晉南北朝地方行政制度》卷下（下冊），
　　　　　頁675。
〔註157〕高明士：《中國中古的教育與學禮》，頁58。

　　「廟學」教育制度的初具雛形，始自東晉孝武帝時期，「廟學合一」的建置亦自此在往後歷朝各代的教育事業上正式展開。唯東晉的地方官學幾乎一如曹魏、西晉等政權的情況，是當時「廟學」的體制僅出現在國子學（亦即中央官學），故即便孔子廟本身，已被納入中央官學的範疇、成為中央官學的祭祀園地，其祭祀儀禮也誠屬國家級別的祭祀系統，但是「廟學」教育制度終究未能有拓展到地方官學的契機。

　　相較於魏晉與南朝諸政權，北朝官學最為繁榮興盛，除了有北魏初期與中期的統治者積極推動文教事業，北魏和北齊境內，也皆普遍設有州、郡學，尤其北魏獻文帝乃至於孝文帝的興辦地方官學，是利用計畫性、政策性的分期方式，循序漸進地經過階段性的實施，完成地方官學的建置。是歷數北魏政權的統治者，大多重視教育，不僅主動推展儒家學術以作為學校教學內容；並積極興辦中央與地方、甚或「私家性質」學校〔註 158〕，北朝的文教事業與學術氛圍，一時蔚為風尚。換言之，北朝不僅具有較魏晉與南朝更為完備的中央官學體制，更由於北魏、北齊統治者對於地方教育事業的重視；積極地在統轄境內的地方州郡，廣泛設置各級學校，終於促使北朝的地方官學，在當世具備了一定程度的規模。

　　至於中國的「廟學」教育制度，自東晉孝武帝時期的初具雛形、劃入中央官學的範疇以後，「興廟以立學」遂成為南、北二朝的固定模式；是被當時的統治與掌權者，視為理所當然的一種常規慣例。此正是欲在郡國普遍立學、積極推動地方教育事業的北朝政權，能將「廟學合一」的教育體制、「廟學相依」的建築格局，逐步拓展到地方官學的主要因素，更促使隋唐二代以後的「廟學」教育制度，能進一步地確實普及至中國境內各地，成為往後歷代政權在興辦中央與地方的教育事業時，大體上皆相沿如是的一種固定性質、常態性質的學制規劃。

---

〔註 158〕今日學者在研究北魏教育史時，強調北魏具有興盛的私學教育，其不論是規模、人數、教學內容與範圍，甚至超過了官學。詳參傅義漢：〈北魏教育探析〉，《雁北師範學院學報》，第 19 卷第 3 期（2003 年 6 月），頁 19。